잠언 (성경, 이해하며 읽기)

Reading in understanding the Bible

잠 언

장석환 지음

성경, 이해하며 읽기
시리즈를 시작하며 2

성경을 통해 하나님을 만난다.
성경을 통해 하나님과 동행하면 풍성한 삶이 된다.

누구를 만날 때는 인격적인(지·정·의) 만남이 되어야 한다.
그의 생각과 마음을 만나고 힘까지 공유하는 만남이다.
성경에는 하나님의 뜻(지)과 마음(정)과 힘(의)이 담겨 있다.
성경을 잘 읽으면 우리는 하나님을 만나게 된다.
눈으로 보는 것보다 더 실제적이다.

좋은 사람과 만나 대화를 하면 행복하듯이
말씀으로 하나님을 만나면 행복하다.
성경은 하나님을 만나는 가장 실제적 방법이다.

마음과 의미가 전달되지 않는 대화가 무의미하듯이
성경을 이해하지 않고 읽으면, 성경을 읽는 것이 아니다.
성경을 잘 이해하지 못하면
성경을 통해 하나님을 만나는 것을 모른다.

모든 사람이 성경을 이해하면서 읽기를 소망하며
매우 쉽지만 누군가에게는 가장 좋은 주석이 되기를 소원하며
큰 글자로 된 쉬운 주석 시리즈를 쓰고 있다.

이 주석이 하나님을 생생하게 만나는 만남의 장이 되기를 기도한다.
하나님께 영광되기를 기도한다.

목 차

잠언

특징

잠언은 총 5부로 되어 있으며 다양한 주제에 대한 잠언을 말한다. 같은 잠언이 반복되는 경우도 많다. 같은 내용이어도 문맥에 따라 뜻이 다르다. 그래서 앞 뒤의 구절을 잘 살펴야 한다. 이전에 잠언은 개별적으로 보는 경향이 많았으나 근래에는 연속성을 많이 본다. 어떤 구절을 같은 묶음으로 볼 것인지를 잘 살피는 것이 필요하다.

내용

솔로몬의 잠언이 주를 이루고 있다. 잠언은 삶의 지혜를 말한다. 잠언이 말하는 지혜는 '믿음의 풍성함'을 말한다. 하나님을 경외함에서 시작하는 지혜는 결국 믿음이라 말할 수 있다. 잠언의 지혜를 따라가면 풍성한 믿음을 발견하게 된다. 삶을 풍성하게 한다.

사람들이 믿음을 말할 때 단면적인 성향이 강하다. 그러나 믿음은 입체적이고 매우 풍성하다. 믿음의 풍성한 길을 가도록 돕는 것이 잠언이다. 풍성한 믿음의 삶을 원하는 사람은 잠언에서 길을 발견하게 될 것이다.

<성경본문>

1. 한글본문: 대한성서공회. (1998). 성경전서: 개역개정. 대한성서공회.
   "여기에 사용한 '성경전서 개역개정판'의 저작권은 재단법인 대한성서공회 소유이며, 재단법인 대한성서공회의 허락을 받고 사용하였음."

2. 영어본문: GNB(American Bible Society. (1992). The Holy Bible: The Good news Translation (2nd ed.). American Bible Society.)

지식의 근본

(1:1-7)

1장

지식의 근본
(1:1-7)

1 다윗의 아들 이스라엘 왕 솔로몬의 잠언이라

2 이는 지혜와 훈계를 알게 하며 명철의 말씀을 깨닫게 하며

3 지혜롭게, 공의롭게, 정의롭게, 정직하게 행할 일에 대하여 훈계를 받게 하며

1 The proverbs of Solomon, son of David and king of Israel.

2 Here are proverbs that will help you to recognize wisdom and good advice, and understand sayings with deep meaning.

3 They can teach you how to live intelligently and how to be honest, just, and fair.

1:2-3 사람은 무엇이 옳은 것인지 배우고, 분별하며, 행동하면서 살아야 한다. 왜 이렇게 힘들게 배우고, 따지면서 살아야 할까? 사람은 존귀하기 때문이다. 사람은 비록 타락하였어도 여전히 존귀하다. 타락했기 때문에 본능대로 살면 악을 행하게 된다. 배우고 생각하고 행동해야 존귀한 행동을 하게 된다. 어떻게 사느냐에 따라 매우 귀할 수도 있고 쓰레기보다 더 쓸모 없는 삶이 될 수도 있다. 사람은 존귀한데 타락하였기 때문에 더욱더 그렇다.

타락한 본성대로 살 것이 아니라 창조된 본성을 회복해야 한다. 본성대로 사는 것은 쉽지만 회복하는 것은 어렵다. 본성대로 살기 위해서는 그냥 그대로 살면 되지만 회복하기 위해서는 부단히 노력해야 한다. 본성대로 살면 멸망한다. 회복해야 하나님과 함께 영원히 기뻐하며 살게 될 것이다. 그래서 지혜를 배우고 지혜를 따라 살아야 한다.

4 어리석은 자를 슬기롭게 하며 젊은 자에게 지식과 근신함을 주기 위한 것이니

5 지혜 있는 자는 듣고 학식이 더할 것이요 명철한 자는 지략을 얻을 것이라

4 They can make an inexperienced person clever and teach young people how to be resourceful.

5 These proverbs can even add to the knowledge of the wise and give guidance to the educated,

1:4-5 어리석은 자를 슬기롭게. '어리석은 자'는 '무지한 자'의 의미다. 배움이 없어 모르는 사람이다. 배우지 않고 스스로를 무식한 자라고 규정하는 사람이 있다. 본래 무식한 사람은 없다. 배우지 않은 사람이 있을 뿐이다. **젊은 자에게 지식...주기 위한 것이니.** 젊은 사람은 계속 배워야 한다. '젊다는 것'은 앞으로 살 날이 많음을 의미한다. 모르는 것이 더 많다는 것이다. 그러기에 더욱더 배워야 한다. 문제는 오늘날 젊은이들이 성경을 배우려 하지 않는다는 것이다. 성경이 학교 수업의 한 과목으로 들어가면 매우 열심히 배울 텐데 시험에 나오지 않으니 배우 지를 않는다. **지혜 있는 자는 듣고.** 지혜자도 배워야 한다. 배움을 멈추지 말아야 한다. 살아 있는 동안 계속되어야 한다. 더 배우지 않는다면 죽은 것이나 마찬가지다.

6 잠언과 비유와 지혜 있는 자의 말과 그 오묘한 말을 깨달으리라

7 여호와를 경외하는 것이 지식의 근본이거늘 미련한 자는 지혜와 훈계를 멸시하느니라

6 so that they can understand the hidden meanings of proverbs and the problems that the wise raise.

7 To have knowledge, you must first have reverence for the Lord. Stupid people have no respect for wisdom and refuse to learn.

1:7 이 구절은 잠언 전체의 중심 구절이며 표어다. **여호와를 경외하는 것.** '경외'는 일반 사회에서는 매우 드물게 사용하는 단어로 대부분 하나님을 목적어로 하여 '두려워하다'의 의미로 사용한다. 무서워하는 것이 아니라 두려워하는 것이다. 존경하여 두려워하는 것이다. 사랑하여 두려워하는 것이다. 두려워하여 생각하지 않는 것이 아니라 더 많이 생각하는 것이다. 늘 예배하는 것이다. **지식의 근본.** 근본(히, 레쉬트)은 성경의 첫차리에 위치한 창세기의 첫 단어 이기도 하다. '시작'이라는 뜻이다. '처음' 또는 '최고'의 의미를 가지고 있다. 하나님을 알지 못하면 지식을 가졌다고 말할 수 없다. 하나님께서 사람을 창조하셨는데 자신을 창조하신 하나님도 알지 못하면서 무엇을 안다고 말할 수 있을까? 자신을 창조하신 하나님을 경외함으로 예배하지 않으면서 대체 무슨 예의 바른 일을 한다고 말할 수 있을까? 아무것도 없다. 아무것도 아는

것이 아니다. 하나님을 알지 못하며 하나님을 예배하지 않고 산다는 것은 완전히 어둠 가운데 사는 것이다. 무지의 바다 한가운데서 수영하는 것이다. 하나님을 경외할 때에 바른 지식이 시작된다. 그것을 바탕으로 '어떻게 살아야 할까'를 생각할 수 있다. 바른 삶이 시작된다. 하나님을 경외하는 것은 늘 말씀과 연결된다. 경외하는 마음을 가짐으로 끝나는 것이 아니라 하나님의 뜻과 마음이 무엇인지를 말씀을 통해 알아가야 한다. **미련한 자는 지혜와 훈계를 멸시하느니라.** '하나님을 경외함'이 지식의 근본이라면 '미련한 자'는 지식의 반대편에 서 있다. 그들은 지혜를 '멸시'한다. '무시'한다. 상대하지를 않는다. 그들은 자신을 창조하신 하나님을 무시한다. 예배하지 않고도 전혀 거리낌이 없다. 말씀에 대해 관심도 전혀 없다.

1부

아버지의 잠언

(1:8-9:18)

1:8-33은 욕심으로 가득한 세상에서 지혜의 소리를 들어야 함을 말하는 잠언이다.

> 8 내 아들아 네 아비의 훈계를 들으며 네 어미의 법을 떠나지 말라
>
> 9 이는 네 머리의 아름다운 관이요 네 목의 금 사슬이니라
>
> 10 내 아들아 악한 자가 너를 꾈지라도 따르지 말라
>
> 8 Pay attention to what your father and mother tell you, my son.
>
> 9 Their teaching will improve your character as a handsome turban or a necklace improves your appearance.
>
> 10 When sinners tempt you, my son, don't give in.

1:10 악한 자가 너를 꾈지라도 따르지 말라. 세상에는 악한 자가 많다. 악을 함께 하자고 꾄다. 사람은 모임으로 악에 악을 더하면서 살고 있다. 악한자가 누구일까? 양심은 하나님의 뜻을 구분할 수 있는 중요한 기준 중에 하나이다. 양심을 거스르면서 나쁜 일을 하는 사람이 악한 사람이다. 또한 특별계시인 성경은 하나님의 뜻을 더욱더 분명하게 말해준다. 하나님으로부터 멀어지고 다른 사람을 멀어지게 하는 사람들이 악한 자다. 하나님을 경외함으로부터 멀어지게 하는 사람과 물건이 모두 악한 것이다. 그러한 것의 꾐에 빠져들지 말아야 한다.

> 11 그들이 네게 말하기를 우리와 함께 가자 우리가 가만히 엎드렸다가 사람의 피를 흘리자 죄 없는 자를 까닭 없이 숨어 기다리다가
>
> 12 스올 같이 그들을 산 채로 삼키며 무덤에 내려가는 자들 같이 통으로 삼키자
>
> 13 우리가 온갖 보화를 얻으며 빼앗은 것으로 우리 집을 채우리니
>
> 11 Suppose they say, "Come on; let's find someone to kill! Let's attack some innocent people for the fun of it!
>
> 12 They may be alive and well when we find them, but they'll be dead when we're through with them!
>
> 13 We'll find all kinds of riches and fill our houses with loot!

1:13 보화를 얻으며 빼앗은 것으로 우리 집을 채우리니. 악한 자가 보화를 매개체로 사람을 꾀는 것을 말한다. 돈을 벌자고 말하면 사람들이 좋아한다. 사람 안에 탐욕이

자리 잡고 있기 때문이다. 과거나 오늘이나 사람들은 돈에 마음을 빼앗긴다. 오늘날에도 사람들은 돈이 관련되면 더욱더 악을 쉽게 행한다. 수많은 범죄가 돈 때문에 일어난다. 돈에 마음을 빼앗기면 악을 행하게 된다. 그러한 악 중에 가장 큰 것은 하나님으로부터 멀어지는 것이다. 하나님을 경외하지 않게 되는 것이다. 어떤 사람은 돈이 많아서 하나님과 멀어지고, 어떤 사람은 돈이 없어 하나님과 멀어진다. 어떤 사람은 돈을 벌기 위해 하나님과 멀어지고 어떤 사람은 돈을 쓰기 위해 하나님과 멀어진다.

14 너는 우리와 함께 제비를 뽑고 우리가 함께 전대 하나만 두자 할지라도

15 내 아들아 그들과 함께 길에 다니지 말라 네 발을 금하여 그 길을 밟지 말라

16 대저 그 발은 악으로 달려가며 피를 흘리는 데 빠름이니라

17 새가 보는 데서 그물을 치면 헛일이겠거늘

18 그들이 가만히 엎드림은 자기의 피를 흘릴 뿐이요 숨어 기다림은 자기의 생명을 해할 뿐이니

14 Come and join us, and we'll all share what we steal."

15 Don't go with people like that, my son. Stay away from them.

16 They can't wait to do something bad. They're always ready to kill.

17 It does no good to spread a net when the bird you want to catch is watching,

18 but people like that are setting a trap for themselves, a trap in which they will die.

1:17-18 새가 보는 데서 그물을 치면 헛일이겠거늘. 새가 보고 있는데 그물을 치면 새가 걸리지 않을 것이다. 돈을 벌기 위해 그물을 치면 어떻게 될까? 그물에 돈이 걸리지 않는다. 혹 돈이 걸려도 진정한 재산은 전혀 걸리지 않는다. 하나님께서 보시기 때문이다. 하나님을 경외하지 않는 사람들은 하나님을 계산에 넣지 않는다. 자신들이 예배당에서 하나님을 부르지 않기에 자신의 삶에서 하나님이 보고 계실 것이라고는 꿈에도 생각하지 못한다. 그러나 하나님이 보고 계신다. 천지를 창조하시고 다스리는 분이기 때문이다. 그것이 어찌 새가 보는 것보다 못하겠는가? 예배하는 자에게는 사랑의 눈으로 지켜 보시고, 악을 행하는 자에게는 심판의 눈으로 지켜 보신다. **가만히 엎드림은 자기의 피를 흘릴 뿐이요.** 엎드려 다른 사람의 피를 흘리게 하는 사람은 사실 '자기의 피'를 흘리는 것일 뿐이다. 그것이 다른 사람의 피인 것 같지만 실상은 자신의 피다. 다른 사람의 재산을 빼앗아 기뻐하고 그것을 먹는 순간에 사실은 자신의 살과

피를 먹고 있는 것이다.

19 이익을 탐하는 모든 자의 길은 다 이러하여 자기의 생명을 잃게 하느니라

19 Robbery always claims the life of the robber-this is what happens to anyone who lives by violence.

1:19 이익을 탐하는 모든 자의 길...자기의 생명을 잃게 하느니라. 욕심은 자신을 채우는 것이 아니라 죽이는 것이다. 부정한 이익을 탐하는 것은 결국 자기의 생명을 죽이는 것을 탐하는 것과 같다. 부정한 이익은 또한 무엇일까? 하나님을 경외함에서 멀어지게 하는 모든 이익 또한 부정한 이익이다. 하나님으로부터 멀어지는 것이 자신의 생명을 잃게 하는 것이다. 하나님을 경외함이 지식의 근본이다.

20 지혜가 길거리에서 부르며 광장에서 소리를 높이며

20 Listen! Wisdom is calling out in the streets and market places,

1:20 지혜가 길거리에서 부르며. 지혜가 우리를 부른다. 우리는 지혜를 따라 살아야 할 필요성을 가지고 있다. 우리의 내면에서 때때로 지혜의 소리를 원하는 마음이 있다. 갑자기 교회에 가고 싶은 마음이 든다. 옛날에 교회에 잘 다니던 때가 그립기도 한다. 때때로 교회에 가면 지혜의 말씀을 듣는다. '길거리'와 '광장'은 소음이 있는 곳이다. 우리의 이목을 끄는 다른 것들이 많다. 지혜의 소리를 듣기는 하였지만 소음 때문에 잘 듣지를 못하는 곳이다. 지혜를 방해하는 많은 소음이 있다. 우리 안에서 양심의 소리가 지혜에 귀를 기울이도록 하였지만 이내 다른 소리가 지혜에서 멀어지게 한다. 교회에 가고 싶은 마음은 이내 현실적인 많은 문제로 인해 가지 못하게 된다. 지혜의 소리를 들을 수 있는 조건이 10가지라면 지혜의 소리를 듣지 못할 조건은 100가지도 넘는다.

21 시끄러운 길목에서 소리를 지르며 성문 어귀와 성중에서 그 소리를 발하여 이르되

21 calling loudly at the city gates and wherever people come together:

1:21 시끄러운 길목에서 소리를 지르며. 지혜는 방해하는 소음을 뚫고 전해지도록 소리를 높여 보기도 한다. 그러나 여전히 소음이 크다. 우리가 살고 있는 상황이 그렇다는 것을 알아야 한다. 그래서 지혜의 소리를 듣기 위해서는 조금 더 귀를 기울여야 한다. 마음을 기울여야 한다.

> 22 너희 어리석은 자들은 어리석음을 좋아하며 거만한 자들은 거만을 기뻐하며 미련한 자들은 지식을 미워하니 어느 때까지 하겠느냐
>
> 22 "Foolish people! How long do you want to be foolish? How long will you enjoy pouring scorn on knowledge? Will you never learn?

1:22 어리석음을 좋아하며, 거만을 기뻐하며, 지식을 미워하니. 소음은 외적인 것도 있지만 가장 큰 것은 내적이다. 자신도 모르게 사람들은 지혜를 미워하고 있다. 교만한 마음은 지혜가 아니라 교만한 마음을 기뻐하고 있다. 지혜로 자신을 바꾸어야 한다는 사실을 크게 느끼지 않는다. 지혜 없이 지금 살고 있는 모습에 만족하고 있다. 지혜 없이도 충분히 잘 살고 있다.

> 23 나의 책망을 듣고 돌이키라 보라 내가 나의 영을 너희에게 부어 주며 내 말을 너희에게 보이리라
>
> 23 Listen when I reprimand you; I will give you good advice and share my knowledge with you.

1:23 나의 책망을 듣고 돌이키라. 지혜는 그 길이 생명의 길이라는 것을 알기 때문에 계속 '돌이키라'고 말한다. 안타까움을 가지고 간절히 외치는 소리다. **내 말을 너희에게 보이리라.** 돌이켜야 지혜가 얼마나 필요하고 중요한지를 '보이는 것'처럼 알게 될 것이다. 지혜가 실제가 되고 현실이 될 것이다. 지혜의 길이 좋은 것을 알기 위해서는 구체적으로 그 길을 걸어가야 한다. 멀리서 막연히 좋아 보이는 것이 아니라 실제로 가야 한다. '교회 갈까'하는 마음만이 아니라 실제로 가야 한다. '성경을 볼까'하는 마음만이 아니라 실제로 보아야 한다. 그러면 그 첫 걸음이 지렛대가 되고 위대한 걸음이 된다.

24 내가 불렀으나 너희가 듣기 싫어하였고 내가 손을 폈으나 돌아보는 자가 없었고

24 I have been calling you, inviting you to come, but you would not listen. You paid no attention to me.

1:24 내가 불렀으나 너희가 듣기 싫어하였고. 구체적으로 걸어가야 할 순간 걸어가지 않는다. 지혜의 길을 가는 것은 새로운 길이다. 가지 않았던 길이다. 그래서 두려움이 있다. 방해가 있다. 무엇보다 귀찮고 힘들다. 그래서 지혜의 부름에 응답하는 사람보다는 거절하는 사람이 더 많다. 믿음의 길은 적은 사람이 찾는 좁은 길이 된다.

25 도리어 나의 모든 교훈을 멸시하며 나의 책망을 받지 아니하였은즉

26 너희가 재앙을 만날 때에 내가 웃을 것이며 너희에게 두려움이 임할 때에 내가 비웃으리라

25 You have ignored all my advice and have not been willing to let me correct you.

26 So when you get into trouble, I will laugh at you. I will mock you when terror strikes—

1:26 재앙을 만날 때. 지혜를 무시한 무지한 자가 그 길 끝에서 재앙을 만난다. 그때 지혜와 무지의 길 차이가 완전히 나뉠 것이다. 지금은 별 차이가 없는 것 같으나 그 때가 되면 완전히 다르다는 것을 알게 될 것이다. 그때 무지한 자는 비참하다. 지혜가 웃을 것이다. 안타까운 웃음이기도 하고 헛웃음이기도 하다.

27 너희의 두려움이 광풍 같이 임하겠고 너희의 재앙이 폭풍 같이 이르겠고 너희에게 근심과 슬픔이 임하리니

27 when it comes on you like a storm, bringing fierce winds of trouble, and you are in pain and misery.

1:27 너희의 두려움이 광풍 같이 임하겠고. 좋은 날씨일 때는 모래 위의 집도 안전한 것 같다. 그러나 광풍이 불어 집이 무너질 때 후회하게 된다. 무지한 자가 무지의 길을 갈 때는 괜찮은 것 같지만 무지의 본 모습이 드러나면 근심과 슬픔이 가득하게 된다. 우리는 주변에서 고통 중에 근심과 슬픔이 가득하여 괴로워하는 사람을 많이 본다. 지혜의 길, 믿음의 길을 간 사람은 재난이 임하여도 소망이 있다. 그러나 무지의 길,

불신의 길을 간 사람은 재난이 임할 때 근심과 슬픔만 있을 뿐이다.

> **28** 그 때에 너희가 나를 부르리라 그래도 내가 대답하지 아니하겠고 부지런히 나를 찾으리라 그래도 나를 만나지 못하리니
>
> **28** Then you will call for wisdom, but I will not answer. You may look for me everywhere, but you will not find me.

1:28 그 때에 너희가 나를 부르리라…그래도 나를 만나지 못하리니. 사람은 환난을 당하면 '내가 어찌하여야 하는지' 고민을 하며 찾는다. 그때는 '어렵더라도 가겠다'고 말한다. 자신의 모든 힘을 다하여 벗어나고자 한다. 이전에 귀찮고 힘들어서 지혜의 부름에 응답하지 않은 것과는 완전히 다르다. 그러나 환난을 당하여 바른 길을 찾으려고 하지만 많은 경우는 결국 길을 찾지 못하는 것을 본다. 물론 회개는 언제든지 열려 있다. 그러나 실제로는 결국 회개에도 이르지 못하는 것을 본다. 결국 멸망에 이른다. 지혜는 다급할 때 찾는 것이 아니라 시간이 있을 때 찾아야 한다. 공부는 평상시에 해야 하는 것과 같다. 다급하게 공부하면 그래도 효과가 있다. 그러나 그것도 이전에 공부하던 사람에게 효과가 있는 것이지 전혀 공부하지 않던 사람과는 거리가 멀다.

> **29** 대저 너희가 지식을 미워하며 여호와 경외하기를 즐거워하지 아니하며
>
> **30** 나의 교훈을 받지 아니하고 나의 모든 책망을 업신여겼음이니라
>
> **31** 그러므로 자기 행위의 열매를 먹으며 자기 꾀에 배부르리라
>
> **29** You have never had any use for knowledge and have always refused to obey the Lord.
>
> **30** You have never wanted my advice or paid any attention when I corrected you.
>
> **31** So then, you will get what you deserve, and your own actions will make you sick.

1:31 자기 행위의 열매를 먹으며. 사람은 결국 자신이 걸어간 길을 따라 그 길의 열매를 먹게 된다. 다른 길에 있는 열매를 먹을 수는 없다. 자신이 선택한 무지에 의해 무지의 열매를 먹게 된다. 환난을 당하여 지혜를 불러 보기도 하지만 결국은 지혜의 거절을 듣게 될 것이다. 이전에 지혜가 그를 불렀으나 그가 거절한 것과 비슷하다.

32 어리석은 자의 퇴보는 자기를 죽이며 미련한 자의 안일은 자기를 멸망시키려니와

32 Inexperienced people die because they reject wisdom. Stupid people are destroyed by their own lack of concern.

1:32 어리석은 자의 퇴보...안일은 자기를 멸망시키려니와. 어리석은 자는 지혜를 배우는 것이 아니라 옛날에 다녔던 교회마저도 점점 멀어진다. 지혜를 찾는 일에 대해 안일하게 생각한다. 그러한 '퇴보'와 '안일'이 그를 멸망에 이르게 한다. 오늘 지혜를 찾지 않으면 안일함 가운데 멸망하게 된다.

33 오직 내 말을 듣는 자는 평안히 살며 재앙의 두려움이 없이 안전하리라

33 But whoever listens to me will have security. He will be safe, with no reason to be afraid."

1:33 오직 내 말을 듣는 자는 평안히 살며. 지혜의 말을 일찍 들어야 한다. 그래야 평안히 살게 될 것이다. 지금만이 아니라 이후에도 평안히 살게 될 것이다. 영원히 평안히 살게 될 것이다. 그러니 지금 지혜의 말을 들어야 한다. 거절하지 말아야 한다.

2장

지혜의 유익

1 내 아들아 네가 만일 나의 말을 받으며 나의 계명을 네게 간직하며

1 Learn what I teach you, my son, and never forget what I tell you to do.

2:1 1절-4절은 3개의 '만일 ~이면'이라는 3개의 조건 접속사로 구성되어 있다. '지혜를 구하면'을 반복하며 강조하고 있는 것이다. **나의 말을 받으며.** 지혜의 말을 들으면 어떤 일이 일어날지를 말한다. **나의 계명을 네게 간직하며.** '간직'은 '저장하다' '비상금으로 간직하다' '보물로 간직하다' 등의 의미이다. '지혜의 말을 귀히 여기고 간직하면'이라는 말이다.

2 네 귀를 지혜에 기울이며 네 마음을 명철에 두며

3 지식을 불러 구하며 명철을 얻으려고 소리를 높이며

4 은을 구하는 것 같이 그것을 구하며 감추어진 보배를 찾는 것 같이 그것을 찾으면

2 Listen to what is wise and try to understand it.

3 Yes, beg for knowledge; plead for insight.

4 Look for it as hard as you would for silver or some hidden treasure.

2:4 보배를 찾는 것 같이 그것을 찾으면. 지혜를 '보배를 찾는 것처럼 열심히 찾으면'이라고 말한다. 사람들이 돈을 벌 때 열심히 일한다. 그것처럼 지혜를 열심히 찾는 것을 말한다.

5 여호와 경외하기를 깨달으며 하나님을 알게 되리니

5 If you do, you will know what it means to fear the Lord and you will succeed in learning about God.

2:5 여호와 경외하기를 깨달으며. 지혜를 열심히 찾지 않기 때문에 무지 가운데 있는 것이다. 열심히 찾기만 하면 지혜를 찾게 될 것이다. 지혜의 시작인 '여호와 경외'를 깨닫게 될 것이다. 문제는 열심히 찾지 않기 때문이다. 돈을 열심히 버는 것과 다르게 열심히 찾지 않기 때문이다.

> 6 대저 여호와는 지혜를 주시며 지식과 명철을 그 입에서 내심이며
>
> 6 It is the Lord who gives wisdom; from him come knowledge and understanding.

2:6 여호와는 지혜를 주시며. 하나님은 지혜를 주시기를 원하신다. 사람들이 지혜를 얻지 못하는 것은 찾지 않기 때문이다. 사실 찾아도 우리는 무지하여 제대로 찾을 수 없다. 그러나 하나님께서 주시기를 원하시기 때문에 지혜를 찾으면 언제든지 찾을 수 있다. 문제는 '찾지 않는 것'이다.

> 7 그는 정직한 자를 위하여 완전한 지혜를 예비하시며 행실이 온전한 자에게 방패가 되시나니
>
> 7 He provides help and protection for those who are righteous and honest.

2:7 정직한 자를 위하여 완전한 지혜를 예비하시며. '예비하시며'는 1절의 '간직하며'와 같은 단어다. 지혜를 구하는 자가 그것을 귀히 여기며 간직하고자 한다면 하나님께서 귀히 간직하신 지혜를 주신다는 말씀이다. 하나님은 언제든지 지혜를 구하는 자에게 지혜를 주시기 위해 예비하고 계신다. **행실이 온전한 자에게 방패가 되시나니.** 지혜를 진심으로 구하면 그 지혜를 주심으로 지혜가 '방패'가 되게 하신다. 그 사람은 세상의 수많은 거짓으로부터 지혜라는 방패로 보호되어질 것이다.

> 8 대저 그는 정의의 길을 보호하시며 그의 성도들의 길을 보전하려 하심이니라
>
> 9 그런즉 네가 공의와 정의와 정직 곧 모든 선한 길을 깨달을 것이라
>
> 10 곧 지혜가 네 마음에 들어가며 지식이 네 영혼을 즐겁게 할 것이요
>
> 8 He protects those who treat others fairly, and guards those who are devoted to him.
>
> 9 If you listen to me, you will know what is right, just, and fair. You will know what you

should do.

10 You will become wise, and your knowledge will give you pleasure.

2:10 네 영혼을 즐겁게 할 것이요. 지혜는 우리를 보호하고 우리를 즐겁게 한다. 사람들이 바르게 살면 즐겁지 않을 것처럼 생각한다. 그것은 착각이다. 지혜를 따라 사는 것은 참으로 즐거운 일이다. 그 즐거움은 결코 빼앗기지 않는 즐거움이다. 지혜로운 사람은 즐거운 삶을 살게 된다. 깊은 곳에서부터 즐거움이 있다.

11 근신이 너를 지키며 명철이 너를 보호하여

12 악한 자의 길과 패역을 말하는 자에게서 건져 내리라

11 Your insight and understanding will protect you

12 and prevent you from doing the wrong thing. They will keep you away from people who stir up trouble by what they say–

2:12 악한 자의 길에서...건져 내리라. 악한 길에서 건짐을 받는 것이 얼마나 귀한지 모른다. 악한 길은 세상에서는 좋아 보이고 아무것도 아닌 것 같으나 실상은 영혼이 죽는 길이다. 그 길의 끝은 멸망이다. 그러기에 악한 자의 길에서 빨리 건짐을 받아야 한다.

13 이 무리는 정직한 길을 떠나 어두운 길로 행하며

14 행악하기를 기뻐하며 악인의 패역을 즐거워하나니

13 those who have abandoned a righteous life to live in the darkness of sin,

14 those who find pleasure in doing wrong and who enjoy senseless evil,

2:14 악한 사람들은 '행악하기를 기뻐'한다고 말한다. 악한 사람들이 악에 더 빠져드는 것은 그것을 좋아하기 때문이다. 그런데 지혜를 간직한 사람은 그 행악을 기뻐하지 않는다. 악을 행하는 것이 기쁘지 않고 싫은 것은 지혜의 매우 큰 유익이다. 마음으로는 기뻐하면서 겉으로만 거부하면 길게 가지 못한다. 그러나 악을 행하는 것 자체를 싫어하게 되면 계속 악을 행하지 않게 된다.

15 그 길은 구부러지고 그 행위는 패역하니라

16 지혜가 또 너를 음녀에게서, 말로 호리는 이방 계집에게서 구원하리니

15 unreliable people who cannot be trusted.

16 You will be able to resist any immoral woman who tries to seduce you with her smooth talk,

2:16 말로 호리는 이방 계집에게서 구원하리니. '호리다'는 '유혹하다'이다. 여인이 남자를 유혹할 때는 참으로 달콤한 말을 한다. 매우 얌전한 말로 하기도 한다. 칭찬하는 말을 할 수도 있고 멋 있는 말을 할 수도 있다. 남자의 약점을 파고 든다. 그렇게 달콤한 말로 다가오는 여인을 말만 들으면 결코 구별하지 못하고 거부하지 못한다. 지혜가 있어야만 떨칠 수 있다. 하나님께서 지켜보심을 믿으며, 하나님의 심판을 두려워하는 사람만 그 유혹을 이길 수 있다.

17 그는 젊은 시절의 짝을 버리며 그의 하나님의 언약을 잊어버린 자라

17 who is faithless to her own husband and forgets her sacred vows.

2:17 그 여인은 '젊은 시절의 짝을 버린' 여인이다. 그토록 멋 있는 여인이 왜 젊은 시절 자신의 배우자를 버렸을까? 당장 보기에는 매우 현명한 여인 같지만 실상은 남자를 잡아 먹는 여인일 수 있다. **하나님의 언약을 잊어버린 자.** 그녀는 무엇보다 하나님과의 언약에 대해 쉽게 생각하는 여인이다. 그러기에 그러한 여인의 말은 지금은 매우 달콤하지만 언제 변할지 모른다. 하나님과의 언약도 깨트리는 여인이 남자와의 언약을 깨트리지 않겠는가?

18 그의 집은 사망으로, 그의 길은 스올로 기울어졌나니

18 If you go to her house, you are travelling the road to death. To go there is to approach the world of the dead.

2:18 그의 집은 사망으로. 그녀의 달콤한 말은 결국 사망으로 이어진 길이다. 수많은 남자들이 그러한 여인의 달콤함에 넘어가 인생을 망쳤다. 인생만 망친 것이 아니다. 영혼을 망친다. 이 사망은 영혼의 사망을 의미한다. 영원한 멸망을 말한다.

19 누구든지 그에게로 가는 자는 돌아오지 못하며 또 생명 길을 얻지 못하느니라

20 지혜가 너를 선한 자의 길로 행하게 하며 또 의인의 길을 지키게 하리니

21 대저 정직한 자는 땅에 거하며 완전한 자는 땅에 남아 있으리라

19 No one who visits her ever comes back. He never returns to the road to life.

20 So you must follow the example of good people and live a righteous life.

21 Righteous people—people of integrity—will live in this land of ours.

2:21 완전한 자는 땅에 남아 있으리라. 지혜로 온전한 길을 가는 사람은 '땅에 남아'있게 된다. 이것은 바벨론 포로 때처럼 땅을 잃지 않고 고향에 남게 되는 것을 포함할 것이다. 그러나 '땅'의 궁극적 의미는 '영원한 나라'를 의미한다.

새 하늘과 새 땅이 된 곳에서 이 땅에 남을 사람은 '지혜를 따라 사는 믿음의 사람'이다. 멸망할 사람은 결코 지금 이 땅에 남지 않을 것이다. 주님이 재림하셔서 우리가 새 하늘과 새 땅이 된 이곳에서 살게 될 때 우리는 멸망의 사람들을 결코 보지 못하게 될 것이다. 그들은 이 땅에 남아 있지 않기 때문이다. 지옥이 어디일지는 모르지만 지금 우리가 보고 있는 저 하늘과 바다를 그들은 다시는 보지 못하게 될 것이다. 영원한 지옥은 결코 지금 이 땅에서의 아름다움을 맛보지 못하는 곳으로 갈 것이기 때문이다.

22 그러나 악인은 땅에서 끊어지겠고 간사한 자는 땅에서 뽑히리라

22 But God will snatch the wicked from the land and pull sinners out of it like plants from the ground.

3장

여호와를 의지,
지혜 찬가, 바른 관계

1-12절은 여호와를 의지하는 지혜에 대한 이야기다. 6개의 조건과 결과로 돼 있다. 홀수 절(1,3,5,7,9,11절)은 조건이고 짝수 절(2,4,6,8,10,12절)은 결과이다. 조건절은 하나님을 경외하며 신뢰하는 것과 관련되어 있다. 결과절은 그러할 때 하나님께서 주시는 것에 대한 이야기다. 세상의 법을 보면 원인과 결과가 이어져 있다. 원인 없는 결과가 없다. 어떤 결과를 원한다면 그것에 합당한 원인을 행하는 것이 중요하다. 믿음도 그러하다.

1 내 아들아 나의 법을 잊어버리지 말고 네 마음으로 나의 명령을 지키라

1 Don't forget what I teach you, my son. Always remember what I tell you to do.

3:1 나의 법을 잊어버리지 말고. 하나님의 말씀을 하나님을 경외하는 마음으로 간직하라는 말씀이다. 하나님의 법을 간직하는 것은 하나님이 살아 계셔서 통치하고 계시다는 것을 믿기 때문이다.

2 그리하면 그것이 네가 장수하여 많은 해를 누리게 하며 평강을 더하게 하리라

2 My teaching will give you a long and prosperous life.

3:2 네가 장수하여 많은 해를 누리게 하며. 하나님의 법을 간직하고 사는 사람은 하나님께서 보호하심으로 헛되게 죽는 일이 없다. '장수'는 이 땅에서의 삶을 포함하지만 무엇보다 멸망의 지옥이 아니라 영원히 살게 되는 장수와 관련이 더 많다. 세상 나라의 법을 지켜야 그 나라에서 더 장수할 수 있다. 음식 법을 지켜야 더 건강할 수 있다. 하나님의 법은 그 모든 법보다 더 장수하게 한다. 이 세상은 하나님의 나라이기 때문

이다.

> 3 인자와 진리가 네게서 떠나지 말게 하고 그것을 네 목에 매며 네 마음판에 새기라
>
> 3 Never let go of loyalty and faithfulness. Tie them round your neck; write them on your heart.

3:3 인자와 진리...목에 매며 네 마음판에 새기라. '인자(헤세드)와 진리'를 목걸이처럼 늘 드러내고 그것을 가슴에 새기고 그것에 따라 사는 것을 말한다.

> 4 그리하면 네가 하나님과 사람 앞에서 은총과 귀중히 여김을 받으리라
>
> 4 If you do this, both God and people will be pleased with you.

3:4 하나님과 사람 앞에서 은총과 귀중히 여김을 받으리라. 하나님의 인자(언약을 지키는 사랑)와 진리를 귀히 여기고 지킬 때 하나님께서 또한 그를 '귀히 여기심'을 말한다.

> 5 너는 마음을 다하여 여호와를 신뢰하고 네 명철을 의지하지 말라
>
> 5 Trust in the Lord with all your heart. Never rely on what you think you know.

3:5 마음을 다하여 여호와를 신뢰하라. 하나님이 눈에 보이지 않는다고 건성건성 하면 안 된다. 만약 사람이 옆에 있으면 늘 그를 신경 쓸 것이다. 하나님은 눈에 보이지 않지만 더욱더 함께 하신다. 그렇다면 우리는 신경을 쓰는 정도가 아니라 '마음을 다하여' 그 분을 신뢰해야 한다.

> 6 너는 범사에 그를 인정하라 그리하면 네 길을 지도하시리라
>
> 6 Remember the Lord in everything you do, and he will show you the right way.

3:6 5절-6절에서는 조건(원인)이 조금 더 길다. **너는 범사에 그를 인정하라.** 하나님이 눈에 보이지 않지만 우리는 우리의 모든 일에 하나님이 함께 계시다는 것을 인정해

야(히. 야다. '알다'는 의미) 한다. 믿어야 한다. 하나님은 창조주이시고 통치자이시기 때문에 우리는 하나님께 복종해야 한다. 그것이 모든 상황에서 하나님을 아는 것이다. **그리하면 네 길을 지도하시리라.** '지도하시리라(히. 야사르)'는 '똑바르게 하다' '부드럽게 하다' '바르게 하다'라는 의미의 단어다. 그러기에 이것은 흔히 세상 말로 잘 되게 하는 것을 의미하는 것이 아니라 '올바르게'한다는 것을 의미한다. 그리고 사실 그 '올바른 길'이 '잘 되는 길'이다.

> 7 스스로 지혜롭게 여기지 말지어다 여호와를 경외하며 악을 떠날지어다
>
> 7 Never let yourself think that you are wiser than you are; simply obey the Lord and refuse to do wrong.

3:7 스스로 지혜롭게 여기지 말지어다. 자신의 지혜를 믿지 말라고 말한다. 사람들은 자신의 지혜로 자신을 지킨다고 생각한다. 그러나 헛똑똑인 경우가 많다. 중요한 것은 여호와를 경외하는 것이다. 아무리 자신에게 이익이 되는 것 같아도 '악을 떠나는 것' 이 중요하다.

> 8 이것이 네 몸에 양약이 되어 네 골수를 윤택하게 하리라
>
> 8 If you do, it will be like good medicine, healing your wounds and easing your pains.

3:8 8절은 문법적으로는 결과보다는 명령으로 되어 있다. 그러나 내용적으로는 앞의 구절에 대한 결과를 명령하는 것이다. **네 몸에 양약이 되어.** 자신의 몸(전 존재)을 치료하고 건강하게 하는 것은 자신의 지혜가 아니라 하나님의 지혜다. 자신의 몸보신이 아니라 하나님의 보호이다. 그러기에 악으로 자신을 보호하려고 하지 말아야 한다. 악에는 결코 하나님께서 함께 하시지 않기 때문이다. 하나님의 보호를 원한다면 끝까지 선의 길을 가야 한다.

> 9 네 재물과 네 소산물의 처음 익은 열매로 여호와를 공경하라
>
> 9 Honour the Lord by making him an offering from the best of all that your land produces.

3:9 네 재물과...처음 익은 열매로 여호와를 공경하라. 마음 안에 하나님을 경외하는 마음이 있으면 그것을 또한 밖으로 표현해야 한다. 표현되지 않는 사랑은 사랑이 아니다. '처음 익은'은 '첫 열매'이거나 '귀한 열매'라는 의미로 해석 가능하다. 앞에서 '지식의 근본'이라고 말할 때 사용된 단어(히. 레쉬트)와 같은 단어다.

> **10** 그리하면 네 창고가 가득히 차고 네 포도즙 틀에 새 포도즙이 넘치리라
>
> **10** If you do, your barns will be filled with grain, and you will have too much wine to be able to store it all.

3:10 그리하면 네 창고가 가득히 차고. 재물로 하나님께 믿음을 고백하면 재물이 적어지는 것이 아니라 더 채워진다고 말씀한다. 이것은 일반적인 이야기다. 헌금을 더 하면 창고가 더 차는 것이 산술적으로는 이루어지지 않는다. 그러나 분명한 사실은 하늘의 창고는 더 차고 넘치게 될 것이라는 사실이다. 그것이 산술적 가치의 비례는 아니겠으나 그가 드릴 수 있는 조건에서의 더 많이 드림은 분명히 창고에 더 많이 쌓이는 결과를 낳을 것이다. 하나님께 드림이 쉽지 않다. 그래서 그 결과 또한 매우 풍성할 것이다.

> **11** 내 아들아 여호와의 징계를 경히 여기지 말라 그 꾸지람을 싫어하지 말라
>
> **11** When the Lord corrects you, my son, pay close attention and take it as a warning.

3:11 여호와의 징계를 경히 여기지 말라. 징계는 하나님을 인정하지 않을 때는 환란이고 고통일 뿐이다. 환난과 고통을 좋아할 사람은 아무도 없다. 그것은 빈곤하게 되는 것이고 할 수만 있다면 피해야 하는 것이다.

> **12** 대저 여호와께서 그 사랑하시는 자를 징계하시기를 마치 아비가 그 기뻐하는 아들을 징계함 같이 하시느니라
>
> **12** The Lord corrects those he loves, as parents correct a child of whom they are proud.

3:12 여호와께서 그 사랑하시는 자를 징계하시기를. 사랑하기 때문에 징계도 있다. 징

계는 다른 말로 하면 '사랑한다'는 말이다. 자신의 삶에 하나님을 인정하는 사람은 징계를 통해서 인생이 더욱더 풍성해진다. 몸이 건강하고 재물이 많아지는 것도 풍성함이다. 그러나 징계를 통해 깊은 믿음을 가지게 된다면 그것은 더욱더 큰 풍성함이다. 신앙인은 이러한 종류의 풍성함을 누릴 줄 알아야 한다.

13절-26절은 지혜에 대한 찬가다. 13절-18절에는 지혜의 복에 대해 말한다. 이 구절의 히브리어 첫 글자가 '복(행복)'이며 마지막 글자도 '복'이다.

> **13** 지혜를 얻은 자와 명철을 얻은 자는 복이 있나니
> **13** Happy is anyone who becomes wise—who gains understanding.

3:13 명철을 얻은 자는 복이 있나니. '복'을 '행복'으로 번역해도 된다. 일맥 상통하는 개념이다. 시편 1편이나 마태복음 5장의 복과 같은 것이다. 지혜를 가지면 복되고 행복하다. 하나님께서 사람을 창조하실 때 본래 행복한 존재로 창조하셨는데 그것을 일정 부분 회복하는 것이다. 하나님께서 세상을 창조하신 것과 삶을 주관하시는 것을 알게 되면 행복하다. 그 안에 우리를 향한 하나님의 풍성한 사랑이 있기 때문이다. 그은혜와 사랑을 발견하며 살기 때문에 행복하다.

> **14** 이는 지혜를 얻는 것이 은을 얻는 것보다 낫고 그 이익이 정금보다 나음이니라
> **14** There is more profit in it than there is in silver; it is worth more to you than gold.

3:14 지혜를 얻는 것이 은을 얻는 것보다 낫고. 이론으로 만이 아니라 실제적으로 이렇게 생각해야 한다. 돈이 할 수 있는 것이 생각보다 많다. 그러나 그러한 돈으로 무지하게 사용하는 사람은 더욱더 많다. 돈을 지혜롭게 사용해야 복되고 행복하다. 그러니 돈보다 더 중요한 것은 지혜를 가지는 것이다. 지혜 없이 돈을 가진 사람보다는 돈이 없이 지혜를 가진 사람이 훨씬 더 낫다.

> **15** 지혜는 진주보다 귀하니 네가 사모하는 모든 것으로도 이에 비교할 수 없도다

16 그의 오른손에는 장수가 있고 그의 왼손에는 부귀가 있나니

15 Wisdom is more valuable than jewels; nothing you could want can compare with it.

16 Wisdom offers you long life, as well as wealth and honour.

3:16 오른손에는 장수가 있고. 지혜는 사람을 사람답게 살게 한다. 그래서 진정한 장수를 하게 한다. 어리석게 오래 사는 것은 진정한 장수가 아니다. 지혜는 영원한 삶으로 안내한다. 그가 이 땅에서 지혜로 산 삶은 영원하도록 지속되는 것이다. 또한 그는 영원토록 살게 된다. 그래서 진정한 '장수'라고 말할 수 있다. **왼손에는 부귀가 있나니.** '귀(히. 카보드)'는 보통 '영광'으로 번역하는 단어다. 지혜를 가질 때 영광이 있다. 꽉 찬 인생이 된다. 지혜가 없으면 바람만 가득한 인생이 되지만 지혜가 이끄는 삶은 꽉 찬 인생이고 영광스러운 인생이다.

17 그 길은 즐거운 길이요 그의 지름길은 다 평강이니라

18 지혜는 그 얻은 자에게 생명 나무라 지혜를 가진 자는 복되도다

17 Wisdom can make your life pleasant and lead you safely through it.

18 Those who become wise are happy; wisdom will give them life.

3:18 얻은 자에게 생명 나무라. 에덴 동산에 있었던 생명나무를 생각나게 한다. 선악나무의 반대편에 있다. 선악나무가 사람을 에덴 동산에서 쫓겨나게 하였고 멸망에 이르게 하였는데 생명나무는 이제 에덴동산으로 회복하게 만든다. 이것은 믿음이 내포된 지혜를 말한다.

19 여호와께서는 지혜로 땅에 터를 놓으셨으며 명철로 하늘을 견고히 세우셨고

19 The Lord created the earth by his wisdom; by his knowledge he set the sky in place.

3:19 지혜로 땅에 터를 놓으셨으며. 하나님께서 세상을 지혜로 창조하셨다. 지혜는 하나님의 성품 중 매우 중요한 부분이다.

20 그의 지식으로 깊은 바다를 갈라지게 하셨으며 공중에서 이슬이 내리게 하셨

느니라

20 His wisdom caused the rivers to flow and the clouds to give rain to the earth.

3:20 깊은 바다를 갈라지게 하셨으며. 땅 깊은 곳에서 물이 터지게 하셔서 바다와 강을 만든 것을 말하는 것으로 보인다. 그렇게 지혜로 바다와 강을 창조하셨다. 하나님의 지혜로 세상이 창조되었고 유지되고 있다. 세상을 보면 얼마나 질서정연하고 지혜로운지를 볼 수 있다. 하나님의 형상을 따라 창조된 우리도 지혜로 세상을 살아가야 한다.

21 내 아들아 완전한 지혜와 근신을 지키고 이것들이 네 눈 앞에서 떠나지 말게 하라

21 Hold on to your wisdom and insight, my son. Never let them get away from you.

3:21 지혜와 근신을 지키고. 우리가 세상을 지혜로 살기 위해서는 지혜를 배워야 하며 또한 그것을 지켜야 한다. 지혜가 앞으로 들어왔다가 뒤로 나갈 수 있다. 그래서 잘 지켜야 한다. 지혜가 뒤로 빠져나가는 것이 아니라 우리의 삶에서 제 역할을 하도록 해야 한다.

22 그리하면 그것이 네 영혼의 생명이 되며 네 목에 장식이 되리니

22 They will provide you with life—a pleasant and happy life.

3:22 그것이 네 영혼의 생명이 되며. 우리의 생명이 중요하다. 지혜는 영혼의 생명이라고 말한다. 우리의 육체적인 생명만이 아니라 전 존재의 생명을 의미하는 말이다. 지혜는 우리 삶의 핵심이요 열쇠다.

23 네가 네 길을 평안히 행하겠고 네 발이 거치지 아니하겠으며

23 You can go safely on your way and never even stumble.

3:23 네 길을 평안히 행하겠고. 지혜를 가지고 살면 그것이 우리의 삶을 지키는 역할

을 한다. 방패가 아닌 것 같은데 어느 것보다 더 중요한 방패 역할을 한다.

> 24 네가 누울 때에 두려워하지 아니하겠고 네가 누운즉 네 잠이 달리로다
>
> 24 You will not be afraid when you go to bed, and you will sleep soundly through the night.

3:24 네가 누울 때에 두려워하지 아니하겠고. 지혜롭게 행한 사람은 잘 때도 지혜의 보호를 받는다. 그래서 잘 때도 보호를 받으며 걱정 없이 달콤한 잠을 잘 수 있게 된다. 무지한 자는 앞이 캄캄하다. 깨어 있을 때도 불안하고 잠잘 때는 더욱더 불안하다. 그러나 지혜를 가지고 사는 사람은 앞이 어떻게 펼쳐질지를 안다. 잠자는 무의식의 순간조차도 그는 지혜를 따라 살고 있기 때문에 평안하다. 당당하다. 잠을 자다 생을 마칠지라도 당당하다. 그래서 달콤한 잠을 잘 수 있다.

> 25 너는 갑작스러운 두려움도 악인에게 닥치는 멸망도 두려워하지 말라
>
> 25 You will not have to worry about sudden disasters, such as come on the wicked like a storm.

3:25 갑작스러운 두려움. 지혜로운 자는 갑작스러운 일을 당하여도 당당하다. 그러나 무지한 자는 무지와 악의 종말이 멸망이기 때문에 늘 갑작스러운 일은 불안한 요소가 된다. 언제 갑작스럽게 악의 본질인 멸망으로 떨어질지 모르기 때문이다.

> 26 대저 여호와는 네가 의지할 이시니라 네 발을 지켜 걸리지 않게 하시리라
>
> 26 The Lord will keep you safe. He will not let you fall into a trap.

3:26 여호와는 네가 의지할 이시니라. 지혜는 궁극적으로 '여호와를 경외'함에서 시작하고 여호와와 함께하는 것이다. 그래서 여호와의 선하심이 그와 늘 함께 한다. 궁극적인 종말은 하나님의 놀라운 은혜와 사랑이다. 그러기에 두렵지 않다.

27절-35절은 지혜를 가진 사람의 실제 모습에 대한 이야기다.

27 네 손이 선을 베풀 힘이 있거든 마땅히 받을 자에게 베풀기를 아끼지 말며

27 Whenever you possibly can, do good to those who need it.

3:27 선을 베풀 힘이 있거든. 여기에서 '선(히. 토브)'은 '좋은' 이다. 아름다운 일을 하는 것을 말한다. 지혜자는 '좋은' 삶을 살아야 한다. '베풀 힘'이 있다는 것은 복이다. 무엇인가를 가지고 있다는 것은 행복한 일이다. 그런데 그것을 가지고만 있으면 불행으로 바뀐다. 가지고 있는 사람은 모르나 나중에 심판 받을 때 '가지고만 있었다'는 것이 얼마나 불행인지 알게 될 것이다. 달란트를 땅에 묻은 사람과 같다. **베풀기를 아끼지 말며.** 좋은 일을 할 수 있는 힘을 가지고 있는데 아끼고 있으면 안 된다. 내가 가지고 있는 책을 '가지고 있지 말고 나누어야겠다'는 생각을 한 적이 있다. 좋은 것을 가지고 있지만 말고 나누어 주어 더 선한 일이 되게 해야 한다. **마땅히 받을 자.** 이것은 일차적으로는 가난한 사람을 말한다. 또한 가난하지만 게으르지 않은 사람이 더욱 해당된다. 또한 더 잘 사용할 사람을 의미하기도 한다. 하나님 나라를 위해 더 잘 사용할 수 있는 것이 가장 좋은 일이다.

28 네게 있거든 이웃에게 이르기를 갔다가 다시 오라 내일 주겠노라 하지 말며

28 Never tell your neighbours to wait until tomorrow if you can help them now.

3:28 다시 오라 내일 주겠노라 하지 말며. 내가 가진 것을 누군가와 나눈다는 것은 내가 가진 권세가 아니다. 의무이고 책임이다. 내가 하루 더 가지고 있다고 더 좋을 것은 하나도 없다. 그러나 없는 사람이나 필요한 사람이 하루 일찍 더 갖는 것은 매우 중요하다. 더 많은 일을 할 수 있다. 그러기에 나의 허황된 권세 의식으로 주는 것을 늦추지 말고 줄 수 있을 때 바로 주어야 한다.

29-31절은 이웃과의 평범한 관계에 대한 것이다.

29 네 이웃이 네 곁에서 평안히 살거든 그를 해하려고 꾀하지 말며

29 Don't plan anything that will hurt your neighbours; they live beside you, trusting you.

3:29 그를 해하려고 꾀하지 말며. '해'는 기본적으로 '악'이라는 뜻인데 여기에서도 그렇게 이해하는 것이 더 좋을 것 같다. 이웃에게 악을 행하면 안 된다. '꾀하지 말며'는 '쟁기질하다' 고안하다'등의 의미다. 악을 생각해 내고 계획적으로 행하는 것은 참으로 악한 것이다. 악이라고 생각될 수 있는 일을 결코 행하면 안 된다.

> 30 사람이 네게 악을 행하지 아니하였거든 까닭 없이 더불어 다투지 말며
>
> 30 Don't argue with others for no reason when they have never done you any harm.

3:30 까닭 없이 더불어 다투지 말며. 이웃과 이유 없이 다투는 사람은 없을 것이다. 그러나 정당한 이유로 다투는 사람도 별로 없다. '까닭 없이'는 정당한 이유에 대한 것이다. **악을 행하지 아니하였거든.** 앞에서 나온 '해'와 같은 단어다. 악한 의도로 악하게 행동한 것이 아니면 이웃과 다투지 말라는 말이다. 살다 보면 실수로 행하거나 서로 의견이 달라서 다툼이 생기는 경우가 많다. 그러한 다툼은 모두 까닭 없이 다투는 경우다. 악한 의도가 없어 보이면 다투지 마라.

> 31 포학한 자를 부러워하지 말며 그의 어떤 행위도 따르지 말라
>
> 31 Don't be jealous of violent people or decide to act as they do,

3:31 포학한 자를 부러워하지 말며. '포학'은 악이 큰 경우를 말한다. 폭력적일 때도 말하는 단어다. 그러한 포학한 사람과는 함께하지 않는 것이 좋다. '다툰다'는 것은 관계의 여지가 있다는 것이다. 포학한 사람과는 관계의 여지를 갖지 않는 것이 좋다. 함께하다 보면 닮게 된다. **어떤 행위도 따르지 말라.** 이 말씀을 지키기 위해서는 그러한 사람과는 어떠한 관계도 맺지 않는 것이 지혜다.

하나님을 경외하는 것이 지식의 시작이라고 하였다. 지혜는 하나님과의 관계가 늘 가장 중요하다. 32절-35절은 그것에 대해 몇 가지를 말한다.

> 32 대저 패역한 자는 여호와께서 미워하시나 정직한 자에게는 그의 교통하심이 있으며
>
> 32 because the Lord hates people who do evil, but he takes righteous people into his

confidence.

3:32 어떤 일이 지혜로운 일인지 무지한 것인지를 판단할 때 매우 중요한 것 중에 하나가 '하나님과의 거리'다. **패역한 자는 여호와께서 미워하시나.** '패역'은 비뚤어진, 속임수의 뜻을 가지고 있다. 하나님은 그러한 비뚤어진 일에 함께 하지 않으신다. **정직한 자에게는 그의 교통하심이 있으며.** 하나님께서 '바른 자'와 함께 하신다.

> 33 악인의 집에는 여호와의 저주가 있거니와 의인의 집에는 복이 있느니라
>
> 33 The Lord puts a curse on the homes of the wicked, but blesses the homes of the righteous.

3:33 악인의 집에는 여호와의 저주가 있거니와. 어떤 일을 했을 때 하나님께서 화를 주실 것인지 복을 주실 것인지를 생각해야 한다. 그것이 지혜. 돈이 아무리 많이 생기는 일이라 하여도 하나님께서 재앙을 내리시는 일이라면 그것을 피해야 한다. 아무리 힘들어도 하나님께서 복을 내리실 일에 열심을 내야 한다.

> 34 진실로 그는 거만한 자를 비웃으시며 겸손한 자에게 은혜를 베푸시나니
>
> 34 He has no use for conceited people, but shows favour to those who are humble.

3:34 거만한 자...비웃으시며...겸손한 자...은혜. 세상에서 돈을 많이 가진 사람은 거만하다. 그러나 하나님께서 그것을 보고 웃으실 것이다. 그들이 가진 돈이라는 것이 아무것도 아닐 뿐만 아니라 일시적인 것이며 그것이 그들에게 화가 될 것이기 때문이다. 겸손(히. 아니). 마음의 낮아짐을 의미할 수도 있지만 주로 '재물'이 없는 곤고함을 나타낼 때 많이 쓰는 단어다. 세상에서 정직하게 살면 돈과 명예가 없는 경우가 많다. 그러나 세상에서는 그렇게 빈곤하였어도 하나님께서 은혜를 베푸실 것이다. 언젠가 전혀 예기치 않은 은혜로 채워질 수 있다. 그래서 궁극적으로는 빈곤한 자가 아니라 부요한 자다.

> 35 지혜로운 자는 영광을 기업으로 받거니와 미련한 자의 영달함은 수치가 되느니라

35 Wise people will gain an honourable reputation, but stupid people will only add to their own disgrace.

3:35 지혜로운 자는 영광을 기업으로 받거니와. '기업'은 이어지는 것을 말한다. 일시적인 것이 아니라 지속적인 것이다. 진정한 기업은 영원한 나라에까지 이어지는 것이다. 지혜로운 자는 궁극적으로 영광을 기업으로 받게 될 것이다. 미련한 자는 결국 수치를 기업으로 받게 될 것이다.

하나님께서 심판하신다. 하나님과의 관계에서 어긋난 것이 어찌 복된 것이 될 수 있겠는가? 하나님과의 관계가 어긋난 것은 모두 재앙이 될 것이다. 그러기에 지혜는 하나님과의 관계가 바르게 있어야 한다. 하나님과의 관계를 더욱더 풍성하게 하는 것이 복된 것이다.

4장

지혜 유산

1 아들들아 아비의 훈계를 들으며 명철을 얻기에 주의하라

1 Listen to what your father teaches you, my sons. Pay attention, and you will have understanding.

4:1 명철을 얻기에 주의하라. 이것은 주의해서 듣는 것을 말한다. 사람들은 돈에 관심이 많다. 부모가 많은 돈을 가지고 있다면 자녀들은 부모의 돈에 주의를 기울일 것이다. 그러나 부모가 지혜를 가지고 있다 하여도 대부분 주의를 기울이지 않을 것이다. 지혜보다 돈을 더 좋아하기 때문이다. 그러나 인생에서 진짜 중요한 것은 지혜를 듣는 것이다. 지혜에 주의하는 것이다.

2 내가 선한 도리를 너희에게 전하노니 내 법을 떠나지 말라

2 What I am teaching you is good, so remember it all.

4:2 내 법을 떠나지 말라. 아버지는 자식에게 지혜를 전하며 그것을 떠나지 말 것을 당부한다. 사람들이 돈을 유산으로 받으면 한 푼도 놓치지 않고 다 자신의 통장으로 옮길 것이다. 그러나 지혜를 대할 때는 그렇지 않다. 그래서 부모의 지혜가 자식에게 이어지는 경우가 많지 않다. 솔로몬의 지혜가 그 자식에게 이어지지 않았다.

3 나도 내 아버지에게 아들이었으며 내 어머니 보기에 유약한 외아들이었노라

3 When I was only a little boy, my parents' only son,

4:3 나도 내 아버지에게 아들이었으며. 이 구절을 보면 솔로몬과 다윗을 생각할 수 있다. 그러나 솔로몬의 저작이라 하여 솔로몬의 경험을 말한 것은 아닐 것이다. 솔로몬 때에 잠언을 모은 것이기 때문에 이것을 솔로몬과 다윗으로 한정하여 생각하지 말아

야 한다. 지혜자도 이전에는 아버지에게 아들이었다. 지금 그가 아들에게 지혜를 유산으로 말하는 것처럼 말이다. **내 어머니 보기에 유약한 외아들이었노라.** 지혜자가 지금은 지혜의 말을 하지만 이전에는 어머니에게 유약한 아들에 불과하였다. 그러나 지혜에 주의를 기울임으로 지혜자가 되었다. 그러기에 아들에게 지혜에 주의를 기울여야 한다고 말하고 있다.

아버지가 아들에게 지혜를 유산으로 말한다. 이것은 그가 아버지에게 물려 받은 것이기도 하다. 그가 말하는 지혜는 그가 만들어 낸 것이 아니다. 그의 아버지에게 배운 것이다. 유산처럼 물려 받은 것이다. 그래서 더욱더 가치 있는 것이다.

> 4 아버지가 내게 가르쳐 이르기를 내 말을 네 마음에 두라 내 명령을 지키라 그리하면 살리라
>
> 4 my father would teach me. He would say, "Remember what I say and never forget it. Do as I tell you, and you will live.

4:4 아버지가 내게 가르쳐 이르기를 내 말을 네 마음에 두라. 지혜자는 아버지가 자신에게 말한 것을 자신의 아들에게 말하였다. 이 시대는 가업이 물려지던 시기다. 그런데 지혜자는 아들에게 그가 물려주고 싶은 가업은 어떤 재산보다 지혜라는 것을 말하고 있는 것으로 보인다. 지혜를 남기고 믿음을 남기는 것은 참 좋은 가업이 될 것이다. 그것이 자식에게만 국한되는 것이 아니라 본문의 지혜가 오늘날 모든 믿음의 사람들에게 전해지듯이 믿음의 사람들에게 전해진다면 그것이 진짜 좋은 유산이 될 것이다.

> 5 지혜를 얻으며 명철을 얻으라 내 입의 말을 잊지 말며 어기지 말라
>
> 5 Get wisdom and insight! Do not forget or ignore what I say.

4:5 지혜를 얻으며 명철을 얻으라. '얻으라'를 반복하여 말하고 있다. '얻으며(히. 카나)'는 '사다'는 뜻의 단어다. 돈을 주고 사는 것이다. 지혜를 돈을 주고 사듯이 해야 한다. 많은 대가를 주고 사는 것이다.

나는 책을 사는 데는 돈을 아끼지 않았다. 책을 통해 성경 한 구절의 의미를 더 깨닫고 하나님의 마음을 알게 되면 책을 사는데 들인 돈이 전혀 아깝지 않았기 때문이다. 책만이 아니다. 시험을 통해서도 하나님의 뜻을 깨닫게 된다. 그러니 그러한 것을 돈

을 주고 사는 것처럼 수고를 들이고 마음을 기울여 알아야 한다. 열심히 알아야 한다.

> 6 지혜를 버리지 말라 그가 너를 보호하리라 그를 사랑하라 그가 너를 지키리라
>
> 6 Do not abandon wisdom, and she will protect you; love her, and she will keep you safe.

4:6 지혜를 버리지 말라. 돈을 버리는 사람이 있을까? 없을 것이다. 그런데 지혜를 왜 버릴까? 돈을 주고 사지 않았기 때문이다. 어렵게 알지 않았기 때문이다. 지혜를 어렵게 아는 것이 좋다. 지혜를 위해 머리를 싸매고 공부하고 시름시름 앓는 것도 경험해 보아야 한다. 그래야 지혜를 돈을 주고 산 것처럼 될 것이다. 많은 돈을 주고 산 것이 될 것이다. 그러면 그것을 함부로 버리지 않을 것이다. 어렵게 알아야 그것이 마음 속 깊이 새겨져서 언제든지 지혜가 가동된다. **그를 사랑하라.** 많은 돈을 주고 사지는 않았어도 만약 사랑한다면 지혜를 조금 더 간직할 수 있게 될 것이다. 그래서 지혜가 그를 지키게 된다. 그러기에 지혜를 알게 되는 것을 사랑하라. 그것이 얼마나 귀한 것인지를 생각하라. 말씀 한 구절을 아는 것을 쉽게 여기는 사람들이 있다. 그러나 말씀을 아는 것을 사랑하라. 그것은 우리에게 무엇보다 더 중요한 자산이 될 것이다. 유산이 될 것이다.

> 7 지혜가 제일이니 지혜를 얻으라 네가 얻은 모든 것을 가지고 명철을 얻을지니라
>
> 7 Getting wisdom is the most important thing you can do. Whatever else you get, get insight.

4:7 지혜가 제일이니. '제일'은 앞에서 1장 7절의 '하나님을 경외하는 것이 지식의 근본'이라고 말할 때의 '근본'과 같은 단어다. 지혜가 시작이다. 근본이다. 중요하다. 그러기에 무엇을 하고자 하든 먼저 그 일에 대한 '지혜를 얻는 것'이 우선이다. 여기에서도 '얻다'는 '사다'를 의미한다. 그 일에 하나님의 뜻이 무엇인지를 알기 위해 말씀을 살펴보고 기도하는 것이 중요하다. 그것이 가장 먼저 해야 할 일이다. '일을 먼저 정해 놓고 잘 갈 수 있도록 기도하는 것'은 순서가 잘못되었다. 늘 먼저 지혜가 시작이어야 한다. 그것에 하나님의 뜻이 무엇인지부터 살피고 기도 해야 한다.

> 8 그를 높이라 그리하면 그가 너를 높이 들리라 만일 그를 품으면 그가 너를 영화롭게 하리라
>
> 8 Love wisdom, and she will make you great. Embrace her, and she will bring you honour.

4:8 그를 높이라 그리하면 그가 너를 높이 들리라. 지혜를 귀히 여기고 그것을 위해 힘을 기울이면 지혜가 그 사람을 명예롭게 할 것이라고 말한다. 돈을 높이 여기고 돈을 찾으면 돈을 더 벌 수 있다. 그러나 돈은 그 사람을 높이지 못한다. 돈은 힘이 많은 것 같으나 사실은 아니다. 지혜를 높이 여기는 사람은 지혜 뒤에 하나님이 계시기 때문에 그 사람을 높일 힘이 있다. 그러기에 진정 높아지고자 하는 사람은 지혜를 찾아야 한다.

> 9 그가 아름다운 관을 네 머리에 두겠고 영화로운 면류관을 네게 주리라 하셨느니라
>
> 10 내 아들아 들으라 내 말을 받으라 그리하면 네 생명의 해가 길리라
>
> 9 She will be your crowning glory."
>
> 10 Listen to me, my son. Take seriously what I am telling you, and you will live a long life.

4:10 생명의 해가 길리라. 지혜를 받아들여 순종할 때 '생명의 해'가 길게 될 것이라 말한다. 지혜와 무지의 차이는 학교 성적 차이가 아니다. 월급 차이도 아니다. 그것보다 훨씬 더 큰 차이다. 생명과 관련되어 있다. 지혜는 생명의 삶이며 영원한 생명을 가져다 줄 것이다. 무지는 죽음이며 영원한 죽음에 이르게 한다.

> 11 내가 지혜로운 길을 네게 가르쳤으며 정직한 길로 너를 인도하였은즉
>
> 11 I have taught you wisdom and the right way to live.

4:11 길. 인생을 '길'로 비유하여 설명하고 있다.'지혜로운 길'이 있다. '정직한 길' '의로운 길'이다. '길'은 구체적이어서 한 걸음 한 걸음 걷는 것이다. 이 땅을 살아가는 시간은 모두 길을 걷는 것이다. 구체적으로 무엇인가를 하면서 살아간다. 사람이 살아가는 것이 다 같아 보인다. 그래서 같은 길 같다. 그러나 그렇지 않다. 성경은 사람들이

완전히 다른 길을 걷고 있다고 말한다. 지혜로운 길이 있고 무지한 길이 있다. 의로운 길이 있고 악한 길이 있다. 생명의 길이 있고 죽음의 길이 있다.

> 12 다닐 때에 네 걸음이 곤고하지 아니하겠고 달려갈 때에 실족하지 아니하리라
>
> 13 훈계를 굳게 잡아 놓치지 말고 지키라 이것이 네 생명이니라
>
> 12 Nothing will stand in your way if you walk wisely, and you will not stumble when you run.
>
> 13 Always remember what you have learnt. Your education is your life—guard it well.

4:13 훈계를 굳게 잡아. 지혜자는 자신이 말하는 것을 '굳게 잡으라'고 말한다. 그것이 '생명'이라고 말한다. 그것을 놓치면 죽음이다. 아주 중요하다고 말하고 있는 것이다.

> 14 사악한 자의 길에 들어가지 말며 악인의 길로 다니지 말지어다
>
> 14 Do not go where evil people go. Do not follow the example of the wicked.

4:14 악인의 길로 다니지 말지어다. 악인의 길을 간 적이 있는가? 지혜자는 자신의 아들에게 '악인의 길을 가지 말라'고 말한다. 악인의 길은 무엇을 말할까?

> 15 그의 길을 피하고 지나가지 말며 돌이켜 떠나갈지어다
>
> 16 그들은 악을 행하지 못하면 자지 못하며 사람을 넘어뜨리지 못하면 잠이 오지 아니하며
>
> 15 Don't do it! Keep away from evil! Refuse it and go on your way.
>
> 16 Wicked people cannot sleep unless they have done something wrong. They lie awake unless they have hurt someone.

4:16 사람을 넘어뜨리지 못하면 잠이 오지 아니하며. '사람을 넘어뜨리는 길'을 악인의 길이라 말한다. 사람은 사랑해야 할 대상이지 경쟁하고 싸우는 대상이 아니다. 악인의 길은 감옥에 갈 불법을 저지르는 사람만 의미하는 것이 아니다. 하나님을 경외함이 없는 모든 행동이 악인의 길에 속한다. 사람들은 이웃을 사랑하라는 하나님의 말

씀이 아니라 이웃과 싸우는 것을 선택한다. 그것은 악한 것이다.

> 17 불의의 떡을 먹으며 강포의 술을 마심이니라
>
> 18 의인의 길은 돋는 햇살 같아서 크게 빛나 한낮의 광명에 이르거니와
>
> 17 Wickedness and violence are like food and drink to them.
>
> 18 The road the righteous travel is like the sunrise, getting brighter and brighter until daylight has come.

4:18 의인의 길은 돋는 햇살. 의인의 길은 밝은 길이며 갈수록 더 밝아진다. 갈수록 더 밝아지고 있는가? 하나님을 아는 지식은 우리에게 '한낮의 광명'과 같다. 하나님을 아는 지식이 많아질수록 우리의 내면과 외면이 더 빛날 것이다. 의인은 '하나님과 씨름' 한다. 하나님을 알기 위해 씨름하고, 순종하기 위해 씨름한다. 하나님이 주시는 생명을 받기 위해 씨름한다. 늘 하나님을 생각하고 하나님께서 주시는 길을 생각한다. 인생을 하나님을 아는 밭으로 여기며 하나님의 말씀을 맺는 밭으로 여기라. 그러면 인생이 더 밝아질 것이다. 하나님을 아는 찬란한 빛으로 채워질 것이다.

> 19 악인의 길은 어둠 같아서 그가 걸려 넘어져도 그것이 무엇인지 깨닫지 못하느니라
>
> 19 The road of the wicked, however, is dark as night. They fall, but cannot see what they have stumbled over.

4:19 악인의 길은 어둠 같아서. 악인의 길은 어둠으로 가득하다. 하나님을 모르면 어둠이다. **그가 걸려 넘어져도 그것이 무엇인지 깨닫지 못하느니라.** 사람들은 인생이 힘들다고 말한다. 고통스러워 죽고 싶다고 말한다. 그러나 그 어둠이 어디에서 왔는지를 모른다. 어둠에서 어둠에 이를 뿐이다. 세상 사람들은 '사람과 싸움'을 한다. 경쟁하고 미워한다. 사람과 싸워서 사람의 악을 알게 된다. 그래서 악으로 둘러싸인다. 악만 남게 된다. 어둠으로 가득하다. 인생을 마칠 때 사방이 어둡게 되어 절망하게 된다.

> 20 내 아들아 내 말에 주의하며 내가 말하는 것에 네 귀를 기울이라

20 Pay attention to what I say, my son. Listen to my words.

4:20 네 귀를 기울이라. 세상에 정신 팔리지 말고 귀를 지혜에 기울이라고 말한다. 아들이 현재는 믿음 안에 있음을 전제하고 말한다. 믿음 안에 있어 지혜자의 길에 있는데 그 길에 있으면서도 그 길이 얼마나 좋은지를 간과할 수 있다. 그래서 지혜자는 아들에게 강조하여 말한다.

21 그것을 네 눈에서 떠나게 하지 말며 네 마음 속에 지키라

21 Never let them get away from you. Remember them and keep them in your heart.

4:21 네 눈에서 떠나게 하지 말며. 지혜가 우리 눈에서 떠나지 않도록 하기 위해 가장 중요한 것은 '말씀'을 늘 읽는 것이다. 우리 눈에서 말씀이 멀어지면 안 된다. 이것만 어느 정도 지켜도 의인의 길을 갈 수 있게 될 것이다. **네 마음 속에 지키라.** 늘 가까이 해야 마음 속에 지킬 수 있다. 말씀을 늘 가까이하라. 말씀이 우리 마음 안에서 빠져나가지 않도록 지키라. 히브리어에서 '마음'은 생각과 감정과 선택 등을 포함하는 전인격적인 것을 의미한다. 생각하고 선택하는 모든 것에 말씀의 지혜가 작동해야 한다.

22 그것은 얻는 자에게 생명이 되며 그의 온 육체의 건강이 됨이니라

22 They will give life and health to anyone who understands them.

4:22 생명이 되며. 지혜는 생명이다. 지혜가 작동하지 않으면 죽음이 스며든다. 사람은 죽음과 생명 사이에 있다.

23 모든 지킬 만한 것 중에 더욱 네 마음을 지키라 생명의 근원이 이에서 남이니라

23 Be careful how you think; your life is shaped by your thoughts.

4:23 모든 지킬 만한 것 중에. '모든 지킬 것으로'라고 번역해도 좋다. '모든 수단과 방법으로 마음을 지키라'는 말이다. 우리의 마음은 생각보다 여리다. 수많은 지식에 흔들린다. 감정은 쉽게 요동친다. 선택은 쉽게 실수한다. 교회에 잘 다니던 사람이 어느

순간 잘못된 선택으로 교회에서 멀어져 있다. 자신의 마음을 제대로 지키지 않았기 때문이다.

> 24 구부러진 말을 네 입에서 버리며 비뚤어진 말을 네 입술에서 멀리 하라
>
> 24 Never say anything that isn't true. Have nothing to do with lies and misleading words.

4:24 구부러진 말을 네 입에서 버리며. 말을 똑바르게 해야 한다. 거짓된 말이나 험한 말을 하지 않도록 해야 한다. 말이 잘못되면 우리의 마음도 잘못된다.

> 25 네 눈은 바로 보며 네 눈꺼풀은 네 앞을 곧게 살펴
>
> 25 Look straight ahead with honest confidence; don't hang your head in shame.

4:25 네 눈은 바로 보며. 눈으로 똑바르게 보아야 한다. 눈이 거짓된 것을 보면 어느새 그러한 것이 당연한 것처럼 느낀다. 나는 수많은 거짓이 세속화된 드라마나 영화에서 나온다고 생각한다. 드라마에서 그렇게 하니까 그렇게 해도 되는 것으로 생각한다. 악한 것을 보는 데에 너무 익숙하다.

> 26 네 발이 행할 길을 평탄하게 하며 네 모든 길을 든든히 하라
>
> 26 Plan carefully what you do, and whatever you do will turn out right.

4:26 네 발이 행할 길을 평탄하게 하며. 길이 없으면 만들어서라도 똑바로 걸어야 한다. 세상 사람들이 다 악의 길을 가면 나는 선한 길을 가기 위해 길을 만들어서라도 가야 한다.

> 27 좌로나 우로나 치우치지 말고 네 발을 악에서 떠나게 하라
>
> 27 Avoid evil and walk straight ahead. Don't go one step off the right way.

4:27 네 발을 악에서 떠나게 하라. 우리의 발이 악의 길 근처에도 가지 말아야 한다. **좌로나 우로나 치우치지 말고.** '치우침'에 대한 것을 말하는 것이 아니라 '벗어남'에 대해 말하는 구절이다. 조금만 정신 차리지 않으면 벗어나 악을 행하게 된다. 똑바로 걸어야 한다. 왼쪽도 오른쪽도 악이다. 어긋나지 말고 오직 똑바로 걸어야 한다.

오늘 우리는 '먹고 사는 길'을 가고 있는 것이 아니라 '죽고 사는 길'을 가고 있다. 정신 똑바로 차려야 한다. 겉으로는 같은 길 같으나 완전히 다르다. 많은 사람은 여전히 같은 길이라고 여길 것이다. 그러나 실상은 생명과 죽음의 갈림길에서 선택하며 걷고 있다. 그 속에서 우리는 마음을 지켜야 한다. 마음이 그것을 구분할 수 있어야 하고 지켜야 한다.

5장

간음

1 내 아들아 내 지혜에 주의하며 내 명철에 네 귀를 기울여서

2 근신을 지키며 네 입술로 지식을 지키도록 하라

1 Pay attention, my son, and listen to my wisdom and insight.

2 Then you will know how to behave properly, and your words will show that you have knowledge.

5:2 네 입술로 지식을 지키도록 하라. 3절과 연결해서 해석하는 것이 자연스럽다. 거짓된 말을 하지 않는 것이거나 키스를 하지 않는 것일 수도 있다.

3 대저 음녀의 입술은 꿀을 떨어뜨리며 그의 입은 기름보다 미끄러우나

3 The lips of another man's wife may be as sweet as honey and her kisses as smooth as olive oil,

5:3 음녀의 입술은 꿀을 떨어뜨리며. 두 가지 해석이 가능하다. 음녀가 유혹하는 말이 꿀처럼 달콤하다는 의미일 수 있고 아니면 음녀와의 키스가 달콤하다고 해석할 수도 있다. 음녀가 유혹하는 말을 할 때 참으로 달콤한 말을 할 것이다. 온갖 칭찬을 할 수도 있다. **입은 기름보다 미끄러우나.** 키스의 형상화일 수도 있고 유혹적인 말이 부드러워서 순식간에 넘어간다는 의미일 수도 있다. 음녀의 유혹은 매우 달콤하다. 강력하다. 어여쁜 여인의 키스나 달콤한 말은 황홀함 그 자체일 수 있다. 음녀는 처음에는 매우 달콤하게 다가온다. 달콤하게 느끼는 자신의 감정을 따라가서는 안 된다. 달콤함이 기준이 되어서는 안 된다.

4 나중은 쑥 같이 쓰고 두 날 가진 칼 같이 날카로우며

4 but when it is all over, she leaves you nothing but bitterness and pain.

5:4 나중은 쑥 같이 쓰고. 처음에는 꿀 같이 달콤하였는데 나중에는 쑥 같이 쓸 것이다. 불륜이 처음에는 꿀처럼 달지만 그것이 드러났을 때를 생각해 보라. 쑥 보다 훨씬 더 쓰게 느낄 것이다.

> 5 그의 발은 사지로 내려가며 그의 걸음은 스올로 나아가나니
>
> 5 She will take you down to the world of the dead; the road she walks is the road to death.

5:5 그의 발은 사지로 내려가며. 음녀의 발은 사지로 내려간다. 남자를 끌고 사지로 내려간다. 복음에는 생명이 있고 음녀에게는 죽음이 있다. 이것은 음녀만이 아니라 모든 종류의 성적인 죄를 다 포함한다. 또한 그들이 좋아하는 세상의 일들도 다 해당될 것이다. 복음보다 더 좋아하는 모든 우상이 이에 해당된다.

> 6 그는 생명의 평탄한 길을 찾지 못하며 자기 길이 든든하지 못하여도 그것을 깨닫지 못하느니라
>
> 6 She does not stay on the road to life; but wanders off, and does not realize what is happening.

7절-14절은 음녀 때문에 잃어버리게 되는 것에 대한 예시다. 명예, 수명, 재물, 수고 등을 빼앗기고 한탄하게 될 것을 말한다.

> 7 그런즉 아들들아 나에게 들으며 내 입의 말을 버리지 말고
>
> 8 네 길을 그에게서 멀리 하라 그의 집 문에도 가까이 가지 말라
>
> 9 두렵건대 네 존영이 남에게 잃어버리게 되며 네 수한이 잔인한 자에게 빼앗기게 될까 하노라
>
> 10 두렵건대 타인이 네 재물로 충족하게 되며 네 수고한 것이 외인의 집에 있게 될까 하노라
>
> 7 Now listen to me, my sons, and never forget what I am saying.

8 Keep away from such a woman! Don't even go near her door!

9 If you do, others will gain the respect that you once had, and you will die young at the hands of merciless people.

10 Yes, strangers will take all your wealth, and what you have worked for will belong to someone else.

5:10 타인이 네 재물로 충족하게 되며. 음녀로 인해 재물을 빼앗기는 경우가 많다. 한 순간의 실수로 모든 재산을 잃을 수 있다.

11 두렵건대 마지막에 이르러 네 몸, 네 육체가 쇠약할 때에 네가 한탄하여

11 You will lie groaning on your deathbed, your flesh and muscles being eaten away,

5:11 마지막에 이르러...쇠약할 때에 네가 한탄하여. 문제는 그러한 것을 다 잃고 난 후에 깨닫는다는 것이다. 다 빼앗기고 한탄할 때는 이미 늦었다. 그러기에 음녀에게 모든 것을 빼앗기지 않기 위해서는 그것의 달콤함에 대해 거절할 줄 아는 지혜가 필요하다.

12 말하기를 내가 어찌하여 훈계를 싫어하며 내 마음이 꾸지람을 가벼이 여기고

13 내 선생의 목소리를 청종하지 아니하며 나를 가르치는 이에게 귀를 기울이지 아니하였던고

14 많은 무리들이 모인 중에서 큰 악에 빠지게 되었노라 하게 될까 염려하노라

15 너는 네 우물에서 물을 마시며 네 샘에서 흐르는 물을 마시라

16 어찌하여 네 샘물을 집 밖으로 넘치게 하며 네 도랑물을 거리로 흘러가게 하겠느냐

17 그 물이 네게만 있게 하고 타인과 더불어 그것을 나누지 말라

18 네 샘으로 복되게 하라 네가 젊어서 취한 아내를 즐거워하라

12 and you will say, "Why would I never learn? Why would I never let anyone correct me?

13 I wouldn't listen to my teachers. I paid no attention to them.

14 And suddenly I found myself publicly disgraced."

15 Be faithful to your own wife and give your love to her alone.

16 Children that you have by other women will do you no good.

17 Your children should grow up to help you, not strangers.

18 So be happy with your wife and find your joy with the woman you married—

5:18 네가 젊어서 취한 아내를 즐거워하라. 음녀의 유혹에 넘어지지 않는 비결은 자신의 아내를 즐거워하는 것이다. 음녀는 나의 것을 파괴하지만 아내는 세워준다. 음녀의 유혹은 거짓 환상이지만 아내의 사랑은 현실이다. 결혼할 때는 대부분 가장 사랑해서 결혼을 한다. 그 마음을 바꾸지 말고 그때의 마음으로 즐거워하고 사랑해야 한다. 더 많이 사랑해야 한다. 아내를 사랑한다고 음녀의 유혹에 넘어가지 않는 것은 아니다. 그러나 확률은 훨씬 더 줄어들 것이다. 만약 아내를 사랑하지 않는 사람이 있다면 그는 음녀의 유혹에 훨씬 더 많이 노출되어 있는 상태다. 그러기에 음녀의 유혹에 넘어가지 않기를 원한다면 아내를 사랑하는 것이 중요하다.

19 그는 사랑스러운 암사슴 같고 아름다운 암노루 같으니 너는 그의 품을 항상 족하게 여기며 그의 사랑을 항상 연모하라

19 pretty and graceful as a deer. Let her charms keep you happy; let her surround you with her love.

5:19 그의 사랑을 항상 연모하라. '연모하다'는 조금 과장된 사랑이다. 술 취하는 것처럼 열정이 넘치는 경우다. 이것은 20절에서 '어찌하여 음녀를 연모하겠으며'와 대조를 이루기 때문에 이 단어를 사용한 것으로 보인다. 음녀를 좋아할 때 보면 미치도록 좋아한다. 자신을 파괴하려는 여인을 미치도록 좋아하면서 아내를 연모하지 않을 이유가 있을까? 아내야 말로 힘을 다해 사랑해야 하는 존재다. 남편이야 말로 힘을 다해 사랑해야 할 것이다. 부부가 서로 연모할 수 있어야 한다. 감정적으로 그렇게 안 된다면 믿음으로라도 연모해야 한다.

20 내 아들아 어찌하여 음녀를 연모하겠으며 어찌하여 이방 계집의 가슴을 안겠느냐

21 대저 사람의 길은 여호와의 눈 앞에 있나니 그가 그 사람의 모든 길을 평탄하게

하시느니라

20 Why should you give your love to another woman, my son? Why should you prefer the charms of another man's wife?

21 The Lord sees everything you do. Wherever you go, he is watching.

5:21 사람의 길은 여호와의 눈 앞에 있나니. 사람은 자신의 감정대로 살고 끝나는 존재가 아니다. 하나님께서 사람을 자신의 형상을 따라 만드셨기 때문에 사람을 눈 여겨 보신다. 사람의 행동은 모두 하나님 앞에 있다. 하나님께서 늘 보시기 때문이다. **사람의 모든 길을 평탄하게 하시느니라.** '지켜보신다' '심판하신다' '무게를 재신다'로 번역하는 것이 더 좋을 것 같다. 사람이 음녀의 유혹에 넘어갈 때 많은 것을 잃을 수도 있다. 그러나 가장 확실하고 분명한 잃음은 하나님과의 관계다. 음녀의 유혹에 넘어가는 것은 죄다. 그 거짓으로 인하여 하나님과의 관계가 깨진다. 음녀와의 관계가 은밀한 것일 수도 있다. 어떤 사람은 평생 걸리지 않고 음녀와의 관계를 즐길 수도 있다. 그러나 하나님 앞에서는 다 드러난다. 하나님의 심판에서는 결코 예외가 될 수 없다. 그래서 음녀와의 밀회는 결코 기분 좋음으로 끝나지 않을 것이다. 음녀의 유혹에 넘어가지 않기 위해 가장 중요한 것은 하나님을 경외하는 것이다. 하나님을 경외하는 지혜를 가질 때 음녀의 유혹은 유혹이 되지 못하고 끔찍한 것이 된다. 하나님의 심판을 기억한다면 음녀의 유혹은 결코 달콤하지 않다. 쓰디쓴 쑥이 될 것이다.

22 악인은 자기의 악에 걸리며 그 죄의 줄에 매이나니

23 그는 훈계를 받지 아니함으로 말미암아 죽겠고 심히 미련함으로 말미암아 혼미하게 되느니라

22 The sins of the wicked are a trap. They get caught in the net of their own sin.

23 They die because they have no self-control. Their utter stupidity will send them to their graves.

6장

간음
(5-7장)

5-7장은 삶을 무너뜨리는 간음에 대한 이야기다. 그 중에 6:1-19은 조금 다른 주제가 끼어 있는 듯한 형태. 이것은 "악인은 자기의 악에 걸리며 그 죄의 줄에 매이나니"(잠 5:22)에 대한 추가적 이야기로 보인다. 음녀를 대하는 지혜에 대한 것을 듣다 보면 마치 죄를 음녀로 한정하는 것처럼 보일 수 있다. 그러나 음녀에 대한 이야기는 우리의 인생을 무너지게 만드는 여러 죄 중에 대표로 이야기하는 것이다. 그래서 다른 죄의 항목을 악인의 '자기의 악'으로 말하고 있다. 잘못된 보증, 게으름, 불량한 친구, 하나님께서 싫어하시는 7가지에 대해 말한다.

> **1** 내 아들아 네가 만일 이웃을 위하여 담보하며 타인을 위하여 보증하였으면
>
> **2** 네 입의 말로 네가 얽혔으며 네 입의 말로 인하여 잡히게 되었느니라
>
> **1** Have you promised to be responsible for someone else's debts, my son?
>
> **2** Have you been caught by your own words, trapped by your own promises?

6:1-2 보증하였으면...네 입의 말로 인하여 잡히게 되었느니라. 담보는 과거나 오늘이나 사회생활의 중요 요소 중의 하나이다. 그렇다면 여기에서 말하는 '잡히게 된' 담보는 무엇을 의미하는 것일까?

> **3** 내 아들아 네가 네 이웃의 손에 빠졌은즉 이같이 하라 너는 곧 가서 겸손히 네 이웃에게 간구하여 스스로 구원하되
>
> **3** Well then, my son, you are in that man's power, but this is how to get out of it: hurry to him, and beg him to release you.

6:3 네 이웃에게 간구하여 스스로 구원하되. '이웃'은 채권자가 아니라 채무자를 의미한다. 자신이 담보를 서 준 사람이다. 그에게 부탁하라고 말하는 것을 통해 볼 때 담보를 요청한 사람이 경제적으로 스스로 감당할 수 있는 사람이라는 것을 볼 수 있다. 이것은 투자나 투기와 관련된 것 같다. 그 투기에서 손을 떼라는 것이다.

담보가 사회생활에 필요한 측면이 있다. 그것마저 금지하는 것은 아니다. 여기에서의 금지는 '어리석은 담보'에 대한 것으로 보인다. 일시적 허영심이나 탐욕 등으로 인하여 담보를 약속하는 경우다. 과한 욕심이 낳는 어리석은 담보다. 이것은 신중하게 생각하고 자비를 베푸는 것을 말하는 것이 아니다. 자비를 베푸는 것은 좋은 일이고 권장할 일이다. 그러나 그것이 허영심이나 투기 목적이라면 잘못된 것이다. 그것을 가늠하는 것은 담보를 할 때 담보하는 내용을 자신이 감당할 능력이 있어야 하고, 탐욕이나 허영심이 아닌 자비의 마음이어야 한다. 의리나 예의가 아니라 자세히 살피는 신중한 마음이 우선 되어야 한다.

> 4 네 눈을 잠들게 하지 말며 눈꺼풀을 감기게 하지 말고
>
> 5 노루가 사냥꾼의 손에서 벗어나는 것 같이, 새가 그물 치는 자의 손에서 벗어나는 것 같이 스스로 구원하라
>
> 6 게으른 자여 개미에게 가서 그가 하는 것을 보고 지혜를 얻으라
>
> 4 Don't let yourself go to sleep or even stop to rest.
>
> 5 Get out of the trap like a bird or a deer escaping from a hunter.
>
> 6 Lazy people should learn a lesson from the way ants live.

6:6 게으른 자여 개미에게...지혜를 얻으라. 게으른 자의 게으름을 그냥 놔두어서는 안 된다. 게으름은 인생을 망치는 주범이다. 인생은 해야 하는 일이 많다. 배워야 할 것이 많다. 가만히 있으면 망친다.

> 7 개미는 두령도 없고 감독자도 없고 통치자도 없으되
>
> 7 They have no leader, chief, or ruler,

6:7 통치자도 없으되. 개미는 누가 시켜서 억지로 하는 것이 아니다. 게으른 사람들은

누가 억지로 시키지 않기 때문에 게으르다. 게으름은 민주 사회에서는 누가 억지로 시켜서 고칠 수 있는 병이 아니다. 스스로 일어나야 한다. 특히 진리의 일에 있어서는 더욱더 그러하다. 교회를 다니지 않는다고 누가 뭐라고 할까? 말씀을 읽지 않는다고 누가 비난할까? 그러나 시키지 않는다고 게으르기 때문에 결국 진리에서 멀어진 사람들이 많다. 진리의 문제는 더욱 부지런해야 한다.

> 8 먹을 것을 여름 동안에 예비하며 추수 때에 양식을 모으느니라
>
> 9 게으른 자여 네가 어느 때까지 누워 있겠느냐 네가 어느 때에 잠이 깨어 일어나겠느냐
>
> 10 좀더 자자, 좀더 졸자, 손을 모으고 좀더 누워 있자 하면
>
> 8 but they store up their food during the summer, getting ready for winter.
>
> 9 How long is the lazy man going to lie in bed? When is he ever going to get up?
>
> 10 "I'll just take a short nap," he says; "I'll fold my hands and rest a while."

6:10 좀더 자자. '많이'가 아니다. '조금'이다. 그런데 그러한 조금이 반복되면서 쌓이게 된다.

> 11 네 빈궁이 강도 같이 오며 네 곤핍이 군사 같이 이르리라
>
> 11 But while he sleeps, poverty will attack him like an armed robber.

6:11 네 빈궁이 강도 같이 오며. 오늘은 괜찮았는데 가난이 갑자기 임한다고 말한다. '티끌 모아 태산'이라고 무엇이든지 쌓이면 큰 산이 된다. 게으름이 쌓이면 큰 어리석음이 된다. 결국 인생이 이루어 가야 하는 가장 중요한 구원을 알지 못하고 망하게 된다. 담보가 세상에 대한 지나친 탐욕 때문에 생기는 것이라면 게으름은 진리에 대한 지나친 무관심 때문일 것이다. 많은 사람들이 그러한 탐욕과 무관심으로 무너지는 인생을 살고 있다. 우리는 세상에 대한 탐욕을 버리고 관심을 진리에 기울여 세워가는 삶을 살아야 한다.

> 12 불량하고 악한 자는 구부러진 말을 하고 다니며

12 Worthless, wicked people go around telling lies.

6:12 불량한 자. 인생에서 하등 쓸모 없는 일만 하고 다니는 사람들이다. 뒷골목의 불량배에 해당하여 세상에서 쓸모 없는 사람들일 수 있다. 아니면 세상에서는 대단한 일을 하는 것 같으나 실상은 하등 쓸모 없는 일만 하고 있는 사람들도 해당된다.

13 눈짓을 하며 발로 뜻을 보이며 손가락질을 하며

13 They wink and make gestures to deceive you,

6:13 눈짓...손가락질. 있는 그대로를 말하지 못하고 눈짓 발짓 손가락질 등으로 표현한다. 숨기고 싶은 것이 많은 것이다. 거짓을 은밀히 교환한다.

14 그의 마음에 패역을 품으며 항상 악을 꾀하여 다툼을 일으키는 자라

14 all the while planning evil in their perverted minds, stirring up trouble everywhere.

6:14 마음에 패역을 품으며 항상 악을 꾀하며. 무엇을 하든 그렇게 악을 품고 있고 악을 꾀하니 그것이 어찌 가치 있는 것이 되겠는가? 그런 사람과 함께하면 똑같은 사람이 된다. 거짓이 일상이 되고 하나님 앞에 전혀 무가치한 일을 꾀하는 사람과 함께 하면 그 사람의 인생도 무가치한 것이 된다. 그러기에 그런 사람과 친구를 하지 않는 것이 좋다.

15 그러므로 그의 재앙이 갑자기 내려 당장에 멸망하여 살릴 길이 없으리라

16 여호와께서 미워하시는 것 곧 그의 마음에 싫어하시는 것이 예닐곱 가지이니

15 Because of this, disaster will strike them without warning, and they will be fatally wounded.

16 There are seven things that the Lord hates and cannot tolerate:

6:16 예닐곱 가지. 하나님께서 싫어하시는 여섯 가지가 있고 특별히 더 싫어하시는 일곱 번째 죄악이 있다고 말한다.

17 곧 교만한 눈과 거짓된 혀와 무죄한 자의 피를 흘리는 손과

18 악한 계교를 꾀하는 마음과 빨리 악으로 달려가는 발과

19 거짓을 말하는 망령된 증인과 및 형제 사이를 이간하는 자이니라

17-19 a proud look, a lying tongue, hands that kill innocent people, a mind that thinks up wicked plans, feet that hurry off to do evil, a witness who tells one lie after another, and someone who stirs up trouble among friends.

6:17-19 교만한 눈, 거짓된 혀, 피 흘리는 손, 악한 계교를 꾀하는 마음, 악으로 달리는 발의 역할을 하는 말을 하는 사람, 거짓을 말하는 망령된 증인을 싫어하신다. 그리고 가장 중요하게는 '형제 사이를 이간하는 자'를 싫어하신다고 말씀한다. 7번째의 죄를 가장 강조하여 이야기하는 구조다. 가장 작은 죄 같은데 가장 강조하여 말한다. 다른 것은 죄라는 것이 분명히 인식된다. 그런데 형제를 이간하는 것은 잘 드러나지 않는다. 작은 죄 같다. 그러나 공동체를 파괴하는 것이야 말로 가장 치명적인 영향이다. 앞의 죄들은 개인을 무너지게 한다면 7번째 죄는 공동체를 무너지게 한다. 그래서 크고 중요한 죄가 된다.

6:20-35은 5장-7장의 주제인 간음에 대한 이야기로 돌아가서 이웃 아내와의 금지된 사랑에 대한 잠언을 말한다.

20 내 아들아 네 아비의 명령을 지키며 네 어미의 법을 떠나지 말고

21 그것을 항상 네 마음에 새기며 네 목에 매라

20 Do what your father tells you, my son, and never forget what your mother taught you.

21 Keep their words with you always, locked in your heart.

6:21 항상 네 마음에 새기며. 금지된 사랑은 감정적인 부분이 크게 작용한다. '지혜'를 흔히 지적인 부분으로 생각하기 쉽다. 그러나 결코 지적인 부분에 한정되는 것이 아니다. '마음'은 정적인 부분도 포함한다. 우리의 마음을 지혜로 채워야 한다. 다스려야 한다.

22 그것이 네가 다닐 때에 너를 인도하며 네가 잘 때에 너를 보호하며 네가 깰 때에 너와 더불어 말하리니

22 Their teaching will lead you when you travel, protect you at night, and advise you during the day.

6:22 네가 다닐 때에 너를 인도하며. 어디를 가든 지혜가 함께 하고 안내자가 되도록 해야 한다는 말이다. 우리가 어디를 가든 지혜와 함께 해야 한다. 금지된 사랑 문제에 있어서도 지혜가 안내자가 되어야 한다. **네가 깰 때에 너와 더불어 말하리니.** 금지된 사랑을 누가 막을 수 있을까? 마음이 그것에 푹 빠지는데 누가 막을 수 있을까? 친구도 못 말린다. 오직 지혜(하나님을 경외함)가 가장 친한 친구가 되어 하나님의 눈을 어떤 것보다 더 정확한 CCTV로 인식하고 그 음성을 천둥 같은 소리로 크게 들어야 막을 수 있다.

23 대저 명령은 등불이요 법은 빛이요 훈계의 책망은 곧 생명의 길이라

23 Their instructions are a shining light; their correction can teach you how to live.

6:23 등불, 빛, 생명의 길이 강조된 문장이다. **법은 빛이요.** '법'은 토라(율법)를 의미한다. 말씀은 우리가 살아가는데 옳고 그름을 분별하는 유일한 기준이다. 우리의 감정을 기준으로 삼으면 안 된다. 그 여인을 보지 못하면 죽을 것 같아도 금해야 한다. **책망은 생명의 길이라.** 그것을 죄라 말하는 말씀은 순수한 사랑을 금지하는 금지사항이 아니라 생명을 잃지 않게 하는 생명줄이다.

24 이것이 너를 지켜 악한 여인에게, 이방 여인의 혀로 호리는 말에 빠지지 않게 하리라

24 It can keep you away from bad women, from the seductive words of other men's wives.

6:24 악한 여인. 금지된 사랑의 대상을 말한다. 그 여인이 유혹하기 때문에 악한 여인이 될 수 있고 아니면 결국 남자가 악한 길을 가게 하기 때문에 악한 여인이 될 수도 있다. 금지된 사랑은 악한 것이기 때문에 악한 여인이다. 아무리 착한 여인이라 하더

라도 금지된 사랑에 남자의 마음을 빼앗긴다면 그 순간 그 여인은 악한 여인이 된다. 예수님께서 베드로에게 '사탄'이라고 말한 것과 같은 맥락이다. **이방 여인.** 타민족 여인을 의미할 수도 있으나 29절과 관련하여 해석하면 '불법의 관계의 여인'을 의미하는 것으로 보는 것이 맞다. 특별히 다른 남자의 아내를 의미한다. 다른 남자의 아내의 달콤한 말에 넘어가 금지된 사랑에 빠지지 말아야 한다.

> 25 네 마음에 그의 아름다움을 탐하지 말며 그 눈꺼풀에 홀리지 말라
>
> 25 Don't be tempted by their beauty; don't be trapped by their flirting eyes.

6:25 그의 아름다움을 탐하지 말며. 어느 날 만난 이웃의 아내가 그렇게 아름다울 수 있다. 자신의 이상형일 수 있다. 아니면 그냥 좋을 수도 있다. 만나다 보니 정이 들 수도 있다. 그러나 어떠한 경우이든 그것에 마음을 주어서는 안 된다. 마음이 가면 지혜로 막아야 한다. 특별히 그것을 '탐하는' 마음까지 가면 철저히 막아야 한다. **그 눈꺼풀에 홀리지 말라.** 탐하는 마음이 생기면 '눈'이 생각날 것이다. 그저 평범한 눈빛이었을 뿐인데 강렬한 유혹의 눈빛으로 여기고 그 여인도 자신을 사랑한다고 생각될 수 있다. 그 사랑을 누구도 막을 수 없다고 생각할 수 있다. 그러나 그것은 모두 '사로잡힘'일 뿐이다. 혼자만의 생각이고 악한 생각일 뿐이다. 멸망의 생각이다.

> 26 음녀로 말미암아 사람이 한 조각 떡만 남게 됨이며 음란한 여인은 귀한 생명을 사냥함이니라
>
> 26 A man can hire a prostitute for the price of a loaf of bread, but adultery will cost him all he has.

6:26 음녀로 말미암아 사람이 한 조각 떡만 남게 됨이며. 매춘부와 같은 여인과의 음행은 분명 그것이 악한 것이나 그것의 사회적 대가는 적은 액수의 돈(한 조각 떡)이다. 적은 돈만 낭비된다. **음란한 여인은 귀한 생명을 사냥함이니라.** 이웃의 아내와의 하룻밤은 '생명'이라는 대가를 치러야 하는 경우가 많다. 그 대가를 생각해야 한다. 불을 안으면 옷이 타듯이(27절) 숯불을 밟으면 발이 데는 것이 당연하듯이(28절) 이웃의 아내를 품으면 생명을 잃게 되는 것이 당연함을 말한다.

> 27 사람이 불을 품에 품고서야 어찌 그의 옷이 타지 아니하겠으며
>
> 28 사람이 숯불을 밟고서야 어찌 그의 발이 데지 아니하겠느냐
>
> 29 남의 아내와 통간하는 자도 이와 같을 것이라 그를 만지는 자마다 벌을 면하지 못하리라
>
> 30 도둑이 만일 주릴 때에 배를 채우려고 도둑질하면 사람이 그를 멸시하지는 아니하려니와
>
> 31 들키면 칠 배를 갚아야 하리니 심지어 자기 집에 있는 것을 다 내주게 되리라
>
> 27 Can you carry fire against your chest without burning your clothes?
>
> 28 Can you walk on hot coals without burning your feet?
>
> 29 It is just as dangerous to sleep with another man's wife. Whoever does it will suffer.
>
> 30 People don't despise a thief if he steals food when he is hungry;
>
> 31 yet if he is caught, he must pay back seven times more—he must give up everything he has.

6:30-31 배고픈 사람이 도둑질을 하면 분명 죄지만 그래도 정상 참작이 되어 경멸 받지는 않을 것이다. 그러나 그래도 들켰을 때 도둑질에 대한 책임은 여전히 있다. **칠 배를 갚아야 하리니.** 이것은 숫자적으로 7배라는 의미이기보다는 충분한 대가라는 의미다. 실제로는 도둑질한 물건마다 다르고 5배가 가장 최고의 대가다.

> 32 여인과 간음하는 자는 무지한 자라 이것을 행하는 자는 자기의 영혼을 망하게 하며
>
> 32 But a man who commits adultery hasn't any sense. He is just destroying himself.

6:32 금지된 사랑인 이웃의 아내를 사랑한 사람은 무엇이 충분한 대가가 될까? **자기의 영혼을 망하게 하며.** 이웃의 아내와 사랑한 사람은 자기 자신을 파괴하는 것이다. 그것은 자신이 가진 무엇으로도 대가를 치를 수 없다. 오직 자기 자신이 파괴된다. 그래도 충분한 대가를 치른 것은 못 된다. 결코 어떤 것으로도 충분한 대가를 치를 수 없다.

> 33 상함과 능욕을 받고 부끄러움을 씻을 수 없게 되나니

33 He will be dishonoured and beaten up; he will be permanently disgraced.

6:33 씻을 수 없게 되나니. 결코 씻을 수 없다. 수많은 영혼을 파괴할 뿐 어떤 것으로도 씻을 수는 없다.

34 남편이 투기로 분노하여 원수 갚는 날에 용서하지 아니하고

34 A husband is never angrier than when he is jealous; his revenge knows no limits.

6:34 남편...용서하지 아니하고. 아내를 빼앗긴 남자가 어찌 자신의 아내를 빼앗아 간 남자를 용서할 수 있을까? 어떤 보화로 대가를 치른다 하여도 결코 용서하지 않을 것이다.

35 어떤 보상도 받지 아니하며 많은 선물을 줄지라도 듣지 아니하리라

35 He will not accept any payment; no amount of gifts will satisfy his anger.

6:35 어떤 보상도 받지 아니하며. 결코 보상으로 해결할 수 있는 문제가 아니다. 이곳에서 '그리스도의 피'로 씻음을 받는다 말하면 더욱더 어리석은 사람이다. 그것은 완전히 다른 것이다. 여기에서 말할 것이 못 된다. 그런 말로 합리화하며 이웃의 아내를 탐한다면 그것은 결코 믿음이 아니다.

7장

음녀의 강한 유혹

1 내 아들아 내 말을 지키며 내 계명을 간직하라

1 Remember what I say, my son, and never forget what I tell you to do.

7:1 내 말을 지키며. 음녀의 유혹이 있을 때 그것에 대항하여 잠언을 지켜야 한다. 음녀의 유혹이 매우 강하다. 그것에 대항할 수 있도록 지혜를 강력하게 지키며 간직해야 한다.

2 내 계명을 지켜 살며 내 법을 네 눈동자처럼 지키라

2 Do what I say, and you will live. Be as careful to follow my teaching as you are to protect your eyes.

7:2 눈동자. 직역하면 '작은 사람'이다. 사람을 보면 눈에 사람의 모습이 비치는데 그 눈동자 속에 있는 사람을 의미한다. 눈 속에 비치는 그 사람을 보호하듯이 순간적이고 본능적으로 아주 강력하고 분명하게 지혜를 지키라는 말이다.

3 이것을 네 손가락에 매며 이것을 네 마음판에 새기라

3 Keep my teaching with you all the time; write it on your heart.

7:3 손가락에 매며. 상징적인 명령이다. 지혜를 늘 가까이에 두고 언제든지 생각나게 해야 한다는 것이다. 지혜에 반하는 일이 있을 때에 가까이에 둔 지혜를 보면서 방어막이 되어야 한다는 말씀이다. 멀리 두면 잊어버린다. 즉각적으로 필요할 때 생각나지 않을 수도 있다. 그래서 지혜를 늘 가까이에 두어야 한다. 암송하고 정기적으로 읽고 묵상하며 가까이에 두어야 한다.

4 지혜에게 너는 내 누이라 하며 명철에게 너는 내 친족이라 하라

4 Treat wisdom as your sister, and insight as your closest friend.

7:4 너는 내 누이라 하며. 누이는 '아가'서에 사용된 예를 통해 볼 때 '사랑하는 아내'에 대한 호칭일 것이다. 지혜를 그렇게 사랑스럽게 생각하고 친밀하게 여겨야 한다. 나를 귀찮게 하거나 어색하게 만드는 것이 아니라 가장 사랑스럽고 가까워야 한다. 말씀을 보는 것이 즐거운 시간이 되어야 한다. 기쁘고 사랑스러워야 한다. 그러할 때 말씀에 어긋난 거짓이 들어올 때 알레르기 반응이 일어나 대항할 수 있다.

5 그리하면 이것이 너를 지켜서 음녀에게, 말로 호리는 이방 여인에게 빠지지 않게 하리라

5 They will keep you away from other men's wives, from women with seductive words.

7:5 그리하면 이것이 너를 지켜서. 지혜를 강력하고 친밀하고 사랑스럽게 간직해야 한다. 그래야만 음녀의 유혹을 이길 수 있다. 음녀의 유혹이 매우 강력하다. 그렇다면 지혜에 대한 친밀함과 사랑을 그에 상응하는 강력함으로 가져야 한다. 강력함에 있어 밀리면 결국 음녀의 유혹에 넘어갈 것이다. 지혜를 강력하게 가지고 있어야 한다. 평상시 우리의 지혜를 더욱 강력하고 친밀하고 사랑스럽게 키워야 한다.

6 내가 내 집 들창으로, 살창으로 내다 보다가

6 Once I was looking out of the window of my house,

7:6 내가...내다 보다가. 지혜자는 자신이 창 밖으로 본 한 사건을 말한다. 제 삼자의 눈으로 보면 음녀의 행위가 뻔하다. 그러나 당사자에게는 매우 강력한 유혹이 된다. 아버지는 아들에게 삼자의 눈으로 본 음녀에 대해 말한다. 당사자가 되었을 때 삼자의 눈으로 보는 것이 필요함을 내포하고 있다.

7 어리석은 자 중에, 젊은이 가운데에 한 지혜 없는 자를 보았노라

7 and I saw many inexperienced young men, but noticed one foolish fellow in particular.

7:7 지혜 없는 자를 보았노라. 그가 앞으로 행동하는 것을 종합해 볼 때 그는 지혜없는 자다. 그는 굶주린 사자 앞에 있는 힘없는 어린 양과 같았다. 지금은 멀쩡한 청년이지만 이제 곧 음녀에게 잡아 먹힐 것이다.

8 그가 거리를 지나 음녀의 골목 모퉁이로 가까이 하여 그의 집쪽으로 가는데

9 저물 때, 황혼 때, 깊은 밤 흑암 중에라

10 그 때에 기생의 옷을 입은 간교한 여인이 그를 맞으니

8 He was walking along the street near the corner where a certain woman lived. He was passing near her house

9 in the evening after it was dark.

10 And then she met him; she was dressed like a prostitute and was making plans.

7:10 기생의 옷. 아마 얼굴을 가린 모습을 말할 것이다. 음녀의 일을 할 것이기 때문에 자신의 얼굴을 가리고 있었다. 이 여인은 기생의 모습이지만 실상은 남편이 있다. 심지어는 돈을 목적으로 온 것도 아니다. 단지 음행을 즐기기 위해서 그곳에 있다. 보통의 상상을 초월한다. 그러나 음행은 상상을 초월하는 경우가 많다. 이 여인은 처음부터 음행을 작정하고 있다. 굶주린 사자처럼 잡아 먹을 것을 찾다가 한 젊은이를 먹잇감으로 정한 것이다.

11 이 여인은 떠들며 완악하며 그의 발이 집에 머물지 아니하여

12 어떤 때에는 거리, 어떤 때에는 광장 또 모퉁이마다 서서 사람을 기다리는 자라

13 그 여인이 그를 붙잡고 그에게 입맞추며 부끄러움을 모르는 얼굴로 그에게 말하되

11 She was a bold and shameless woman who always walked the streets

12 or stood waiting at a corner, sometimes in the streets, sometimes in the market place.

13 She threw her arms round the young man, kissed him, looked him straight in the eye, and said,

7:13 부끄러움을 모르는 얼굴로 그에게 말하되. '철면피'다. 여인이 어찌 그럴 수 있을까

싶다. 그런데 그런 사람이 있다. 때로는 그런 때가 있다. 대놓고 음행의 일을 하는 사람이다. 작정하고 덤비는 여인이다.

14 내가 화목제를 드려 서원한 것을 오늘 갚았노라

14 "I made my offerings today and have the meat from the sacrifices.

7:14 화목제를 드려. 화목제를 드려 고기가 집에 있다는 뜻이다. **고기.** 이 당시 아주 귀하고 맛있는 음식이다. 화목제를 드려서 있는 것이다. 거룩한 것을 악한 음행의 일에 사용하는 것을 전혀 거리낌없이 말한다. 어쩜 이렇게 악할 수 있을까? 세상에는 상상을 초월하는 수많은 악함이 있다.

15 이러므로 내가 너를 맞으려고 나와 네 얼굴을 찾다가 너를 만났도다

16 내 침상에는 요와 애굽의 무늬 있는 이불을 폈고

17 몰약과 침향과 계피를 뿌렸노라

18 오라 우리가 아침까지 흡족하게 서로 사랑하며 사랑함으로 희락하자

15 So I came out looking for you. I wanted to find you, and here you are!

16 I've covered my bed with sheets of coloured linen from Egypt.

17 I've perfumed it with myrrh, aloes, and cinnamon.

18 Come on! Let's make love all night long. We'll be happy in each other's arms.

7:18 아침까지 흡족하게 서로 사랑하며. 밤새 사랑을 나누자는 말이다. 후회없이 거리낌 없이 쾌락을 누리자는 말이다. 어떻게 그런 말을 할 수 있을까? 그러나 악은 그렇게 강하다.

19 남편은 집을 떠나 먼 길을 갔는데

20 은 주머니를 가졌은즉 보름 날에나 집에 돌아오리라 하여

21 여러 가지 고운 말로 유혹하며 입술의 호리는 말로 꾀므로

22 젊은이가 곧 그를 따랐으니 소가 도수장으로 가는 것 같고 미련한 자가 벌을 받

으려고 쇠사슬에 매이러 가는 것과 같도다

19 My husband isn't at home. He's gone away on a long journey.

20 He took plenty of money with him and won't be back for two weeks."

21 So she tempted him with her charms, and he gave in to her smooth talk.

22 Suddenly he was going with her like an ox on the way to be slaughtered, like a deer prancing into a trap

7:22 곧 그를 따랐으니. 젊은이는 여인의 말을 듣고 '바로' 따라갔다. 여인의 강한 유혹에 넘어가지 않을 사람이 많지 않을 것이다. 남자들은 더욱더 그러할 것이다. 그래서 여인이 작정하고 유혹하면 수많은 사람이 넘어간다. 여인의 유혹은 참으로 강력하다. 그냥 유혹만 하여도 강력한데 매우 강력한 유혹을 하면 더욱더 취약하다. **소가 도수장으로 가는 것 같고.** 그것을 멀리서 지켜보던 사람에게는 그것이 너무 어리석게 보였다. 소가 자신을 죽이는 도살자에게 가는 모습이라고 말한다. 자기를 죽이는 도살자인데 자기를 죽이라고 그에게 가는 것이다. 무지하니 몰라서 그리 간다.

23 필경은 화살이 그 간을 뚫게 되리라 새가 빨리 그물로 들어가되 그의 생명을 잃어버릴 줄을 알지 못함과 같으니라

23 where an arrow would pierce its heart. He was like a bird going into a net—he did not know that his life was in danger.

7:23 새가 빨리 그물로 들어가되 그의 생명을 잃어버릴 줄을 알지 못함과 같으니라. 그가 음녀에게 들어가는 것은 새가 그물에 들어가는 것과 같다. 그런데 젊은이는 그것도 모르고 하룻밤 즐거운 시간을 생각하며 경쾌하게 갔다.

24 이제 아들들아 내 말을 듣고 내 입의 말에 주의하라

25 네 마음이 음녀의 길로 치우치지 말며 그 길에 미혹되지 말지어다

26 대저 그가 많은 사람을 상하여 엎드러지게 하였나니 그에게 죽은 자가 허다하니라

24 Now then, my sons, listen to me. Pay attention to what I say.

25 Do not let such a woman win your heart; don't go wandering after her.

26 She has been the ruin of many men and caused the death of too many to count.

7:26 그에게 죽은 자가 허다하니라. 음행하는 여인에 의해 영혼이 죽은 자들을 말한다. 주변에 음행하는 사람들이 있는가? 영혼이 죽어 있는 사람들이다. 음행은 사망의 길이다. 문제는 작정하고 덤비는 유혹하는 여인에게 넘어가지 않을 사람이 별로 없다 할 정도로 강력하다는 것이다. 그러기에 더욱 강력히 그것이 사망의 길이라는 것을 명심해야 한다. 음녀에게 유혹당하는 젊은이의 시각이 아니라 그것을 창문 너머로 보고 있는 제 삼자의 시각으로 볼 수 있어야 한다.

27 그의 집은 스올의 길이라 사망의 방으로 내려가느니라
27 If you go to her house, you are on the way to the world of the dead. It is a short cut to death.

8장

지혜의 가치

> 1 지혜가 부르지 아니하느냐 명철이 소리를 높이지 아니하느냐
>
> 1 Listen! Wisdom is calling out. Reason is making herself heard.

8:1 지혜가 부르지 아니하느냐. 지혜가 사람들에게 외치고 있다. 지혜가 여러 모양으로 사람들에게 호소하고 있다. 지혜 중에 으뜸은 하나님에 대한 지식인데 그것을 계시라고 말한다. 일반계시와 특별계시가 온 세상에 가득하다. 양심, 자연, 역사, 사람의 의견, 책 등 수많은 지혜가 외치고 있다. 조금만 귀를 기울이면 지혜의 소리를 들을 수 있다. 특별계시인 말씀은 더욱더 우리에게 외치고 있다. 그 외침에 귀를 기울여야 한다.

> 2 그가 길 가의 높은 곳과 네거리에 서며
>
> 3 성문 곁과 문 어귀와 여러 출입하는 문에서 불러 이르되
>
> 4 사람들아 내가 너희를 부르며 내가 인자들에게 소리를 높이노라
>
> 5 어리석은 자들아 너희는 명철할지니라 미련한 자들아 너희는 마음이 밝을지니라
>
> 2 On the hilltops near the road and at the crossroads she stands.
>
> 3 At the entrance to the city, beside the gates, she calls:
>
> 4 "I appeal to all of you; I call to everyone on earth.
>
> 5 Are you immature? Learn to be mature. Are you foolish? Learn to have sense.

8:5 미련한 자들아 너희는 마음이 밝을지니라. 사람은 어리석다. 아무리 현자라 하여도 일정부분 어리석다. 그러기에 지혜의 소리를 계속 들어야 한다. 우리의 어두운 마음을 지혜로 비추어야 한다.

6 너희는 들을지어다 내가 가장 선한 것을 말하리라 내 입술을 열어 정직을 내리라

7 내 입은 진리를 말하며 내 입술은 악을 미워하느니라

6 Listen to my excellent words; all I tell you is right.

7 What I say is the truth; lies are hateful to me.

8:7 내 입은 진리를 말하며. 지혜는 진리를 말한다. **악을 미워하느니라.** 지혜는 악과 거리가 멀다. 만약 사람들이 악을 행하면 지혜의 소리를 들을 수 없을 것이다. 지혜와 악의 관계는 물과 기름처럼 결코 섞일 수 없기 때문이다. 그래서 지혜의 소리를 듣고자 한다면 악에서 멀어져야 한다.

8 내 입의 말은 다 의로운즉 그 가운데에 굽은 것과 패역한 것이 없나니

9 이는 다 총명 있는 자가 밝히 아는 바요 지식 얻은 자가 정직하게 여기는 바니라

10 너희가 은을 받지 말고 나의 훈계를 받으며 정금보다 지식을 얻으라

11 대저 지혜는 진주보다 나으므로 원하는 모든 것을 이에 비교할 수 없음이니라

8 Everything I say is true; nothing is false or misleading.

9 To those with insight, it is all clear; to the well-informed, it is all plain.

10 Choose my instruction instead of silver; choose knowledge rather than the finest gold.

11 "I am Wisdom, I am better than jewels; nothing you want can compare with me.

8:11 지혜는 진주보다 나으므로. 지혜를 진주보다 더 낮게 여겨야 지혜의 소리를 들을 수 있다. 수많은 지혜의 소리가 있지만 사람들이 듣지 못하는 것은 그것을 귀히 여기지 않기 때문이다. 지혜가 그렇게 많은데 그것을 귀히 여기지 않음으로 지혜를 듣지 못하고 있다.

12 나 지혜는 명철로 주소를 삼으며 지식과 근신을 찾아 얻나니

13 여호와를 경외하는 것은 악을 미워하는 것이라 나는 교만과 거만과 악한 행실과 패역한 입을 미워하느니라

12 I am Wisdom, and I have insight; I have knowledge and sound judgement.

13 To honour the Lord is to hate evil; I hate pride and arrogance, evil ways and false words.

8:13 여호와를 경외하는 것은 악을 미워하는 것이라. '여호와를 경외한다'고 하면서 자신의 이익을 위해 악을 행한다면 그것은 여호와를 경외하는 것이 아니다. 지혜가 아니다. 그러기에 지혜의 소리를 듣고자 한다면 악을 미워하는 확실한 위치에 서야 한다. 악을 사랑하는 것이 아니라 미워해야 한다. 대신 지혜를 사랑해야 한다. 무엇보다 더 사랑해야 한다. 그래야 지혜의 소리를 들을 준비가 된 것이다. 지혜의 소리가 들릴 것이다.

14 내게는 계략과 참 지식이 있으며 나는 명철이라 내게 능력이 있으므로

15 나로 말미암아 왕들이 치리하며 방백들이 공의를 세우며

14 I make plans and carry them out. I have understanding, and I am strong.

15 I help kings to govern and rulers to make good laws.

8:15 나로 말미암아 왕들이 치리하며. 왕들이 지혜를 가지고 세상을 다스린다. 만약 왕이 지혜가 없이 힘이나 돈만 가지고 있다면 그들은 결국 망할 것이다. 그들은 어떠한 것보다 지혜가 중요하다는 것을 안다. 사람들은 권력과 돈이 없다 보니 그것이 없어서 행복하지 못한 것으로 착각하는 경우가 많다. 그러나 그들 또한 왕과 같다. 그들에게도 중요한 것은 지혜다. 그들의 인생을 잘 살아가는데 가장 중요한 것은 지혜다.

16 나로 말미암아 재상과 존귀한 자 곧 모든 의로운 재판관들이 다스리느니라

17 나를 사랑하는 자들이 나의 사랑을 입으며 나를 간절히 찾는 자가 나를 만날 것이니라

16 Every ruler on earth governs with my help, officials and nobles alike.

17 I love those who love me; whoever looks for me can find me.

8:17 나를 사랑하는 자들이 나의 사랑을 입으며. 이것을 오해하는 경우가 많이 있으나 이 구절은 지혜에 대한 것이다. '사랑' '찾는 것'은 모두 감정과 관련있다. 사람이 지혜를 사랑하면 지혜도 그 사람을 사랑하게 되고 사람이 지혜를 찾으면 지혜도 그 사람

을 찾아서 만나게 된다는 의미다. 사랑은 관계다. 한편만의 사랑은 결코 완성되지 않는다. 짝사랑은 사랑이 아니다. 사랑은 상호작용이다. 지혜의 가치를 알고 지혜를 사랑해야 지혜의 사랑을 받을 것이다.

> **18 부귀가 내게 있고 장구한 재물과 공의도 그러하니라**
>
> 18 I have riches and honour to give, prosperity and success.

8:18 부귀가 내게 있고. 사람들이 부와 영광(히, 카보드)을 바란다. 그래서 지혜를 버린다. 그러나 진정한 부와 영광은 오직 지혜를 통해 얻을 수 있다. 얕은 부와 영광을 생각하기 때문에 지혜를 버리고 그것을 추구한다. 진정한 부와 영광을 원한다면 지혜가 필수라는 것을 알아야 한다. **장구한 재물.** '이어지는 재물'로서 이 세상에서도 장수하고 영원한 나라까지도 이어지는 재물을 의미한다. 오직 지혜를 통해서만 가능하다.

> **19 내 열매는 금이나 정금보다 나으며 내 소득은 순은보다 나으니라**
>
> 19 What you get from me is better than the finest gold, better than the purest silver.

8:19 내 열매는 금이나 정금보다 나으며. 지혜가 금보다 낫다. 그것을 알아야 한다. 그것을 명심해야 한다. 그래서 마음 속 깊은 곳에서부터 지혜를 사랑해야 한다. 꿈에서도 금보다 지혜를 더 사랑해야 한다.

> **20 나는 정의로운 길로 행하며 공의로운 길 가운데로 다니나니**
>
> 20 I walk the way of righteousness; I follow the paths of justice,

8:20 지혜는 의(히, 츠다카)와 공의(히, 미쉬파트)와 함께 한다. 지식은 의의 측면이고 지혜는 공의의 측면이 많다. '의'는 옳은 것이며 '공의'는 그것을 상황속에서 잘 판단하여 적용하는 것이다. 지식은 옳은 것이며 지혜는 지식을 잘 적용하는 것이다. 지혜는 의에만 머무르지 않고 공의까지 이룬다. 얼마나 사랑스러운가?

21 이는 나를 사랑하는 자가 재물을 얻어서 그 곳간에 채우게 하려 함이니라

22 여호와께서 그 조화의 시작 곧 태초에 일하시기 전에 나를 가지셨으며

21 giving wealth to those who love me, filling their houses with treasures.

22 "The Lord created me first of all, the first of his works, long ago.

8:22 태초에 일하시기 전에 나를 가지셨으며. 이것은 '하나님께서 지혜를 창조하셨다'는 의미가 아니다. 지혜가 하나님의 속성임을 말하는 것이다. 하나님께서 지혜로 세상을 창조하셨다. 그래서 어떤 의미로서는 지혜는 세상의 피조물 어떤 것보다 더 앞선다.

23 만세 전부터, 태초부터, 땅이 생기기 전부터 내가 세움을 받았나니

24 아직 바다가 생기지 아니하였고 큰 샘들이 있기 전에 내가 이미 났으며

25 산이 세워지기 전에, 언덕이 생기기 전에 내가 이미 났으니

26 하나님이 아직 땅도, 들도, 세상 진토의 근원도 짓지 아니하셨을 때에라

27 그가 하늘을 지으시며 궁창을 해면에 두르실 때에 내가 거기 있었고

23 I was made in the very beginning, at the first, before the world began.

24 I was born before the oceans, when there were no springs of water.

25 I was born before the mountains, before the hills were set in place,

26 before God made the earth and its fields or even the first handful of soil.

27 I was there when he set the sky in place, when he stretched the horizon across the ocean,

8:27 내가 거기 있었고. 세상이 창조될 때 하나님께서 지혜로 세상을 창조하셨다. 그래서 그곳에 지혜가 있었다고 말할 수 있다. 지혜의 기원은 하나님의 속성에 있다. 그래서 오늘날 지혜를 가진다는 것은 하나님의 성품을 닮아가는 것이다. 하나님과 합일이 되는 것이다. 그래서 지혜는 어떤 것보다 더 탁월하다. 하나님의 사람은 하나님을 사랑하는 마음으로 지혜를 사랑해야 한다. 지혜를 알아가야 한다.

28 그가 위로 구름 하늘을 견고하게 하시며 바다의 샘들을 힘 있게 하시며

29 바다의 한계를 정하여 물이 명령을 거스르지 못하게 하시며 또 땅의 기초를 정하실 때에

30 내가 그 곁에 있어서 창조자가 되어 날마다 그의 기뻐하신 바가 되었으며 항상 그 앞에서 즐거워하였으며

28 when he placed the clouds in the sky, when he opened the springs of the ocean

29 and ordered the waters of the sea to rise no further than he said. I was there when he laid the earth's foundations.

30 I was beside him like an architect, I was his daily source of joy, always happy in his presence-

8:30 내가 그 곁에 있어서. 이것은 지혜가 따로 있는 어떤 객체라는 말이 아니라 시적인 표현이다. 세상을 지을 때 하나님께서 지혜로 창조하셨다는 것을 의미한다. 세상이 하나님의 지혜로 창조되었기 때문에 세상의 질서를 알고 그것에 따라 살기 위해서는 지혜를 알아야 한다. 그래야 하나님의 창조 목적을 따라 이 세상에서 살 수 있다.

31 사람이 거처할 땅에서 즐거워하며 인자들을 기뻐하였느니라

32 아들들아 이제 내게 들으라 내 도를 지키는 자가 복이 있느니라

31 happy with the world and pleased with the human race.

32 "Now, young people, listen to me. Do as I say, and you will be happy.

8:32 이제 내게 들으라. 하나님의 지혜를 사람들이 들어야 한다. 하나님께서 세상을 창조하신 목적에 자신을 맞추어야 한다. 사람은 피조물이다. 배워야 한다. **내 도를 지키는 자가 복이 있느니라.** 세상에서 복은 '지혜를 따라 사는 것'이다. 사람들이 나름대로 복이라고 생각하는 것들은 사실 복이 아니다. 헛된 것일 뿐이다. 오직 하나님의 창조 목적에 따라 하나님의 지혜를 따라 사는 것이 복이다. 그래서 복의 길을 알기 위해 지혜를 배워야 한다.

33 훈계를 들어서 지혜를 얻으라 그것을 버리지 말라

34 누구든지 내게 들으며 날마다 내 문 곁에서 기다리며 문설주 옆에서 기다리는 자는 복이 있나니

33 Listen to what you are taught. Be wise; do not neglect it.

34 Those who listen to me will be happy—those who stay at my door every day, waiting at the entrance to my home.

8:34 지혜를 아는 것이 복이라면 그것을 알기 위해 더욱더 힘써야 한다. **날마다 내 문 곁에서 기다리며.** '날마다' 배워야 한다. 지혜를 듣기 위해 날마다 수고하는 것이 중요하다. 아무리 빨리 멀리 갔어도 지혜를 따라가지 않은 것은 무의미하다. 한 걸음을 걷더라도 지혜를 따라가야 한다. 그래서 지혜가 무엇인지를 날마다 배워야 한다.

하나님의 뜻을 계시하는 수많은 지혜에 주의를 기울여야 한다. 하루를 살 때 겸손히 살아야 한다. 자기 멋대로 사는 것이 아니라 하나님의 계시에 마음을 기울이고 귀를 기울이면서 살아야 한다. 하나님의 뜻이 무엇인지를 늘 물으며 살아야 하고 행여나 하나님의 뜻을 놓치지는 않고 있는지 겸손히 물어야 한다. 그럼에도 불구하고 여전히 많이 부족하다는 것을 알고 늘 배우며 살아야 한다. 하나님의 뜻은 크고 풍성한데 그것을 아는 우리의 지혜는 작고 빈약하다. 그러니 날마다 더 알아가야 한다. 알수록 더 풍성한 삶을 살게 될 것이다. 날마다 배우지 않는 것은 참으로 교만한 마음이다. 그러한 교만한 마음은 인생을 망치는 지름길이 된다.

35 대저 나를 얻는 자는 생명을 얻고 여호와께 은총을 얻을 것임이니라

35 Those who find me find life, and the Lord will be pleased with them.

8:35 지혜를 아느냐 모르느냐는 '도덕 점수 몇 점 맞느냐'와 차원이 다르다. '시사 상식 조금 더 아느냐 모르느냐'와는 완전히 다르다. **나를 얻는 자는 생명을 얻고.** 지혜를 갖는다는 것은 생명을 갖는다는 것과 같다. 생명보다 더 귀한 것은 없다. 그러니 지혜를 가지기 위해 모든 것을 해야 한다. 더 풍성한 생명을 위해 노력해야 하듯이 더 풍성한 지혜를 위해 날마다 늘 힘써야 한다. **여호와께 은총을 얻을 것임이니라.** 지혜를 가지고 살아갈 때 하나님께서 크게 기뻐하는 사람이 된다. 지혜를 가지지 않고 멋대로 사는 사람은 하루를 살아도 의미 없는 삶이다. 그래서 하나님께서 슬퍼하시는 삶이 된다. 무관심한 삶이 된다. 오직 지혜를 따라 하루를 살아갈 때 하나님께서 환한 웃음으로 그의 삶을 지켜보고 지키시며 기뻐 받으신다.

> 36 그러나 나를 잃는 자는 자기의 영혼을 해하는 자라 나를 미워하는 자는 사망을 사랑하느니라
>
> 36 Those who do not find me hurt themselves; anyone who hates me loves death."

8:36 나를 잃는 자는 자기의 영혼을 해하는 자. '잃는자'는 '놓치다' '잘못 대하다' 등의 의미를 가지고 있다. 지혜에 무관심하고 지혜에 해코지를 하는 사람은 결국 '자신의 영혼을 해하는 자'다. 영혼은 지혜를 먹고 사는데 지혜에 무관심하니 영혼에 해코지 하는 사람이 되는 것이다. 결국 영혼 없는 인생이 된다. **나를 미워하는 자는 사망을 사랑하느니라.** 지혜를 미워한다는 것은 결국 사망을 사랑하는 것이 된다. 누가 사망을 사랑할까? 그러나 지혜를 미워한다면 사망을 사랑하는 것과 똑같다. 그러니 지혜를 미워하지 말아야 한다.

지혜에 무관심하지 말아야 한다. 공부하는 것을 싫어하지 말아야 한다. 묵상하고 기도하는 것에 무관심하지 말아야 한다. 오직 하나님의 뜻을 분별하며 그 뜻에 따라 살기 위해 일반계시와 특별계시 등 모든 것에 깊은 관심을 가지고 하나님의 뜻을 찾으며 살아야 한다. 사람의 인생은 오직 하나님의 뜻을 따라 살도록 창조되었기 때문이다. 그것을 떠나서는 모든 것이 무의미하고 악하다.

지혜로 가득한
잔치의 삶

9장은 잠언의 첫 번째 큰 단락인 '내 아들아'로 가르치는 잠언의 마지막 부분이다. 첫 번째 단락의 결론 역할을 한다. '여호와를 경외하는 것이 지식의 근본'이라 말하는 1:7로 시작하여 '여호와를 경외하는 것이 지혜의 근본'이라 말하는 9:10로 마치고 있다. '지식'과 '지혜'만 다르다. 지혜는 '지식을 바르게 적용하고 사용하는 것'이다. 그래서 서로 같은 말이다.

잠언 전체에서 그리고 첫 단락에서 가장 큰 주제이고 잊지 말아야 할 것은 지식과 지혜의 근본이요 시작은 '하나님 경외'라는 사실이다. 이것을 놓치면 참된 지식도 없고 지혜도 없다. 이것이 없으면 악한 것이다. 하나님을 경외함이 없는 모든 지식과 지혜는 악한 것이다. 모든 삶이 철저히 악한 것이다.

> 1 지혜가 그의 집을 짓고 일곱 기둥을 다듬고
> 2 짐승을 잡으며 포도주를 혼합하여 상을 갖추고
> 1 Wisdom has built her house and made seven pillars for it.
> 2 She has had an animal killed for a feast, mixed spices in the wine, and laid the table.

9:1-2 지혜가 집을 짓고. 지혜를 의인화하여 말한다. 지혜의 집은 일곱 기둥을 가진 집이다. 일곱 기둥은 집으로 들어가는 입구 역할을 한다. 아주 큰 집이다. 지혜의 집은 크고 아름답다. **짐승을 잡으며 포도주를 혼합하여 상을 갖추고.** 고기가 있다는 것은 아주 풍성한 잔치라는 것을 의미한다. 지혜는 그렇게 아주 좋은 집에 풍성한 식사를 준비하고 잔치에 사람을 초대한다.

> 3 자기의 여종을 보내어 성중 높은 곳에서 불러 이르기를

4 어리석은 자는 이리로 돌이키라 또 지혜 없는 자에게 이르기를

3 She has sent her servant women to call out from the highest place in the town:

4 "Come in, ignorant people!" And to the foolish she says,

9:4 어리석은 자는 이리로 돌이키라. 지혜는 자기의 여종을 시켜 길을 가는 어리석은 자에게 지혜의 집의 잔치에 참여하도록 초청하라고 하였다. 지혜의 잔치에 참여해 지혜를 배워야 한다. 지혜의 집은 아름다운 집이다. 지혜의 집은 풍성하다.

5 너는 와서 내 식물을 먹으며 내 혼합한 포도주를 마시고

6 어리석음을 버리고 생명을 얻으라 명철의 길을 행하라 하느니라

5 "Come, eat my food and drink the wine that I have mixed.

6 Leave the company of ignorant people, and live. Follow the way of knowledge."

9:6 지혜의 집에 가면 '생명'을 얻을 수 있다. 지혜의 잔치에 가지 않으면 생명이 없다.

7 거만한 자를 징계하는 자는 도리어 능욕을 받고 악인을 책망하는 자는 도리어 흠이 잡히느니라

8 거만한 자를 책망하지 말라 그가 너를 미워할까 두려우니라 지혜 있는 자를 책망하라 그가 너를 사랑하리라

7 If you correct conceited people, you will only be insulted. If you reprimand evil people, you will only get hurt.

8 Never correct conceited people; they will hate you for it. But if you correct the wise, they will respect you.

9:8 거만한 자를 책망하지 말라. 지혜의 반대를 '거만'으로 말할 때가 많다. 실제로는 알지 못하면서 아는 척한다. 진리를 모르고 거짓 속에서 교만하다. 그래서 지혜의 초대에 응하지 않는다. 거만한 자는 듣지를 않는다. 그래서 그들에게는 지혜의 초대마저 많이 제한적일 것이다. **책망.** 지혜의 집의 초대장이다. 그런데 거만한 자들은 그 초대장을 가지고 온 사람을 오히려 미워한다. 지혜 있는 자는 비록 어리석었어도 그 초대장을 받음으로 지혜의 잔치에 참여하게 된다.

9 지혜 있는 자에게 교훈을 더하라 그가 더욱 지혜로워질 것이요 의로운 사람을 가르치라 그의 학식이 더하리라

9 Anything you say to the wise will make them wiser. Whatever you tell the righteous will add to their knowledge.

9:9 지혜 있는 자에게 교훈을 더하라 그가 더욱 지혜로워질 것이요. 지혜의 잔치는 '더하는' 잔치다. 지혜는 존귀하다. 지혜는 풍성하다. 그래서 날마다 지혜를 더해야 한다. 날마다 더욱 지혜로워지는 사람이 복된 사람이다. 행복하다. 이 잔치의 기쁨을 알아야 한다.

10 여호와를 경외하는 것이 지혜의 근본이요 거룩하신 자를 아는 것이 명철이니라

11 나 지혜로 말미암아 네 날이 많아질 것이요 네 생명의 해가 네게 더하리라

12 네가 만일 지혜로우면 그 지혜가 네게 유익할 것이나 네가 만일 거만하면 너 홀로 해를 당하리라

10 To be wise you must first have reverence for the Lord. If you know the Holy One, you have understanding.

11 Wisdom will add years to your life.

12 You are the one who will profit if you have wisdom, and if you reject it, you are the one who will suffer.

9:12 이 잔치에 참여할 것인지 말아야 할 것인지를 선택해야 한다. '지혜의 선택'도 '거만(무지)의 선택'도 결국은 그가 '홀로' 감당해야 한다. 홀로 그 책임이 있다. 살아가면서는 다양한 선택이 있는 것 같다. 그래서 자신이 지혜의 잔치에 가는지 무지의 잔치에 가는지도 잘 구분하지 못하기도 한다. 그러나 자신이 지혜의 잔치에 참여함을 알아야 한다.

지혜와 무지는 완전히 다른 것이며 궁극적인 분리가 있다. 지혜와 무지 사이에 많은 공간이 있는 것 같으나 그렇지 않다. 전혀 없다. 지혜는 빛이며 생명이다. 무지는 어둠이며 죽음이다. 그 사이에 아무것도 없다. 하나님이 우리의 마음과 삶의 1순위이어야 믿음이다. 1등과 꼴등 사이에 수많은 등수가 있는데 2등도 믿음이 아니다. 오직 1등이어야 믿음이다. 지혜는 풍성한 믿음이다. 하나님이 우리 안에 1등인 것으로 멈추지 않고 더욱 풍성한 삶을 영위해야 한다. 그것이 지혜의 잔치다.

13 미련한 여인이 떠들며 어리석어서 아무것도 알지 못하고

13 Stupidity is like a loud, ignorant, shameless woman.

9:13 미련한 여인이 떠들며. 무지가 미련한 여인으로 의인화되어 나온다. 무지는 '떠들 썩'하다. 무엇인가 있는 것 같고 대단한 것 같다. **아무것도 알지 못하고.** 진짜 중요한 것에는 아는 것이 없다. 아무것도 없다. 악한 일에는 많이 안다. 그러나 정작 가장 중요한 창조와 심판을 알지 못한다. 선한 일의 가치를 알지 못한다. 지혜를 모른다.

14 자기 집 문에 앉으며 성읍 높은 곳에 있는 자리에 앉아서

14 She sits at the door of her house or on a seat in the highest part of the town,

9:14 앉으며. 고대에 의자에 앉는 것은 매우 드문 일이다. 이것은 권력을 상징한다. 앞에서 지혜는 열심히 일하였다. 그러나 무지는 앉아서 힘으로 군림하려고 한다. 무지한 자의 특징이다. 무지한 잔치에 참여한 사람들의 마음은 의자에 앉은 것처럼 욕심이 많다. 그리고 몸은 또한 의자에 앉아 있는 자처럼 가만히 있다. 움직이지 않는다. 게으르다. 지혜를 위해 책을 읽고 말씀을 읽어야 하는데 눈의 게으름 때문에 자신도 모르게 무지의 잔치에 참여하고 있다. 양심을 따라 선한 일에 움직여야 하는데 게을러서 무지에 속한 자가 된다.

15 자기 길을 바로 가는 행인들을 불러 이르되

15 and calls out to people passing by, who are minding their own business:

9:15 자기 길을 바로 가는 행인. 무지가 사람들을 자신의 잔치로 부른다. 그가 부르는 사람들은 처음에는 자기 길을 바로 가는 사람이었다. 자기 일을 잘하던 사람이었다. 그런데 무지의 부름에 넘어가 무지의 잔치에 참여하게 된다. 많은 사람이 무지의 잔치에 초대된다. 그리고 참여한다. 그것은 그들이 가고 있는 길에 대한 확신이 부족하기 때문이다. 지혜에 대한 열정이 부족하기 때문이다. 지혜에 대한 열정이 없으니 무지가 부를 때 응답한다. 무지에 속아 넘어간다.

16 어리석은 자는 이리로 돌이키라 또 지혜 없는 자에게 이르기를

17 도둑질한 물이 달고 몰래 먹는 떡이 맛이 있다 하는도다

16 "Come in, ignorant people!" To the foolish she says,

17 "Stolen water is sweeter. Stolen bread tastes better."

9:17 도둑질한 물...떡. 무지는 물과 빵을 먹는다. 앞에서 지혜의 잔치에는 각종 고기가 있었다. 먹을 것이 풍부했다. 그러나 무지의 잔치에는 먹을 것이 별로 없다. 그런데 그것마저 부족하였다. 그래서 도둑질해야 하는 정도다. 무지의 잔치 집의 최대 무기가 있다. '죄'다. 사람 안에 있는 타락한 죄성의 동조다. 도둑질한 물이 어찌 더 달겠는가? 비참함을 느끼는 것이 당연하다. 그런데 때로는 그것이 더 달게 느껴진다. 다른 여인과의 간음이 더 짜릿할 수 있다. 금지된 것들이 더 흥분이 될 수 있다. 게으름이 더 편하다. 인간의 죄성이 그러한 것을 더 즐기기 때문이다. 그래서 무지의 잔치에 참여하게 된다.

18 오직 그 어리석은 자는 죽은 자들이 거기 있는 것과 그의 객들이 스올 깊은 곳에 있는 것을 알지 못하느니라

18 Her victims do not know that the people die who go to her house, that those who have already entered are now deep in the world of the dead.

9:18 죽은 자들이 거기 있는 것. 무지의 잔치에 참여하는 이들은 죽은 자들이다. 그들은 죽어가고 있다. 멸망의 길로 가고 있는 사람들이다. 그들이 죄를 즐거워하고 있는 것은 자신의 살을 먹으며 즐거워하고 있는 것이나 마찬가지다. 그들이 죄를 즐거워하는 것은 자신들의 피를 마시며 즐거워하고 있는 것이다. 무지의 집에 있는 죽음을 보아야 한다. 지옥을 보아야 한다. **그의 객들이 스올 깊은 곳에 있는 것을 알지 못하느니라.** 문제는 무지의 잔치에 참여한 이들이 자신들이 지금 죽음의 집에 있다는 것을 알지 못한다는 사실이다. 그 잔치의 끝이 어찌 된다는 것을 모른다. 그래서 무지의 잔치에 참여하고도 그냥 좋아한다. '그냥 이대로 살다 죽게 놔두라'고 말한다.

사람들이 무지의 잔치집에 참여하고 있다. 그곳도 이름은 잔치라서 어쩌면 조금은 즐거울 수 있다. 즐거울 때가 있을 수 있다. 그러나 그 잔치에서 먹는 음식이 참으로 빈약하다는 것을 알아야 한다. 결국 멸망이라는 것을 알아야 한다.

사람들은 지혜의 잔치에 참여하면 먹을 것이 더 없다고 생각한다. 그러나 그렇지 않다. 지혜의 잔치에 먹을 것이 많다. 풍성하고 행복하다.

2부

솔로몬의 잠언

(10:1-22:16)

잠언의 큰 두번째 묶음으로 '첫번째 솔로몬의 잠언(10:1-22:16)'이라고 말한다. 잠언 성경에서 가장 큰 부분을 차지하며 짧은 잠언으로 되어 있다. 솔로몬이라는 이름의 자음을 숫자로 합산하면 375인데 이 부분에 나온 잠언이 375개다. 매우 정교하게 만들어졌음을 볼 수 있다. 각각의 절이 독립적이면서도 약하게 서로 연결되어 있을 때도 있다. 서로 연결되어 있을 때는 문맥 속에서의 의미를 잘 살펴야 한다.

10장

재산, 말, 진정한 복

> 1 솔로몬의 잠언이라 지혜로운 아들은 아비를 기쁘게 하거니와 미련한 아들은 어미의 근심이니라
>
> 1 These are Solomon's proverbs: Wise children make their fathers proud of them; foolish ones bring their mothers grief.

10:1 1절은 이 묶음의 전체를 이끄는 서론 역할을 한다. **지혜로운 아들은 아비를 기쁘게 하거니와.** 지혜로운 사람은 그 부모에게 기쁨이 된다. 반면에 어리석은 사람은 부모에게 근심이 된다. 무엇보다 하나님께서 보시기에 기쁨이 되는 사람이 지혜로운 사람이고 슬픔이 되는 사람은 미련한 사람이다. 생각해 보라. 지금 하나님께서 나를 보시면서 '기뻐하실지 슬퍼하실지'를 생각해 보라. 하나님을 바라보았을 때 하나님이 웃으시고 우리도 웃고 있어야 지혜로운 사람이다. 행복한 사람이다.

10:2-32은 재물과 말에 대한 잠언을 주로 다룬다. 재물과 말은 우리의 일상에 가장 가까이 있으며 중요하다. 때론 긍정적인 요소와 부정적인 요소를 동시에 가지고 있다.

> 2 불의의 재물은 무익하여도 공의는 죽음에서 건지느니라
>
> 2 Wealth that you get by dishonesty will do you no good, but honesty can save your life.

10:2 불의의 재물...공의. '재물과 의의 대조'일수도 있고 '불의의 재물과 의의 재물'의 대조일 수도 있다. 4-5절과 연관하여 생각한다면 후자일 가능성이 더 높다. 불의로 재물을 모은 것은 무익하다. 그것이 그에게 도움이 되지 못한다. 물론 임시로는 도움이 되는 것처럼 보인다. 그래서 불의로라도 벌고자 한다. 그러나 실상은 어떤 순간에도 그 돈은 그에게 무익하다. '의'로 재물을 모은 것은 그를 죽음에서 건질 수 있다. 의

로 모은 재물은 소중하다. 특히 그 과정의 의로움 때문에 그 재물을 사용하지 않아도 이미 죽음에서 건짐을 받은 것이 된다.

> 3 여호와께서 의인의 영혼은 주리지 않게 하시나 악인의 소욕은 물리치시느니라
>
> 3 The Lord will not let good people go hungry, but he will keep the wicked from getting what they want.

10:3 의인의 영혼은 주리지 않게 하시나. 의로운 방법으로 재물을 얻고자 하는 이들을 주리지 않게 하신다는 말씀이다. 의로운 방법으로 재물을 얻는 것이 쉽지 않다. 그래서 세상의 거짓에 유혹을 받는다. 그러나 의로운 방법으로 돈을 버는 것이 힘들어도 주리지 않게 하실 것이다. 그러니 더 많은 돈을 위해 거짓에 타협하지 말아야 한다. **악인의 소욕은 물리치시느니라.** 악인의 탐욕은 멸망으로 이어진다. 탐욕으로 더 많은 돈을 벌 수는 있다. 그러나 결국 멸망할 것이다.

> 4 손을 게으르게 놀리는 자는 가난하게 되고 손이 부지런한 자는 부하게 되느니라
>
> 4 Being lazy will make you poor, but hard work will make you rich.

10:4 손을 게으르게 놀리는 자는 가난하게 되고. 돈은 사람이 살아가는데 중요하다. 돈을 버는 일에 게을리하지 말아야 한다. 게으른 것은 죄다. 가난은 결코 자랑이 아니다. 게을러서 가난한 것이라면 그것은 죄다.

> 5 여름에 거두는 자는 지혜로운 아들이나 추수 때에 자는 자는 부끄러움을 끼치는 아들이니라
>
> 5 A sensible person gathers the crops when they are ready; it is a disgrace to sleep through the time of harvest.

10:5 여름에 거두는 자는 지혜로운 아들이나. '여름'은 뒤에 있는 '추수 때'와 같은 의미다. 추수할 때는 더욱더 일해야 한다. 학생 때는 열심히 공부해야 하고, 젊을 때는 열심히 돈을 벌어야 한다. 열심히 일하여 버는 돈은 선하다.

6 의인의 머리에는 복이 임하나 악인의 입은 독을 머금었느니라

6 Good people will receive blessings. The words of the wicked hide a violent nature.

10:6 의인의 머리에는 복이 임하나. 뒷부분의 '악인의 입'과 비교하여 생각하면 선한 뜻과 마음으로 말하기 위해 생각하는 의인의 머리를 염두에 둘 수 있다. 선한 의도를 가지고 선한 열매를 위해 생각하면서 말하는 사람은 복된 사람이다. **악인의 입은 독을 머금었느니라.** 악인은 마음이 악한 생각을 가지고 있다. 그래서 혹 칭찬을 하더라도 나쁜 의도를 가지고 하기 때문에 결국 독이 된다. 귀에 달다고 좋은 말이 아니라 어떤 마음으로 말하는지를 잘 살펴야 한다.

7 의인을 기념할 때에는 칭찬하거니와 악인의 이름은 썩게 되느니라

7 Good people will be remembered as a blessing, but the wicked will soon be forgotten.

10:7 의인을 기념할 때에는 칭찬하거니와. 바른 사람을 칭찬하면 복된 것이지만 나쁜 사람을 칭찬하면 썩은 말이 된다. 칭찬이라고 다 좋은 것이 아니다.

8 마음이 지혜로운 자는 계명을 받거니와 입이 미련한 자는 멸망하리라

8 Sensible people accept good advice. People who talk foolishly will come to ruin.

10:8 마음이 지혜로운 자는 계명을 받거니와. 하나님의 말씀을 배우고 그것을 기준으로 하여 말하는 것이 중요하다. **입이 미련한 자는 멸망하리라.** 말씀의 안내를 받지 않고 자신이 생각하고 느끼는 대로 말하면 결국 멸망에 이르게 된다.

9 바른 길로 행하는 자는 걸음이 평안하려니와 굽은 길로 행하는 자는 드러나리라

9 He that walketh uprightly may walk securely, But he that maketh crooked his ways shall be found out.

10:9 바른 길로 행하는 자는 걸음이 평안하려니와. 바른 말을 하는 바른 길은 '좋은 말이나 칭찬의 말'이 아니라 '바른 길로 행하게 하는 말'이다. 바른 길이 평안하다. 하나

님께서 함께 하시기 때문이다. **굽은 길로 행하는 자는 드러나리라.** 굽은 길로 행하며 하는 말은 처음에는 좋은 말처럼 보일지 모르지만 결국은 드러나게 될 것이다.

> **10** 눈짓하는 자는 근심을 끼치고 입이 미련한 자는 멸망하느니라
>
> **10** Someone who holds back the truth causes trouble, but one who openly criticizes works for peace.

10:10 눈짓하는 자는 근심을 끼치고. 다른 사람을 속이고 거짓을 말하기 위해 눈짓으로 말하는 것이다. 그런 사람은 결국 망하게 될 것이다.

> **11** 의인의 입은 생명의 샘이라도 악인의 입은 독을 머금었느니라
>
> **11** A good person's words are a fountain of life, but a wicked person's words hide a violent nature.

10:11 의인의 입은 생명의 샘. 의인은 말을 통해 생명을 전한다. 의인의 말을 통해 생명이 전해지고 이어진다. **악인의 입은 독을 머금었느니라.** 악인과의 대화는 결국 거짓으로 이끌게 되고 독이 든 음식을 먹는 것과 같게 될 것이다.

> **12** 미움은 다툼을 일으켜도 사랑은 모든 허물을 가리느니라
>
> **12** Hate stirs up trouble, but love overlooks all offences.

10:12 누군가 나에게 잘못을 하였을 때 어떻게 하는가? 선한 말을 하라. **미움은 다툼을 일으켜도.** 그 사람의 허물 때문에 그 사람이 미워서 미운 말을 할 때가 있다. 그러면 상대방도 나의 허물을 찾아 말할 것이다. 대부분의 싸움이 그렇게 시작된다. **사랑은 모든 허물을 가리느니라.** 누군가 잘못하였을 때 그 잘못을 가려주는 것이 필요하다. 허물을 드러내서 싸움을 만드는 것이 아니라 가려주어서 관계의 전환이 필요하다. 허물을 가지고 화두를 삼으면 결국 서로 허물을 가지고 대화하게 될 것이다. 그러나 그것을 가려주고 건설적인 것을 말하면 건설적인 대화가 될 것이다. 그러면 관계가 새롭게 발전한다. 사랑은 허물을 덮어준다고 말한다. 서로의 허물을 덮어준다. 그러니 사

랑으로 덮어주고 건설적 관계를 새롭게 만들어 가라. 그것이 선한 말의 영향력이다.

> 13 명철한 자의 입술에는 지혜가 있어도 지혜 없는 자의 등을 위하여는 채찍이 있느니라
>
> 14 지혜로운 자는 지식을 간직하거니와 미련한 자의 입은 멸망에 가까우니라
>
> 13 Intelligent people talk sense, but stupid people need to be punished.
>
> 14 The wise get all the knowledge they can, but when fools speak, trouble is not far off.

10:13-14 명철한 자...지혜...지혜 없는 자...채찍. 우리의 입술에 지혜와 지식을 담아야 한다. 지혜와 지식에서 나오는 말이 되게 하라. 지혜와 지식이 없으면 채찍과 멸망이 있을 것이다. 우리의 말이 나 자신과 그 사람을 살리는 생명 샘이 되어야 한다. 나를 죽이고 그 사람을 죽이는 독이 담긴 물이 되어서는 안 된다.

> 15 부자의 재물은 그의 견고한 성이요 가난한 자의 궁핍은 그의 멸망이니라
>
> 15 Wealth protects the rich; poverty destroys the poor.

10:15 부자의 재물은 그의 견고한 성. '성'이 사람을 보호하고 안전을 제공하는 것처럼 돈은 사람을 보호하고 안전하게 해 준다. **궁핍은 그의 멸망이니라.** 가난은 참 많은 비참함을 준다.

> 16 의인의 수고는 생명에 이르고 악인의 소득은 죄에 이르느니라
>
> 16 The reward for doing good is life, but sin leads only to more sin.

10:16 의인의 수고는 생명에 이르고. 이것을 후반부의 '악인의 소득'과 비교한다면 '의인의 수고'는 의인이 수고하여 얻는 소득을 의미하는 것으로 볼 수 있다. 의인이 의로운 방법으로 열심히 돈을 버는 것은 생명에 이르게 할 것이다. 어려워도 꿋꿋하게 의로운 방법으로 돈을 번 것이 참 잘하는 것이다. 하나님을 바라보며 하나님의 이름으로 열심히 일하고 돈을 버는 것은 생명에 이르는 길이 된다. **악인의 소득은 죄에 이르느니라.** 같은 돈도 악인이 악한 방법으로 버는 돈은 죄에 이르게 된다. 그가 번 돈은

그를 멸망에 이르게 할 것이다.

17절-32절은 여호와께서 주시는 참된 복에 대한 잠언이다.

> **17** 훈계를 지키는 자는 생명 길로 행하여도 징계를 버리는 자는 그릇 가느니라
>
> **17** People who listen when they are corrected will live, but those who will not admit that they are wrong are in danger.

10:17 우리는 연약하다. 그래서 늘 고쳐야 한다. **훈계를 지키는 자는 생명 길로 행하여도.** 잘못 가는 길에 대해 훈계를 들었을 때 그것을 고쳐야 한다. 그러면 훈계는 복이 된다. 그러나 그것을 듣고 흘려 보내는 사람은 복이 되지 못한다. 진정한 복은 훈계를 듣는 것만이 아니라 훈계를 듣고 고치는 사람이다. 우리는 평생 늘 고쳐야 하는 것이 있다.

> **18** 미움을 감추는 자는 거짓된 입술을 가진 자요 중상하는 자는 미련한 자이니라
>
> **19** 말이 많으면 허물을 면하기 어려우나 그 입술을 제어하는 자는 지혜가 있느니라
>
> **18** Anyone who hides hatred is a liar. Anyone who spreads gossip is a fool.
>
> **19** The more you talk, the more likely you are to sin. If you are wise, you will keep quiet.

10:19 진정한 복은 제어할 줄 알 때 임한다. **말이 많으면 허물을 면하기 어려우나.** 말이 많으면 순은과 같았던 말이 순간 똥값이 될 수 있다. 의인이라 하여도 부족한 것이 있기 때문이다. 말이 많으면 실수가 있다. 혹은 실수가 없어도 말이 많으면 상대방이 듣기 싫어하기 때문이다. 듣기 싫어하여 아예 받아들이지 않아 가치가 떨어질 수 있다.

> **20** 의인의 혀는 순은과 같거니와 악인의 마음은 가치가 적으니라
>
> **20** A good person's words are like pure silver; a wicked person's ideas are worthless.

10:20 의인의 혀는 순은과 같거니와. 의인의 혀는 많은 가치를 가지고 있다. 화평을 가져오고 웃음을 가져오며 진리를 가져온다. 그러나 그것이 가치 있는 만큼 절제해야 한다.

> **21** 의인의 입술은 여러 사람을 교육하나 미련한 자는 지식이 없어 죽느니라
>
> **22** 여호와께서 주시는 복은 사람을 부하게 하고 근심을 겸하여 주지 아니하시느니라
>
> **21** A good person's words will benefit many people, but you can kill yourself with stupidity.
>
> **22** It is the Lord's blessing that makes you wealthy. Hard work can make you no richer.

10:22 이 구절은 공동번역이 더 나은 것 같다. "야훼께 복을 받아야 부자가 된다. 애쓴다고 될 일이 아니다."(잠 10:22) 참된 부자는 하나님께서 주시는 복으로 되는 사람이다. 이 사실에서 우리가 알 수 있는 것이 무엇인가? 부자는 하나님께 감사해야 하고 부자가 되지 못한 사람은 그것이 자신의 길이 아닌 것이기에 좌절할 필요가 없다는 것이다. 부자가 되는 것은 우리의 소관이 아니다.

> **23** 미련한 자는 행악으로 낙을 삼는 것 같이 명철한 자는 지혜로 낙을 삼느니라
>
> **23** It is foolish to enjoy doing wrong. Intelligent people take pleasure in wisdom.

10:23 미련한 자는 행악으로 낙을 삼는 것같이. 부자는 은사와 같다. 그런데 악한 자는 어떻게 해서든 부자가 되고 싶어한다. 그래서 '행악'을 거리낌 없이 행한다. 부자가 될 수 있다면 무엇이든 한다. 행악하면서도 부자가 된다고 하면 그것을 좋아한다. 그 길을 간다. **명철한 자는 지혜로 낙을 삼느니라.** 지혜로운 사람은 부자가 되는 것이 자신의 길이 아니면 포기한다. 대신 '지혜'로 낙을 삼는다. 지혜를 따라가는 것은 누구나 할 수 있다. 해야 한다. 그것이 진정 가치 있는 일이다. 그래서 그것을 낙으로 삼는 사람은 참으로 복된 사람이다. 진정한 복을 소유한 사람이다.

> **24** 악인에게는 그의 두려워하는 것이 임하거니와 의인은 그 원하는 것이 이루어지

느니라

24 The righteous get what they want, but the wicked will get what they fear most.

10:24 악인에게는 그의 두려워하는 것이 임하거니와. 진정한 복은 결국 마지막이 좋아야 한다. 악인은 때때로 좋은 것을 얻기도 한다. 그러면서도 속으로 생각한다. '내가 이렇게 악을 행하지만 진짜 신이 있어 심판이 있다면 어떻게 될까'하는 두려움을 가지고 있다. 악을 행하면서도 진리에 대한 두려움을 가지고 있다. 그리고 결국 심판 때에 진리가 드러날 것이기 때문에 '그의 두려워하는 것이 임하는 것'이다. **의인은 그 원하는 것이 이루어지느니라.** 의인은 이 땅의 삶을 마치면 결국 어떻게 될까? 그가 힘든 상황에서도 늘 진리를 바라보았다. 하나님의 심판 때에 모든 것이 공평하게 되고 진리가 드러나게 될 것을 믿으며 소원하며 살았다. 결국 마지막 때에 '그 원하는 것이 이루어'진다. 의로우신 하나님께서 심판하시기 때문이다.

25 회오리바람이 지나가면 악인은 없어져도 의인은 영원한 기초 같으니라

25 Storms come, and the wicked are blown away, but honest people are always safe.

10:25 회오리바람이 지나가면 악인은 없어져도. 악이 득세할 때가 있다. 아니 어쩌면 더 많을 것이다. 세상은 악하여야 더 많은 것을 소유할 수 있다. 그러나 회오리바람이 한 번 불면 악은 무너진다. 도둑질로 많은 것을 소유하였어도 그것이 도둑질한 것이라는 것이 들통나면 모든 소유가 없어지는 것과 같다. 악은 결국 영원하지 못하다. 하나님의 심판 때는 완전히 무너질 것이다. 오직 믿음과 진리를 따라 살아가는 의인의 삶이 영원하다.

26 게으른 자는 그 부리는 사람에게 마치 이에 식초 같고 눈에 연기 같으니라

27 여호와를 경외하면 장수하느니라 그러나 악인의 수명은 짧아지느니라

28 의인의 소망은 즐거움을 이루어도 악인의 소망은 끊어지느니라

26 Never get a lazy person to do something for you; he will be as irritating as vinegar on your teeth or smoke in your eyes.

27 Obey the Lord, and you will live longer. The wicked die before their time.

28 The hopes of good people lead to joy, but wicked people can look forward to nothing.

10:28 진정한 복을 원하는가? 그렇다면 현재를 미래와 함께 생각해야 한다. **의인의 소망은 즐거움을 이루어도.** 의인의 소망은 미래에 이루어질 것이다. 그래서 즐거움이 될 것이다. 그래서 오늘도 기쁨으로 기다릴 수 있고 그 즐거움은 진짜다. 악인도 소망을 가질 수 있다. 그러나 그들의 소망은 가짜다. 사실 그들이 기대할 수 있는 미래는 멸망 뿐이다. 진리의 하나님이 계시다면 악은 멸망당하는 것이 당연하다.

29 여호와의 도가 정직한 자에게는 산성이요 행악하는 자에게는 멸망이니라

29 The Lord protects honest people, but destroys those who do wrong.

10:29 여호와의 도가 정직한 자에게는 산성이요. 오늘날 우리들이 하나님의 말씀을 따라 살면 우리를 보호하고 안전하게 하는 산성과 같을 것이다. 이것은 영원한 산성이다. 그러나 행악하는 자에게는 여호와의 도는 멸망의 이유가 될 것이다. 그들은 하나님의 말씀을 어기면서 살았기 때문이다.

30 의인은 영영히 이동되지 아니하여도 악인은 땅에 거하지 못하게 되느니라

30 Righteous people will always have security, but the wicked will not survive in the land.

10:30 의인은 영영히 이동되지 아니하여도. 의인은 흔들리지 않는다. 지금이나 내일이나 영원토록 진리 되신 하나님의 말씀에 따라 살고 있기 때문이다. 시대가 변해도 흔들리지 않는다. 사라지지 않는다. **악인은 땅에 거하지 못하게 되느니라.** 악인은 지금 이 땅에 거하지 못하게 될 것이다. 지금은 땅에 살고 있지만 주님이 재림하시면 그는 이 지구상에 더 이상 존재하지 못하게 될 것이다. 지금 보고 있는 하늘과 산과 바다를 보지 못하게 될 것이다. 지옥에 떨어질 것이기 때문이다. 오직 하나님의 사람만이 그 때에도 저 푸른 하늘과 산과 바다를 볼 수 있게 될 것이다. 주님이 재림하신 새 하늘과 새 땅에서 살게 될 것이다. 지구를 포함한 아름다운 우주에서 살게 될 것이기 때문이다.

31 의인의 입은 지혜를 내어도 패역한 혀는 베임을 당할 것이니라

32 의인의 입술은 기쁘게 할 것을 알거늘 악인의 입은 패역을 말하느니라

31 Righteous people speak wisdom, but the tongue that speaks evil will be stopped.

32 Righteous people know the kind thing to say, but the wicked are always saying things that hurt.

11장

성실, 신중, 은혜를
베푸는 것

1 속이는 저울은 여호와께서 미워하시나 공평한 추는 그가 기뻐하시느니라

1 The Lord hates people who use dishonest scales. He is happy with honest weights.

11:1 하나님을 경외하지 않는 사람들은 세상을 속여서라도 자신의 욕심을 채우려고 한다. **속이는 저울은 여호와께서 미워하시나.** 세상 사람을 속일 수는 있으나 하나님을 속일 수는 없다. 거짓 저울로 사람을 속여서 더 많은 돈을 벌 수는 있다. 그러나 하나님을 속일 수는 없다. 거짓으로 돈을 벌면 사람들은 부자인 그를 보고 부러워하고 칭찬할 것이다. 그러나 하나님은 그를 미워하신다. 그의 죄를 결단코 심판하실 것이다.

2 교만이 오면 욕도 오거니와 겸손한 자에게는 지혜가 있느니라

2 People who are proud will soon be disgraced. It is wiser to be modest.

11:2 교만이 오면 욕도 오거니와. 교만은 겉만 화려한 모습이다. 교만은 실제보다 자신이 더 무게가 있는 사람이라고 떠들어대는 모습이다. 그러나 그러한 거짓 무게는 드러날 때가 있다. '욕(칼론)'에 해당하는 히브리어의 기본 의미는 '가벼움'이다. 앞의 구절과 함께 말놀이를 하는 것이다. 실제보다 더 무거운 저울, 실제보다 더 무겁게 말했던 교만까지 모두 그의 본래 가벼움이 드러나는 때가 있다. 그때는 수치(욕)로 가득하게 될 것이다.

3 정직한 자의 성실은 자기를 인도하거니와 사악한 자의 패역은 자기를 망하게 하느니라

3 If you are good, you are guided by honesty. People who can't be trusted are destroyed

by their own dishonesty.

11:3 정직한 자의 성실은 자기를 인도하거니와. 거짓된 저울로 한꺼번에 많은 돈을 버는 것보다 조금 벌더라도 성실하게 돈을 버는 것이 좋다. 그러면 그 돈은 그를 푸른 초장으로 인도할 것이다.

4 재물은 진노하시는 날에 무익하나 공의는 죽음에서 건지느니라

4 Riches will do you no good on the day you face death, but honesty can save your life.

11:4 재물은 진노하시는 날에 무익하나. 저울을 속여서 벌어들인 재물은 한 때는 사람을 교만하게 만들만큼 대단한 것이다. 그러나 심판의 날에는 더욱더 대단하게 그것 때문에 벌을 받을 것이다.

5 완전한 자의 공의는 자기의 길을 곧게 하려니와 악한 자는 자기의 악으로 말미암아 넘어지리라

5 Honesty makes a good person's life easier, but the wicked will cause their own downfall.

11:5 완전한 자의 공의는 자기의 길을 곧게 하려니와. 바르게 행동하는 사람의 '의'는 그를 넘어지지 않게 한다. 그 사람을 지탱하는 것은 재물이 아니라 '의'다. 그러기에 재물을 더 많이 벌어들이기 위해 노력하기 보다는 의로운 길을 가기 위해 더 노력해야 한다. 돈과 의의 선택의 갈림길이 있을 때 의를 선택해야 한다.

6 정직한 자의 공의는 자기를 건지려니와 사악한 자는 자기의 악에 잡히리라

7 악인은 죽을 때에 그 소망이 끊어지나니 불의의 소망이 없어지느니라

6 Righteousness rescues those who are honest, but those who can't be trusted are trapped by their own greed.

7 When the wicked die, their hope dies with them. Confidence placed in riches comes to nothing.

11:7 악인은 죽을 때에 그 소망이 끊어지나니. 때로는 악인이 이 세상에서 죽을 때까지 잘 사는 경우도 있다. 그러나 그래도 매우 짧은 기간이다. 죽을 때는 진리 되신 하나님께서 심판하신다. 죽을 때는 결코 그가 원하는 대로 되지 않는다. 모든 소망이 끊어진다. 그의 재산이 그를 결코 구원하지 못한다. 그는 영원토록 형벌 가운데 살게 될 것이다.

> 8 의인은 환난에서 구원을 얻으나 악인은 자기의 길로 가느니라
>
> 8 The righteous are protected from trouble; it comes to the wicked instead.

11:8 의인은 환난에서 구원을 얻으나. 의인은 어떤 환난이라도 그를 넘어지게 못한다. 그가 진리를 바탕으로 끊임없이 성실하게 살아왔기 때문이다. 성실하게 돈을 벌었으면 벌어들인 돈 액수만이 아니라 그가 살아온 세월까지 그의 편이 된다. 그의 자산이다. 하나님의 심판 때에는 더욱더 찬란하게 빛날 것이다. 의인의 길을 하나님께서 기뻐하시기 때문이다. 신실하게 의의 길을 가는 것을 하나님께서 기뻐 받으시기 때문이다.

> 9 악인은 입으로 그의 이웃을 망하게 하여도 의인은 그의 지식으로 말미암아 구원을 얻느니라
>
> 9 You can be ruined by the talk of godless people, but the wisdom of the righteous can save you.

11:9 하나님을 경외하는 사람은 세상의 말에 신중하다. **악인은 입으로 그의 이웃을 망하게 하여도.** 악인은 세상에서 돈을 버는 방법과 성공하는 법 등을 말한다. 그러나 속이는 저울이 실제로는 망하는 것처럼 세상의 지식은 망하는 길이다. **의인은 그의 지식으로 말미암아 구원을 얻느니라.** '의인의 지식'은 '하나님을 아는 지식'이다. 하나님을 경외함에서 나오는 지식이다. 세상의 꾀와 소문을 따라가는 것이 아니라 하나님을 아는 지식과 경외함에서 나오는 지식을 따라가야 한다. 그래야 구원에 이르게 된다. 그래서 신중해야 한다. 우리는 세상 속에서 살고 있다. 세상의 많은 꾀를 들으며 살고 있다. 그런 이야기는 그럴듯하다. 그러기에 세상의 꾀를 듣고 바로 행동하지 말고 신중하게 하나님 앞에서 다시 생각해 보아야 한다.

10 의인이 형통하면 성읍이 즐거워하고 악인이 패망하면 기뻐 외치느니라

11 성읍은 정직한 자의 축복으로 인하여 진흥하고 악한 자의 입으로 말미암아 무너지느니라

10 A city is happy when honest people have good fortune, and there are joyful shouts when the wicked die.

11 A city becomes great when the righteous give it their blessing; but a city is brought to ruin by the words of the wicked.

11:11 악한 자의 입으로 말미암아 무너지느니라. 성읍은 이 당시 가까운 공동체다. 오늘날 공동체를 보라. 사람의 말로 인해 깨지는 경우가 많다. **성읍은 정직한 자의 축복으로 인하여 진흥하고.** 허물이 있을 때 그것을 말하기보다는 그 사람의 장점을 말할 때 공동체가 건강해진다. 부흥하게 된다. 그러기에 축복하는 말을 하라.

12 지혜 없는 자는 그의 이웃을 멸시하나 명철한 자는 잠잠하느니라

12 It is foolish to speak scornfully of others. If you are sensible, you will keep quiet.

11:12 지혜 없는 자는 그의 이웃을 멸시하나. 공동체로 함께 살다 보면 서로의 허물이 보이기 마련이다. 그 허물로 인하여 서로를 멸시하기 쉽다. 그러나 멸시는 공동체를 깨트린다. 무너지게 한다. **명철한 자는 잠잠하느니라.** 명철한 사람은 그 사람의 허물에 대해 침묵을 지킨다. 그 사람의 허물을 말하면 오히려 허물이 공동체에 더 큰 영향을 미친다. 그것은 허물에게 밥을 먹이는 것과 같다. 허물이 힘을 얻어 일하게 하지 말아야 한다. 오히려 침묵함으로 허물을 잠잠하게 하는 것이 필요하다.

13 두루 다니며 한담하는 자는 남의 비밀을 누설하나 마음이 신실한 자는 그런 것을 숨기느니라

14 지략이 없으면 백성이 망하여도 지략이 많으면 평안을 누리느니라

13 No one who gossips can be trusted with a secret, but you can put confidence in someone who is trustworthy.

14 A nation will fall if it has no guidance. Many advisers mean security.

11:14 지략이 없으면 백성이 망하여도. 공동체를 이끄는 것은 소수의 힘보다는 집단의 참여와 지혜가 필요하다. 가정은 함께해야 하며 교회나 국가도 그러하다. 다양한 의견을 듣고 함께해야 한다. 그것이 신중이다.

> **15** 타인을 위하여 보증이 되는 자는 손해를 당하여도 보증이 되기를 싫어하는 자는 평안하니라
>
> **15** If you promise to pay a stranger's debt, you will regret it. You are better off if you don't get involved.

11:15 타인을 위하여 보증이 되는 자는 손해를 당하여도. 보증 서는 일을 기분이나 순간적인 명예욕으로 하면 안 된다. 신중해야 한다. 보증 서는 것을 여러 사람에게 물어보라. 아마 대부분의 보증에 대해 부정적일 것이다. 하나님을 경외하는 사람은 신중하게 진리를 찾아야 한다. 그래야 하나님께서 기뻐하시는 삶을 살 수 있다.

진리는 서두름이 아니라 신중함에서 나온다. 우리는 연약하기 때문이다. 비록 이웃이 명백한 잘못을 하였을지라도 그것을 입 밖으로 낼 때는 신중해야 한다. 사실이라고 무엇이든 말해도 되는 것은 아니다. 공동체를 위하는 것이 무엇인지를 신중하게 생각해야 한다. 그리고 신중하게 말해야 한다. 이 세상을 회복하시고자 하시는 하나님의 기뻐하시는 뜻을 생각하면서 신중하게 행동해야 한다.

> **16** 유덕한 여자는 존영을 얻고 근면한 남자는 재물을 얻느니라
>
> **16** A gracious woman is respected, but a woman without virtue is a disgrace. Lazy people will never have money, but aggressive people will get rich.

11:16 유덕한 여자는 존영을 얻고. '유덕한(히, 헨)'은 '은혜'라는 의미의 단어다. 호의를 베푸는 것을 의미한다. '존영(히, 카보드)'은 '영광'이라는 뜻이다. 호의를 베푸는 삶은 참으로 영광스러운 삶인 것을 말한다. '여인'을 은혜를 베푸는 사람의 주인공으로 삼은 것은 상징적인 것이며 또한 보통 여인들이 호의를 베푸는 일에 남자보다 그런 경향이 더 있기 때문일 것이다. **근면한 남자는 재물을 얻느니라.** '근면한(히, 아리츠)'은 보통 '무자비한'으로 번역한다. '폭력적인' '힘이 있는' 등으로 번역해도 된다. 무자비하게 오직 돈을 버는 일에만 관심을 가진 사람은 재물을 얻게 된다. 많은 재물이 사실 돈

에 욕심을 가지고 다른 사람에게 무자비하게 굴 때 더 벌 수 있다. 이 둘을 비교해 보라. 세상은 재물이 많은 사람을 더 칭찬할 것이다. 그러나 진정 그럴까?

> 17 인자한 자는 자기의 영혼을 이롭게 하고 잔인한 자는 자기의 몸을 해롭게 하느니라
>
> 17 You do yourself a favour when you are kind. If you are cruel, you only hurt yourself.

11:17 인자...영혼을 이롭게...잔인한 자...해롭게. 17절은 앞의 16절과 연결된다. 그렇다면 '근면한'으로 번역한 것이 더욱더 여기에서의 '잔인한'과 같은 맥락인 것을 볼 수 있다. 그렇게 사람들에게 잔인하게 굴어서 많은 재물을 얻었다. 그러나 그것이 자신을 이롭게 하지 못한다. 결국은 해롭게 한다. 몸과 영혼 모두를 해롭게 할 것이다. 오직 '인자한 자'가 자기 자신을 더욱 이롭게 한다.

> 18 악인의 삯은 허무하되 공의를 뿌린 자의 상은 확실하니라
>
> 18 Wicked people do not really gain anything, but if you do what is right, you are certain to be rewarded.

11:18 악인의 삯은 허무하되. '허무'는 '속임수 삯'이라는 뜻이다. 폭력적 방식으로 오직 돈을 위해 자신의 인생을 사는 사람들이 있다. 돈을 위해서는 어떤 것이라도 희생하면서 산다. 그러나 그것은 '속임수 삯'만 줄 뿐이다. 그렇게 수고하여 돈을 벌었다. 그러나 그 돈은 그를 이롭게 하지 못한다. 그래서 '속임수 삯'이다. **공의를 뿌린 자의 상은 확실하니라.** 의를 따라 호의를 베풀면서 산 사람은 '상'을 받게 될 것이다. 그는 '생명'에 이르게 될 것이다. 하나님께서 기뻐하실 것이다.

> 19 공의를 굳게 지키는 자는 생명에 이르고 악을 따르는 자는 사망에 이르느니라
>
> 20 마음이 굽은 자는 여호와께 미움을 받아도 행위가 온전한 자는 그의 기뻐하심을 받느니라
>
> 21 악인은 피차 손을 잡을지라도 벌을 면하지 못할 것이나 의인의 자손은 구원을 얻으리라

> **22** 아름다운 여인이 삼가지 아니하는 것은 마치 돼지 코에 금 고리 같으니라
>
> **19** Anyone who is determined to do right will live, but anyone who insists on doing wrong will die.
>
> **20** The Lord hates evil-minded people, but loves those who do right.
>
> **21** You can be sure that evil people will be punished, but the righteous will escape.
>
> **22** Beauty in a woman without good judgement is like a gold ring in a pig's snout.

11:22 '아름다운 여인'이 삼가지 아니하는 것 즉 '지혜'가 없는 것은 '돼지 코에 금 고리' 같다고 말한다. 즉 전혀 어울리지 않고 의미 없는 것이라는 것이다. 여인들은 아름다움을 위해 많은 수고를 한다. 많은 돈을 들인다. 성형과 옷과 명품에 돈을 쏟아 붓는다. 그러나 그렇게 하여 진정 행복한 아름다움이 될까? 그것은 돼지 코에 금 고리만 바꾸는 것에 불과하다고 말한다.

> **23** 의인의 소원은 오직 선하나 악인의 소망은 진노를 이루느니라
>
> **23** What good people want always results in good; when the wicked get what they want, everyone is angry.

11:23 의인의 소원은 오직 선하나. 의인의 소원은 '결국 선으로 끝난다' 또는 '선으로 이끈다'라는 의미다. 우리는 신앙인으로서 선한 마음으로 꿈꾸는 일들이 있다. 그러나 때로는 이루어지지 않아서 안타깝기도 하다. 그러나 결국은 선으로 마치게 될 것이다. 의인이 원한 그 내용대로 이루어지든 이루어지지 않든 합력하여 선을 이루게 될 것이다. 그러기에 이루어지든 혹 이루어지지 않든 우리는 의를 소원하고 의를 뿌리며 살아야 한다.

> **24** 흩어 구제하여도 더욱 부하게 되는 일이 있나니 과도히 아껴도 가난하게 될 뿐이니라
>
> **24** Some people spend their money freely and still grow richer. Others are cautious, and yet grow poorer.

11:24 흩어 구제하여도 더욱 부하게 되는 일이 있나니. 신앙인은 씨앗을 땅에 뿌리듯이

은혜를 세상에 흩뿌리는 삶을 산다. 그렇게 은혜를 베푸는 것은 돈이 많이 드는 일이다. 그런데 그렇게 나누어 주었는데도 불구하고 여전히 가난해지지 않고 오히려 더욱 부하게 되는 경우가 있다고 말한다. 신앙인은 이것을 경험해야 한다. 은혜를 베푸는 삶을 경험해야 한다. 또한 그러면 오히려 더 채워지는 것을 경험하게 될 것이다.

> **25** 구제를 좋아하는 자는 풍족하여질 것이요 남을 윤택하게 하는 자는 자기도 윤택하여지리라
>
> **25** Be generous, and you will be prosperous. Help others, and you will be helped.

11:25 구제를 좋아하는 자는 풍족하여질 것이요. 왜 그럴까? 하나님께서 구제를 기뻐하시기 때문이다. 더 많은 사람에게 구제를 하라고 하나님께서 더 채워 주신다. 줘도 자신만 먹고 이웃에게 주지 않는 사람에게는 주지 않으신다. **남을 윤택하게 하는 자는 자기도 윤택하여지리라.** 직역하면 '남에게 물을 주는 자는 자신도 물을 마시게 될 것이다.'이다. 자신이 베푼 그대로 돌아온다. 본래는 단지 '남을 윤택하게 하는 것'에만 관심을 가지고 준다. 그런데 결과적으로 보면 어느새 자신 또한 윤택하게 되어 있는 것을 발견할 때가 많다. 얼마나 행복하고 좋은 구제 공식인가? 아마 이 글을 읽는 당신은 이것을 이미 경험하고 있을 것이다.

> **26** 곡식을 내놓지 아니하는 자는 백성에게 저주를 받을 것이나 파는 자는 그의 머리에 복이 임하리라
>
> **26** People curse someone who hoards grain, waiting for a higher price, but they praise the one who puts it up for sale.

11:26 곡식을 내놓지 아니하는 자는 백성에게 저주를 받을 것이나. 이 구절은 아마 매점매석에 대한 이야기일 것이다. 조금 더 비싼 가격에 팔려고 곡식을 내놓지 않는 것에 대한 이야기다. 곡식을 먹지 못하면 사람들은 얼마나 더 힘들어지겠는가? 또한 곡식이 비싼 가격이 되면 가난한 사람들은 더 못 먹게 된다. 이익은 적당히 내야 한다. 더 많은 이익을 내려고 사람을 괴롭게 하면 안 된다. 비싼 가격이 아니라 좋은 가격에 물건을 파는 것도 일종의 구제에 해당한다. 자신의 이익에 과하게 집중하는 것이 아니라 이웃의 행복을 위해 무엇인가를 하고자 하는 것이 구제다.

27 선을 간절히 구하는 자는 은총을 얻으려니와 악을 더듬어 찾는 자에게는 악이 임하리라

27 If your goals are good, you will be respected, but if you are looking for trouble, that is what you will get.

11:27 선을 간절히 구하는 자는 은총을 얻으려니와. 구제를 하며 이웃을 위해 무엇인가를 하기 원하는 사람의 간구는 '은총'을 얻게 된다. 하나님께서 그의 간구를 응답하시고 채워 주신다는 것이다. 그러면 하나님의 은총을 얻고 이웃에게 은혜를 베풀게 된다. 참으로 믿음의 선순환이 이루어지는 것이다. 행복한 신앙의 삶이다.

28 자기의 재물을 의지하는 자는 패망하려니와 의인은 푸른 잎사귀 같아서 번성하리라

28 Those who depend on their wealth will fall like the leaves of autumn, but the righteous will prosper like the leaves of summer.

11:28 자기의 재물을 의지하는 자는 패망하려니와. 재물을 의지하며 그것을 위해 포악하게 살아가는 사람들을 본다. 그러나 그가 그렇게 의지하던 돈이 어느 날 그를 배신하게 될 것이다. 한 순간에 사라지기도 한다. 또한 아무 것도 할 수 없음을 알게 된다. 사람은 돈보다 더 소중하다. 그런데 돈을 의지하고 돈을 위해 자기 인생을 다 사용해 버리면 결국 아주 작은 것을 얻고 매우 큰 것을 잃는 것이 된다.

29 자기 집을 해롭게 하는 자의 소득은 바람이라 미련한 자는 마음이 지혜로운 자의 종이 되리라
30 의인의 열매는 생명 나무라 지혜로운 자는 사람을 얻느니라

29 Those who bring trouble on their families will have nothing at the end. Foolish people will always be servants to the wise.

30 Righteousness gives life, but violence takes it away.

11:30 의인의 열매는 생명 나무라. 의인은 자기 생명을 얻어야 한다. 다른 사람을 얻어야 한다. 그것이 인생을 잘 사는 것이다. 아무리 재산을 얻어도 그것은 아무 의미 없

다. 오직 생명을 얻어야 존귀하다.

> **31** 보라 의인이라도 이 세상에서 보응을 받겠거든 하물며 악인과 죄인이리요
>
> **31** Those who are good are rewarded here on earth, so you can be sure that wicked and sinful people will be punished.

11:31 벧전 4:18절이 이 구절을 인용한 것이다. 의인이라도 이 세상에서 행한 옳은 일과 그른 일에 대해 정확히 심판을 받는다. 잘못한 일에 대해 죄의 형벌은 아니어도 분명히 책임을 지게 될 것이다. 그렇다면 악인과 죄인이 행한 악에 대해서는 더욱더 분명히 심판이 있을 것이다. 보응이 있다.

이 땅에서 구제하는 것을 의인이라고 쉽게 생각하지 말고 열심히 해야 한다. 악인은 구제하지 못하는 것에 대해 형벌을 받을 것이다. 구제하는 것은 결코 해도 되고 안 해도 그만인 것이 아니다. 우리는 힘을 다해 해야 한다. 은혜를 받았으니 은혜를 베푸는 삶을 살아야 한다.

12장

의, 수고, 모욕하는 말에 대응

> **1** 훈계를 좋아하는 자는 지식을 좋아하거니와 징계를 싫어하는 자는 짐승과 같으니라
>
> **1** Those who love knowledge want to be told when they are wrong. It is stupid to hate being corrected.

12:1 훈계를 좋아하는...징계를 싫어하는. 무엇을 좋아하는가? 아무것이나 좋아하면 안 된다. '좋아하는 것'은 그 사람의 속 모습이며 미래다. 훈계를 좋아하는지 싫어하는지는 매우 중요하다. '훈계를 싫어한다'는 것은 '자기중심적' 삶을 살고 있다는 뜻이다. 자신이 틀렸다고 말하니 싫은 것이다. '훈계를 좋아한다'는 것은 '진리중심적'일 때 가능하다. 훈계가 마냥 좋기만 한 사람이 누가 있겠는가? 그래도 훈계를 좋아하는 것은 아픔보다는 진리를 알아가는 기쁨이 크기 때문이다. 진리가 중요하다는 것을 아는 사람인 것이다. 진리가 아니라 자기중심적 삶을 살면 결국 짐승보다 더 못한 모습으로 마치게 될 것이다. 짐승은 나쁜 짓을 하지 않는다. 반면에 사람이 자기중심적 삶을 살면 악한 삶이 된다. 그래서 짐승보다 못한 삶이 된다.

> **2** 선인은 여호와께 은총을 받으려니와 악을 꾀하는 자는 정죄하심을 받으리라
>
> **2** The Lord is pleased with good people, but condemns those who plan evil.

12:2 선인은 여호와께 은총을 받으려니와. 오직 진리를 따라 사는 사람만이 만물의 주인이신 하나님의 은혜를 받게 된다. **악을 꾀하는 자는 정죄하심을 받으리라.** 창조주 하나님을 무시하고 제멋대로 사는 것은 악이다. 자신이 우주의 중심처럼 사는 것이 악이다. 그래서 당연히 심판을 받게 된다.

3 사람이 악으로서 굳게 서지 못하거니와 의인의 뿌리는 움직이지 아니하느니라

3 Wickedness does not give security, but righteous people stand firm.

12:3 사람이 악으로서 굳게 서지 못하거니와. 오늘날 사람들이 자기 멋대로 살고 있다. 그래도 잘 사는 것 같다. 그러나 결코 그렇지 않다. 이 세상을 창조하신 하나님께서 이 세상을 회복하시는 때가 있다. 그날에 '악'은 무너질 것이다. 모든 악에 대해 심판을 받고 멸망하게 될 것이다. **의인의 뿌리는 움직이지 아니하느니라.** 오직 의인만이 멸망하지 않고 굳게 서게 될 것이다. 그가 하나님의 뜻에 뿌리를 두고 있기 때문이다. 그가 하나님의 뜻을 기뻐하였기 때문이다. 자신의 자존심이 상하여도 훈계를 기뻐하며 오직 '진리에 따라 사는 것'을 기뻐하였기 때문이다. 세상이 진리로 회복될 때 그는 찬란하게 서게 될 것이다.

4 어진 여인은 그 지아비의 면류관이나 욕을 끼치는 여인은 그 지아비의 뼈가 썩음 같게 하느니라

4 A good wife is her husband's pride and joy; but a wife who brings shame on her husband is like a cancer in his bones.

12:4 어진 여인은 그 지아비의 면류관. 아내는 가장 가까이에 있는 사람이다. 가장 가까이에 있는 사람이 진리를 행하며 진리로 남편을 이끈다면 얼마나 귀한 일이겠는가? 그러한 여인은 남편의 면류관 같은 사람이다. **욕을 끼치는 여인은 그 지아비의 뼈가 썩음 같게 하느니라.** 남편을 부끄럽게 만드는 여인은 그 남편의 뼈가 썩게 만드는 것과 같다. 가까이에 있는 사람에게 영향을 받기 때문이다. 사람들은 제멋대로 사는 수많은 사람 속에서 살고 있다. 함께 제멋대로 살기 쉽다. 뼈가 썩고 있다.

5 의인의 생각은 정직하여도 악인의 도모는 속임이니라

6 악인의 말은 사람을 엿보아 피를 흘리자 하는 것이거니와 정직한 자의 입은 사람을 구원하느니라

5 Honest people will treat you fairly; the wicked only want to deceive you.

6 The words of the wicked are murderous, but the words of the righteous rescue those who are threatened.

12:6 악인의 말은 사람을 엿보아 피를 흘리자 하는 것이거니와. 세상에서 사람들에게 해를 끼치는 것은 더욱더 악한 일이다. 그런데 사람들은 자기만 생각하느라 다른 사람에게 해를 끼치는 것을 쉽게 생각한다. 그래서 참으로 악하다. **정직한 자의 입은 사람을 구원하느니라.** 믿음의 사람은 '사람'을 위하는 삶을 산다. 사람을 세워주고, 살리는 삶을 산다. 혹시 신앙인이면서 그렇지 못하고 있다면 빨리 바꾸어야 한다. 진리는 사람을 소중히 여긴다. 사람을 사랑하고 세워주어야 믿음의 길이고 진리의 길이다.

> 7 악인은 엎드러져서 소멸되려니와 의인의 집은 서 있으리라
>
> 7 The wicked meet their downfall and leave no descendants, but the families of the righteous live on.

12:7 의인의 집은 서 있으리라. 오직 의인이 진리를 따라 산 것만 영원토록 가치를 가진다. 그 사람의 삶만 영원토록 서게 될 것이다. 세상은 주님 재림하신 후 다시 진리로 정립되게 될 것이기 때문이다.

> 8 사람은 그 지혜대로 칭찬을 받으려니와 마음이 굽은 자는 멸시를 받으리라
>
> 9 비천히 여김을 받을지라도 종을 부리는 자는 스스로 높은 체하고도 음식이 핍절한 자보다 나으니라
>
> 8 If you are intelligent, you will be praised; if you are stupid, people will look down on you.
>
> 9 It is better to be an ordinary person working for a living than to play the part of someone great but go hungry.

12:9 비천히 여김을 받을지라도 종을 부리는 자. 종과 함께 일하는 주인을 말하는 것일 것이다. 일하는 주인은 비천히 여김을 받기도 한다. '일'은 몸도 힘들고 때로는 마음도 힘들다. 그러나 그렇게 수고하는 것이 귀한 것이다. **높은 체하고도 음식이 핍절한 자보다 나으니라.** 양반 행세하는 우리의 옛 선비들이 생각나는 구절이다. 실제로는 먹지도 못하면서 체면 때문에 일하지 않는다. 속으로는 텅 비어 있다. 어떤 신앙인은 겉으로는 높기도 하고 높은 체도 하지만 실제로는 영적 기근 가운데 있다. 사랑의 수고를 하지 않고, 예배하는 수고를 하지 않음으로 영적 기근 속에 있다. 그것보다 교회에서 일

하면서 상처도 받고 아픔도 겪고 있는 것이 더 낫다.

> **10** 의인은 자기의 가축의 생명을 돌보나 악인의 긍휼은 잔인이니라
>
> 10 Good people take care of their animals, but wicked people are cruel to theirs.

12:10 의인은 자기의 가축의 생명을 돌보나. 가축은 밭을 가는 소를 지칭할 것이다. 밭을 가는 소를 소중히 여기고 돌보는 모습이다. **악인의 긍휼은 잔인이니라.** 악인은 긍휼을 베푸는 순간조차도 잔인하게 대한다. 그는 일의 소중함을 모르기 때문이다. 일하는 모든 이들의 수고를 알아야 한다. 일하는 이들을 격려해야 한다. 잔인하게 비난만 하고 있으면 안 된다.

> **11** 자기의 토지를 경작하는 자는 먹을 것이 많거니와 방탕한 것을 따르는 자는 지혜가 없느니라
>
> 11 A hard-working farmer has plenty to eat, but it is stupid to waste time on useless projects.

12:11 자기의 토지를 경작하는 자는 먹을 것이 많거니와. 실제적으로 또는 상징적으로 말하고 있다. 열심히 일하는 사람은 열매가 많을 것이다. 우리는 특히 진리를 위해 사는 사람들이다. 그렇다면 진리를 위해 열심히 일해야 한다. 그러면 하나님께서 기뻐하시는 열매를 많이 맺을 것이다. **방탕한 것을 따르는 자는 지혜가 없느니라.** '방탕한 것'은 '허무맹랑한 것' '판타지' 등의 뜻이다. 일하지 않고 환상 속에 사는 사람들이 있다. 믿음을 가지고 있다고 하면서 실제로는 믿음의 수고를 하지 않고 믿음이 있다고 환상 속에 사는 사람들도 많다. 하나님을 사랑한다면 다 수고다. 예배하며 진리대로 사는 것이 수고다. 사랑하는 것이 수고다. 그런데 힘들다고 멈추어 버리면 어찌 바른길을 가고 있는 것일 수 있겠는가?

> **12** 악인은 불의의 이익을 탐하나 의인은 그 뿌리로 말미암아 결실하느니라
>
> 12 All that wicked people want is to find evil things to do, but the righteous stand firm.

12:12 악인은 불의의 이익을 탐하나. '불의'의 직역은 '올무' '그물'이다. 악인은 수고하여 얻으려고 하지 않고 올무로 강도질하여 얻으려고 한다. **의인은 그 뿌리로 말미암아 결실하느니라.** 의인은 일확천금이 아니라 의에 뿌리를 두고 더 깊이 뿌리를 뻗어 일한 만큼 결실한다. 그것을 위해 하루하루를 수고한다. 일하지 않고 결실을 얻으려는 것은 거짓이다. 일한 만큼 얻는 것이 믿음이다. 우리의 구원에 '우리의 공로가 없다'는 것은 '일하지 않았다'는 뜻이 아니다. 구원에 합당한 일을 결코 하지 못한다는 것을 의미한다. 우리는 그렇게 부족하다. 그러나 그래서 더욱더 일해야 한다. 뿌리지 않고 얻는 것은 거짓이다.

> 13 악인은 입술의 허물로 말미암아 그물에 걸려도 의인은 환난에서 벗어나느니라
>
> 13 The wicked are trapped by their own words, but honest people get themselves out of trouble.

12:13 악인은 입술의 허물로 말미암아 그물에 걸려도. 악인은 결실을 얻으려 할 때 남의 것을 올무에 걸리게 하여 얻으려고 한다. 그런데 결국 자신도 그물에 걸리게 된다.

> 14 사람은 입의 열매로 말미암아 복록에 족하며 그 손이 행하는 대로 자기가 받느니라
>
> 14 Your reward depends on what you say and what you do; you will get what you deserve.

12:14 그 손이 행하는 대로 자기가 받느니라. 사람은 선한 일이든, 악한 일이든 자기가 행한 대로 행한 만큼 받게 된다. 사랑을 뿌리면 사랑을 받고 은혜를 뿌리면 은혜를 받는다. 혹 이 세상에서는 그런 것 같지 않을 때도 있다. 그러나 공평하신 하나님께서 심판 때에 모든 것이 그렇게 되게 하실 것이다.

> 15 미련한 자는 자기 행위를 바른 줄로 여기나 지혜로운 자는 권고를 듣느니라
>
> 15 Stupid people always think they are right. Wise people listen to advice.

12:15 지혜로운 자는 권고를 듣느니라. 지혜로운 자는 부단히 권고를 듣는다. 수고하

여 듣는다. 권고는 사람들과의 만남과 책을 통해 듣는다. 무엇보다 예배와 기도와 말씀을 통해 듣게 된다. 그러한 수고를 통해 권고를 듣고 그것을 기뻐하며 자신을 고칠 때 수고의 열매를 얻게 될 것이다. 영광의 길을 가게 될 것이다.

의에 뿌리를 뻗고 더 많은 수고로 뿌리를 더 깊이 뻗어 뿌리 깊은 나무가 되어야 한다. 의를 기뻐하라. 악이 아니라 의를 향하여 뿌리를 뻗어야 한다. 자기 자신이 아니라 진리에 뿌리를 두어야 한다. 진리를 아는 것을 기뻐하고 행하게 되는 것을 기뻐하라.

> 16 미련한 자는 당장 분노를 나타내거니와 슬기로운 자는 수욕을 참느니라
>
> 16 When a fool is annoyed, he quickly lets it be known. Sensible people will ignore an insult.

12:16 미련한 자는 당장 분노를 나타내거니와. 화나는 말을 들었을 때 특히 모욕적인 말을 들었을 때 사람들은 바로 반응을 할 때가 많다. '당장'에 주의해야 한다. 이렇게 반응하는 것이 가장 안 좋다. 특히 분노로 반응을 하면 더욱 안 좋다. **슬기로운 자는 수욕을 참느니라.** 화나거나 수치스러운 말을 들었음에도 불구하고 그것에 대한 반응을 바로 하지 않고 참는 것이 지혜로운 사람이라고 말한다. 어떤 사람은 자신이 화난 것을 어떻게든 티 내려고 한다. 그러나 슬기로운 사람은 자신의 부정적인 마음을 감춘다. 부정적인 감정은 가정에서는 불화를 만들고 친구 관계에서는 깨트리는 역할을 한다. 그러기에 부정적인 감정을 최소한 표시 내지 않는 것이 좋으며 특히 분노로 반응하지 않도록 해야 한다.

> 17 진리를 말하는 자는 의를 나타내어도 거짓 증인은 속이는 말을 하느니라
>
> 17 When you tell the truth, justice is done, but lies lead to injustice.

12:17 진리를 말하는 자는 의를 나타내어도. 화나는 마음을 드러내지 않는 것이 '정직하지 않은 것'처럼 생각할 수 있다. 그러나 그렇지 않다. 화나는 마음을 드러내지 않는 것은 선한 일이다. 그것이 상대방을 속이는 말을 하는 것이 아니라 선한 의도로 자신의 감정을 조절하는 것이기 때문이다.

> 18 칼로 찌름 같이 함부로 말하는 자가 있거니와 지혜로운 자의 혀는 양약과 같으

니라

18 Thoughtless words can wound as deeply as any sword, but wisely spoken words can heal.

12:18 칼로 찌름 같이 함부로 말하는 자가 있거니와. 칼로 찌르듯이 함부로 말을 하는 사람이 있다. 그러고도 자신은 옳다고 생각한다. 그러나 다른 사람의 말이 칼로 찌르는 듯한 상처를 자신에게 주었듯이 대꾸하는 말도 칼로 찌르는 것 같으면 그 사람에게 상처가 될 것이다. **지혜로운 자의 혀는 양약과 같으니라.** 지혜로운 사람은 아무리 못된 사람을 대하더라도 그 사람을 말로 찌르는 사람이 아니라 치료하는 사람이 되어야 한다. 내가 속시원한 말이 좋은 것이 아니라 그 사람을 치료해 주는 말이 좋은 말이다.

19 진실한 입술은 영원히 보존되거니와 거짓 혀는 잠시 동안만 있을 뿐이니라

19 A lie has a short life, but truth lives on for ever.

12:19 진실한 입술을 영원히 보존되거니와. 속시원한 말을 하지 못하여 답답할 수도 있다. 그러나 진실한 말이 영원하다. 내가 칼로 찌르는 말을 하면 속이 시원할 수는 있으나 그것은 '잠시 동안만' 그렇다. 그것은 악한 것이다. 신앙인은 영원한 세상을 사는 사람들이다. 그러기에 우리의 말도 영원히 세워지도록 해야 한다.

20 악을 꾀하는 자의 마음에는 속임이 있고 화평을 의논하는 자에게는 희락이 있느니라

20 Those who plan evil are in for a rude surprise, but those who work for good will find happiness.

12:20 화평을 의논하는 자에게는 희락이 있느니라. 모욕을 참으면서 속으로 나중에 힘이 있으면 갚아준다는 마음이 아니라 비록 지금 모욕하는 사람이라 하여도 그 사람과 화평할 방법을 찾으며 참아야 한다. 그래야 그런 말을 듣고도 마음에 기쁨이 자리 잡게 된다.

21 의인에게는 어떤 재앙도 임하지 아니하려니와 악인에게는 앙화가 가득하리라

21 Nothing bad happens to righteous people, but the wicked have nothing but trouble.

12:21 의인에게는 어떤 재앙도 임하지 아니하려니와. 모욕의 말을 지혜롭게 참는 사람에게는 더욱더 기쁜 일이 가득할 것이다. **악인에게는 앙화가 가득하리라.** 모욕하는 말을 하는 사람, 모욕을 참지 못하는 사람은 나쁜 일(앙화)이 가득하게 될 것이다.

22 거짓 입술은 여호와께 미움을 받아도 진실하게 행하는 자는 그의 기뻐하심을 받느니라

22 The Lord hates liars, but is pleased with those who keep their word.

12:22 진실하게 행하는 자는 그의 기뻐하심을 받느니라. 모욕에 함께 화내는 말을 하면 (거짓 입술) 그것은 자신의 감정에 치우친 말이다. 그러나 신앙인은 하나님을 경외하는 사람들이다. 하나님의 말씀에 따라 참을 때 하나님께서 기뻐하시는 사람이 된다. 하나님께서 기뻐하신다면 우리는 무조건 순종해야 한다. 모욕을 당할 때 분노하는 말로 나를 만족시킬 것인지 참음으로 하나님을 기쁘게 할 것인지를 선택해야 한다. 당연히 신앙인은 하나님께서 기뻐하시는 말을 선택해야 한다.

23 슬기로운 자는 지식을 감추어도 미련한 자의 마음은 미련한 것을 전파하느니라

23 Sensible people keep quiet about what they know, but stupid people advertise their ignorance.

12:23 슬기로운 자는 지식을 감추어도. 자신이 옳다 하여도 때로는 말을 하지 말아야 한다. 때가 있다. 때에 맞지 않으면 옳은 말도 옳지 않다. 그래서 옳은 것도 감추어야 할 때 즉 멈추어야 할 때가 있다.

24 부지런한 자의 손은 사람을 다스리게 되어도 게으른 자는 부림을 받느니라

24 Hard work will give you power; being lazy will make you a slave.

12:24 부지런한 자의 손은 사람을 다스리게 되어도. 무례한 사람의 말이 아니라 내가 해야 하는 일에 집중하는 것이 필요하다. 나의 길을 열심히 가는 것이 중요하다. 그 사람의 말 때문에 나의 길을 가지 못하면 나만 억울하게 될 것이다. 그 사람의 무례에도 불구하고 내가 나의 길을 열심히 가면 결국 '사람을 다스리는 사람'이 될 것이다. 그 사람의 말 때문에 내가 가야 하는 길을 멈추어 버린다면 게으른 사람이 되는 것이며 결국 '부림을 받는' 사람이 될 것이다. 나를 무시하는 사람에게 나는 어떤 사람이 되어야 하겠는가?

> **25** 근심이 사람의 마음에 있으면 그것으로 번뇌하게 되나 선한 말은 그것을 즐겁게 하느니라
>
> 25 Worry can rob you of happiness, but kind words will cheer you up.

12:25 근심이 사람의 마음에 있으면 그것으로 번뇌하게 되나. 근심을 가지면 마음이 가라앉게 된다는 의미다. 일할 의욕이 안 생긴다. 나에게 무례하게 말한 사람의 말을 되새기면서 분노와 근심으로 채우지 말아야 한다. **선한 말은 그것을 즐겁게 하느니라.** 내 마음을 다시 활기차게 할 말로 채워야 한다. 내 의지와 상관 없이 내 귀로 들어와 마음에 채워져 있던 무례한 말을 의지적으로 몰아내고 선한 말로 채워야 한다. 우리가 가야 하는 아름답고 선한 일이 얼마나 많은가? 그것으로 채워야 한다. 그러면 마음이 힘을 내서 선한 일을 더욱더 열심히 할 수 있게 된다.

> **26** 의인은 그 이웃의 인도자가 되나 악인의 소행은 자신을 미혹하느니라
>
> 26 The righteous person is a guide to his friend, but the path of the wicked leads them astray.

12:26 의인은 그 이웃의 인도자가 되나. 의인은 이웃을 좋은 길로 인도한다. 어리석은 사람은 이웃을 나쁜 길로 인도한다. 자신의 길도 나쁜 길로 인도한다. 지혜로운 사람은 의를 따라 길을 만들어야 한다. 다른 사람이 악으로 길을 만들어도 그 길을 따라가지 말고 오직 선한 길을 따라가야 한다. 없으면 만들어서라도 선한 길을 가야 한다. 선한 길이 끊겼으면 다리를 놓아야 한다. 다리를 놓는 과정이 바로 의지적인 바꿈의 과정이다. 감정이 분노하고 있지만 이성적으로 선한 길이 무엇인지를 생각하고 힘들

더라도 의지적으로 그 길을 가는 것이다.

> **27** 게으른 자는 그 잡을 것도 사냥하지 아니하나니 사람의 부귀는 부지런한 것이니라
>
> **27** If you are lazy, you will never get what you are after, but if you work hard, you will get a fortune.

12:27 게으른 자는 그 잡을 것도 사냥하지 아니하나니. 이 부분은 새번역이 좋을 것 같다. '게으른 사람은 사냥한 것도 불에 구우려 하지 않지만'이다. 게으른 사람은 사냥물을 손에 잡고도 구워 먹는 것이 귀찮아서 굶주린다는 말이다. 위트 있는 말이다. 옳은 것을 위해서는 의지가 필요하다. 우리가 알고 있는 진리를 적용하지 못하고 있지 말고 부지런히 마음에 적용하여 행동하게 만들어야 한다. 그래야 진리의 길을 갈 수 있다.

> **28** 공의로운 길에 생명이 있나니 그 길에는 사망이 없느니라
>
> **28** Righteousness is the road to life; wickedness is the road to death.

12:28 공의로운 길에 생명이 있나니. 결국 어떤 길에 생명이 있는지를 보아야 한다. 모욕을 당하였다고 분노하고 싸우는 곳에는 생명이 없다. 모욕을 당하였어도 어찌 행동하는 것이 옳은 것인지 시간을 두고 생각해 보아야 한다. 신앙인은 영원이라는 시간을 믿고 그 시간을 살아가고 있는 사람이다. 그러니 생명 없는 것에 마음을 빼앗기지 말고 영원한 가치 있는 일에 마음을 쏟아야 한다.

13장

훈계, 부, 선한 소원

> 1 지혜로운 아들은 아비의 훈계를 들으나 거만한 자는 꾸지람을 즐겨 듣지 아니하느니라
>
> 1 A wise son pays attention when his father corrects him, but an arrogant person never admits he is wrong.

13:1 지혜로운 아들은 아비의 훈계를 들으나. 지혜로운 자식은 부모의 훈계와 잔소리에 귀를 기울인다. **거만한 자는 꾸지람을 즐겨 듣지 아니하느니라.** 거만한 자식은 부모의 훈계를 듣지 않는다. 귀를 닫아 버린다. 요즘은 훈계는커녕 어떤 관심의 말조차도 듣지 않으려고 한다.

> 2 사람은 입의 열매로 인하여 복록을 누리거니와 마음이 궤사한 자는 강포를 당하느니라
>
> 2 Good people will be rewarded for what they say, but those who are deceitful are hungry for violence.

13:2 사람은 입의 열매로 인하여 복록을 누리니. 사람은 말로 정보를 전달한다. 말을 듣는다는 것은 인격적인 교제이다. 사람은 사람을 만나 복을 누리게 된다. 홀로 있으면 무너질 것이다. 부모라면 더욱더 그러하다. 부모만큼 그 사람이 잘 되기를 바라는 사람이 없다. 그런 좋은 마음을 가진 부모의 말을 듣는 것은 매우 유익하다. 복을 누리는 비결이다. **강포를 당하느니라.** '포악을 행하느니라'가 적당한 번역일 것 같다. 부모의 말이 자신의 마음에 들지 않는다고 싫어하는 마음을 가지고 있는 자녀들이 있다. 그들의 마음은 '강포'로 반응을 한다. 부모에게 싫어하는 표정과 분노의 말까지 쏟아낸다. 아주 못된 자녀 같지만 주변을 보면 많은 자녀들에게서 그런 모습을 본다.

> 3 입을 지키는 자는 자기의 생명을 보전하나 입술을 크게 벌리는 자에게는 멸망이 오느니라
>
> 3 Be careful what you say and protect your life. A careless talker destroys himself.

13:3 입을 지키는 자. 부모의 훈계에 묵묵히 듣는 것을 말한다. 때론 싫어도 조금 묵묵히 듣는 것이 필요하다. 쓴 약이 좋은 경우가 많다. **입술을 크게 벌리는 자.** 부모의 훈계에 항변하는 것일 의미할 것이다. 항변하면 마음은 시원할지 모르지만 결국은 멸망의 길을 간다.

> 4 게으른 자는 마음으로 원하여도 얻지 못하나 부지런한 자의 마음은 풍족함을 얻느니라
>
> 4 No matter how much a lazy person may want something, he will never get it. A hard worker will get everything he wants.

13:4 게으른 자는 마음으로 원하여도 얻지 못하나. 이곳에서는 특히 '듣는 일에 게으른 자'를 생각하는 것이 좋을 것 같다. 부모가 말하는 것조차 듣지 않는 사람들은 다른 사람이 말하는 충고에 대해 더욱더 듣지 않을 것이다. 듣기를 게을리하는 사람은 자신의 허물을 고칠 수 없다. 우리는 수많은 허물을 가지고 있다. 허물을 고칠 수 있는 가장 좋은 곳은 가정이다. 부모에게서 먼저 고침을 받아야 한다. 그래야 가정 교육을 잘 받았다는 말을 듣게 된다. 그 외에도 다른 사람들의 훈계에 대해서도 들을 수 있어야 한다. 그렇게 듣고 고치는 일에 부지런해야 한다. 그래야 '풍족함'을 얻게 될 것이다. 계속 자라게 될 것이다. 아름다운 사람으로 성숙하게 될 것이다. 우리는 한 번에 성숙할 수 없다. 수많은 훈계와 반성을 통해 조금씩 자라간다.

> 5 의인은 거짓말을 미워하나 악인은 행위가 흉악하여 부끄러운 데에 이르느니라
>
> 5 Honest people hate lies, but the words of wicked people are shameful and disgraceful.

13:5 악인은 행위가 흉악하여 부끄러운 데에 이르느니라. 거짓 소문을 들었을 때에 거짓말에 대해서는 마음을 쓸 필요가 없다. 혹시나 그것이 자신에게 진짜 해당하는지

만 주의 깊게 살펴보면 된다. 진짜 악한 사람은 거짓된 행동으로 결국 '부끄러운 데'에 이를 것이다. 그러니 그런 부끄러움에 이르지 않을 것 같으면 그것에 대해 크게 신경 쓸 필요는 없다. 자녀가 부모의 훈계에 대해서도 마찬가지다. 부모의 훈계가 거짓 소문처럼 터무니 없을 수도 있다. 그러나 그것에 해당하지 않으면 묵묵히 있으면 된다.

> **6** 공의는 행실이 정직한 자를 보호하고 악은 죄인을 패망하게 하느니라
>
> 6 Righteousness protects the innocent; wickedness is the downfall of sinners.

13:6 공의는 행실이 정직한 자를 보호하고. 수많은 말들이 오간다. 훈계와 책망이 있다. 책망을 들을 때 나는 잘못하지 않았다고 항변하기도 한다. 그러나 잘못된 책망을 걱정하지 않아도 된다. 결국 '의'가 드러나고 의를 행하는 사람이 보호를 받을 것이기 때문이다.

훈계를 듣거나 거짓 소문을 들을 때 억울하다고 분노할 것이 아니라 무엇이 진리인지 돌아보는 것이 필요하다. 진리가 구분되면 그것을 따라가면 된다. 한 걸음씩 진리의 길을 가면 된다. 훈계를 들었다고 나쁜 것도 아니다. 훈계가 나를 '나쁜 사람'이라고 말하는 것도 아니다. 내가 걸어가야 할 한 걸음을 가르쳐 주는 것이다. 그러기에 늘 진리에 관심을 가지고 진리를 향하여 한 걸음 걸어가면 된다.

> **7** 스스로 부한 체하여도 아무 것도 없는 자가 있고 스스로 가난한 체하여도 재물이 많은 자가 있느니라
>
> 7 Some people pretend to be rich, but have nothing. Others pretend to be poor, but own a fortune.

13:7 스스로 부한 체하여도 아무 것도 없는 자가 있고. 직역하면 '부자가 있다 그러나 아니다'이다. 부자가 아니면서 부자인 척하는 사람일 수도 있고 아니면 부자이지만 실제로 돈을 사용하지 못하고 벌벌 떠는 사람도 이에 해당할 수 있다. 소유만 하고 사용하지 못하는 사람은 실제로는 가난한 사람이라 할 수 있다.

> **8** 사람의 재물이 자기 생명의 속전일 수 있으나 가난한 자는 협박을 받을 일이 없느니라

8 The rich have to use their money to save their lives, but no one threatens the poor.

13:8 사람의 재물이 자기 생명의 속전일 수 있으나. 돈을 많이 소유한 사람이 있을 때 그 돈을 탐내는 사람에게 인질로 잡히면 그 돈을 주고 풀려날 수는 있을 것이다. 그때 '역시 돈이 중요하다' 말할 수 있다. 그러나 '가난한 자는 협박을 받을 일이 없느니라' 고 말한다. 가난한 사람은 그렇게 돈 때문에 잡힐 일조차도 없다. 그렇다면 누가 진정 나은 것인가? 소유하기만 하는 돈은 결코 부자가 아니다. 좋은 부자가 아니다.

9 의인의 빛은 환하게 빛나고 악인의 등불은 꺼지느니라

9 The righteous are like a light shining brightly; the wicked are like a lamp flickering out.

13:9 의인의 빛은 환하게 빛나고. 돈을 많이 소유한 사람이 환하게 빛나는 것이 아니라 의로운 삶을 살고 있는 사람이 환하게 빛난다. 많은 돈을 소유하느라 의에 신경을 쓰지 못하고 심지어는 악을 행하면서 사는 부자들이 있다. **악인의 등불은 꺼지느니라.** 아무리 많은 돈을 가지고 있어도 그들의 돈이 그들을 지켜주지 못한다. 악인의 등불은 꺼질 것이다.

10 교만에서는 다툼만 일어날 뿐이라 권면을 듣는 자는 지혜가 있느니라

10 Arrogance causes nothing but trouble. It is wiser to ask for advice.

13:10 교만에서는 다툼만 일어날 뿐이라. 돈이 많아 당당한 것은 좋은데 오히려 지나치게 자신만만해져 교만이 되어 진짜 중요한 것에 대한 교훈을 들으려 하지 않게 된다. 오직 돈을 지키기 위해 다툼만 할 것이다. **권면을 듣는 자는 지혜가 있느니라.** 들어야 지혜가 자랄 것인데 많은 재물은 사람을 교만하게 하여 듣는 귀를 닫게 만들 때가 많다. 오직 재산을 지키기 위한 싸움만 있을 뿐이다.

11 망령되이 얻은 재물은 줄어가고 손으로 모은 것은 늘어가느니라

11 The more easily you get your wealth, the sooner you will lose it. The harder it is to earn, the more you will have.

13:11 망령되이 얻은 재물은 줄어가고. 거짓으로 혹은 벼락부자로 얻은 것을 말한다. 그렇게 얻은 재물은 시간이 갈수록 줄어들 것이다. 거짓은 드러날 것이며, 갑자기 벌어들인 부는 관리하는 법을 모르기 때문이다. 그러한 재물은 가치에 있어 줄어들 것이다. 거짓으로 얻은 것이라면 그것은 없는 것보다 더 나쁘다. 그리고 갑자기 얻은 것은 그만큼 누군가는 갑자기 재산을 잃었다는 것을 의미한다. 갑자기 재산을 얻은 사람은 사실 자기의 것이 아닌 것을 얻은 것이다. 그런데 그것을 사용할 때 자기의 것도 아닌 것을 사용하는 것이니 줄어드는 것이다. **손으로 모은 것은 늘어가느니라.** 손으로 일하여 성실히 정직하게 버는 돈은 계속 늘어간다. 투자로 갑자기 번 돈은 또한 투자로 갑자기 잃을 가능성이 높지만 땀 흘려 천천히 번 돈은 갑자기 잃을 일이 없다. 땀은 정직하며 조금씩이지만 계속 더 늘어나게 할 것이다. 그렇게 한 걸음씩 가는 재산 불리기가 진정한 재산이다. 과정도 재산이 되고 소유하고 있는 재물도 재산이 된다.

> **12** 소망이 더디 이루어지면 그것이 마음을 상하게 하거니와 소원이 이루어지는 것은 곧 생명 나무니라
>
> **12** When hope is crushed, the heart is crushed, but a wish come true fills you with joy.

13:12 소원이 이루어지는 것은 곧 생명 나무. 사람들은 각자 다양한 소원을 가지고 있다. 우리의 소원은 무엇인가? 그 소원이 이루어지면 '생명나무'가 되는가 아니면 허무가 되는가? 생명나무가 되는 소원을 가져야 선한 소원이다. **소망이 더디 이루어지면 그것이 마음을 상하게 하거니와.** 소망하는 것이 이루어지지 않으면 많이 힘들다. 속이 상한다. 미래가 없는 소원이라면 오늘 이루어지지 않는 것이 더욱더 속이 상할 것이다. 그러나 미래가 있는 소원이라면 오늘 마음이 상하여도 이겨낼 수 있다. 본래 미래에 더욱 중심을 두기 때문이다. 그러기에 더욱더 영원한 생명을 약속하는 선한 소원을 가져야 한다.

> **13** 말씀을 멸시하는 자는 자기에게 패망을 이루고 계명을 두려워하는 자는 상을 받느니라
>
> **13** If you refuse good advice, you are asking for trouble; follow it and you are safe.

13:13 말씀을 멸시하는 자는 자기에게 패망을 이루고. 말씀을 멸시하는 사람은 결코

선한 소원을 이룰 수 없다. 소원이 선한 것이라면 말씀을 따라감으로 이루어질 것이다. 말씀을 따라가지 않고 이룰 수 있다면 선한 소원이 아니다. 말씀의 길을 무시한다면 결코 선한 소원을 이룰 수 없다. 선한 소원이라면 말씀 안에서 구체적인 길을 찾아야 한다. **계명을 두려워하는 자는 상을 받느니라.** 소원이 아무리 다급하여도 말씀을 두려워하는 마음으로 말씀이 말하는 길만 가야 한다. 말씀이 말하는 길을 벗어나면 패망만 있다. 말씀이 말하는 길을 따라 갈 때 상이 있다.

> **14** 지혜 있는 자의 교훈은 생명의 샘이니 사망의 그물에서 벗어나게 하느니라
>
> **14** The teachings of the wise are a fountain of life; they will help you escape when your life is in danger.

13:14 지혜 있는 자의 교훈은 생명의 샘. 지혜 있는 자의 교훈을 들으면서 소원을 이루어 가야 한다. 그러면 생명의 길을 잘 갈 수 있다.

> **15** 선한 지혜는 은혜를 베푸나 사악한 자의 길은 험하니라
>
> **16** 무릇 슬기로운 자는 지식으로 행하거니와 미련한 자는 자기의 미련한 것을 나타내느니라
>
> **17** 악한 사자는 재앙에 빠져도 충성된 사신은 양약이 되느니라
>
> **15** Intelligence wins respect, but those who can't be trusted are on the road to ruin.
>
> **16** Sensible people always think before they act, but stupid people advertise their ignorance.
>
> **17** Unreliable messengers cause trouble, but those who can be trusted bring peace.

13:17 악한 사자는 재앙에 빠져도. 악한 사자는 그것을 듣는 사람을 재앙에 빠트린다는 말이다. '악한 사자'는 누구일까? 고대에는 메신저가 매우 중요하였다. 요즘 핸드폰처럼 통신문화가 발달되어 있지 않았기 때문에 메신저가 직접 가서 전하는 방식이었다. 주로 구도로 전하는 방식이었다. 메신저가 문서를 분실하거나, 지연하거나, 전달하지 않거나, 본래의 의미를 왜곡하여 전달하면 큰 문제가 되었다. 그런 사람을 '악한 사자'라고 말하고 있다. **충성된 사신은 양약이 되느니라.** 메시지가 잘 전달되면 그것 때문에 제 때에 원군이 올 수 있다. 아주 중요하였다. 말씀을 전달하는 이는 더욱더 중

요하다. 말씀을 바르게 전달해야 한다. 말씀을 바르게 전달해서 바른 소원을 갖게 해야 한다. 말씀을 오염시켜 성공병에 들도록 만드는 경우가 많다. 바른 소원을 갖게 해야 그 메신저가 그 사람에게 양약이 된다.

> **18** 훈계를 저버리는 자에게는 궁핍과 수욕이 이르거니와 경계를 받는 자는 존영을 받느니라
>
> **19** 소원을 성취하면 마음에 달아도 미련한 자는 악에서 떠나기를 싫어하느니라
>
> **18** Someone who will not learn will be poor and disgraced. Anyone who listens to correction is respected.
>
> **19** How good it is to get what you want! Stupid people refuse to turn away from evil.

13:19 12절에 나왔던 '소원'에 대해 19절은 다시 말한다. 그래서 한 묶음의 매듭 역할을 한다. **소원을 성취하면 마음에 달아도.** 선한 소원을 성취하면 최종적으로 생명을 얻게 될 것이다. 영원한 생명이다. 또한 과정에서도 그것을 알기에 작은 소원을 이루어 갈 때 그 영혼이 만족하게 된다. 행복하다. 이 땅을 살면서 선한 소원이 이루어지는 작은 과정들을 보며 느끼는 행복을 알아야 한다. **미련한 자는 악에서 떠나기를 싫어하느니라.** 어리석은 사람은 선한 소원의 행복을 모른다. 그들은 '악의 열매'를 기뻐한다. 악의 단물을 좋아하기 때문에 그것이 악하다는 것을 알아도 떠나지 못한다. 그래서 결국 망한다.

> **20** 지혜로운 자와 동행하면 지혜를 얻고 미련한 자와 사귀면 해를 받느니라
>
> **20** Keep company with the wise and you will become wise. If you make friends with stupid people, you will be ruined.

13:20 지혜로운 자와 동행하면 지혜를 얻고. 선한 길을 가고자 한다면 그 길을 가는 사람을 더욱 만나야 한다. 꽃집에 있으면 꽃 냄새가 나도록 노력하지 않아도 저절로 꽃 냄새가 난다. 생선 집에 갔다 오면 생선 냄새가 난다. 나도 모르게 저절로 닮게 된다. 그러니 누구와 동행해야 할지를 잘 선택해야 한다. 누구를 더 많이 만나야 할지를 주의해야 한다.

21 재앙은 죄인을 따르고 선한 보응은 의인에게 이르느니라

21 Trouble follows sinners everywhere, but righteous people will be rewarded with good things.

13:21 재앙은 죄인을 따르고. 죄인이 재앙의 길을 갔기 때문에 재앙에 이른 것이다. 의인은 갑자기 만들어지는 것이 아니라 의인의 길을 가야 만들어진다.

22 선인은 그 산업을 자자 손손에게 끼쳐도 죄인의 재물은 의인을 위하여 쌓이느니라

22 Good people will have wealth to leave to their grandchildren, but the wealth of sinners will go to the righteous.

13:22 선인은 그 산업을 자자 손손에게 끼쳐도. 의인은 그가 이 땅에 일군 것이 지속적인 효과를 내어 자손에게 이른다. 악인은 그렇지 못하다. 그래서 의의 길을 가기 위해서는 멀리 볼 수 있어야 한다. 길게 보아야 한다.

23 가난한 자는 밭을 경작함으로 양식이 많아지거니와 불의로 말미암아 가산을 탕진하는 자가 있느니라

23 Unused fields could yield plenty of food for the poor, but unjust people keep them from being farmed.

13:23 가난한 자는 밭을 경작함으로 양식이 많아지거니와. 이 구절은 여러 해석이 가능하다. 그런데 아마 안식년으로 쉬는 땅에 대한 이야기 같다. 안식년으로 휴경을 하는 땅에서 나는 것은 가난한 사람들이 먹을 수 있도록 놔두어야 한다. 그런데 불의한 사람이 있다. **가산을 탕진하는 자가 있느니라.** '불의한 자는 그것을 깨끗이 거두어 간다' 라고 번역하는 것이 좋을 것 같다. 불의한 자는 가난한 사람에 대한 배려가 없다. 이웃을 향한 배려 없이 오직 자기 자신의 배를 불리는데 사용한다. 그렇게 해서 더 많은 돈을 벌 수 있다. 그러나 그것이 오래가지 못한다.

24 매를 아끼는 자는 그의 자식을 미워함이라 자식을 사랑하는 자는 근실히 징계

하느니라

24 If you don't punish your son, you don't love him. If you do love him, you will correct him.

13:24 매를 아끼는 자는 그의 자식을 미워함이라. '매'는 꼭 육체적 징벌만을 의미하지 않는다. 배워야 하는 자녀들이기에 때로는 엄하게 가르쳐야 한다는 말이다. 사람은 악한 죄의 본성이 더 강하다. 그래서 강하지 않으면 돌아오지 않는다. 자식만이 아니라 모든 사람이 그러하다. 자기 자신이 그러하다. 그러기에 악한 것에 영향을 받으려는 자신을 향해 조금 더 강하게 가르쳐야 한다. 오직 진리를 따라 가도록 자신에게 매를 아끼지 말아야 한다.

25 의인은 포식하여도 악인의 배는 주리느니라

25 The righteous have enough to eat, but the wicked are always hungry.

13:25 의인은 포식하여도. 결국 의인이 풍성한 열매를 맺게 될 것이다. 악인은 그렇게 먹었어도 결국 배고프게 될 것이다. 영원토록 배고프게 될 것이다. 그러니 의인의 길을 가는 것에 대해 확실한 소신을 갖고 있어야 한다. 믿음을 가지고 가야 한다. 길을 가다 악인의 작은 부요에도 유혹되는 것이 아니라 어떤 것을 보더라도 오직 진리의 길을 가고자 하는 확실한 믿음을 가지고 가야 한다.

14장

신앙인이 걷는 길,
하나님의 상급과 왕 되심

> 1 지혜로운 여인은 자기 집을 세우되 미련한 여인은 자기 손으로 그것을 허느니라
>
> 1 Homes are made by the wisdom of women, but are destroyed by foolishness.

14:1 지혜로운 여인은 자기 집을 세우되. 지혜로운 여인은 자신의 가정을 세우고 미련한 여인은 세우기는커녕 집을 무너지게 한다. 누가 무너지게 하고 싶겠는가? 모든 사람이 자신의 집을 세우기를 원한다. 그러나 실상은 무너뜨리는 일을 행하는 사람들이 있다. 무너뜨리는 일을 하기 때문에 무너지는 것이다.

> 2 정직하게 행하는 자는 여호와를 경외하여도 패역하게 행하는 자는 여호와를 경멸하느니라
>
> 2 Be honest and you show that you have reverence for the Lord; be dishonest and you show that you do not.

14:2 정직하게 행하는 자는 여호와를 경외하여도. 직역하면 '여호와를 경외하는 자는 그의 올바름 가운데 걷는다'라고 번역할 수 있다. '여호와를 경외하는 것'이 지식의 근본(시작)인 것을 명심하고 걸어가야 한다. 그것을 안다는 것은 그것을 인식하고 그것에 따라 행동한다는 것을 의미한다. 그런데 그것을 믿는다 하면서도 그렇게 행동하지 않는 사람이 있다. 그것은 믿는 것이 아니다.

> 3 미련한 자는 교만하여 입으로 매를 자청하고 지혜로운 자의 입술은 자기를 보전하느니라
>
> 3 Proud fools talk too much; the words of the wise protect them.

14:3 미련한 자는 교만하여 입으로 매를 자청하고. 매를 맞는 사람은 자신이 매를 자청하였다는 사실을 모른다. 단지 매 맞는 것만 싫어하고 때리는 사람을 원망할 뿐이다. 인생은 때로는 매우 논리적이다. 서울로 가는 길을 가기 때문에 서울에 도착하는 것이다. 부산으로 가는 길을 가면서 '나는 서울로 가고 싶은데 왜 부산이 가까워지냐'고 아무리 말하여도 그것은 무의미하다.

> 4 소가 없으면 구유는 깨끗하려니와 소의 힘으로 얻는 것이 많으니라
>
> 4 Without any oxen to pull the plough your barn will be empty, but with them it will be full of corn.

14:4 소가 없으면 구유는 깨끗하려니와. 소가 없기 때문에 구유는 깨끗하다. **소의 힘으로 얻는 것이 많으니라.** 소가 있으면 소 때문에 얻는 것이 많은 것은 당연하다. 소가 있으면 구유가 깨끗할 수 없고, 소가 없으면 많은 일을 할 수 없다.

> 5 신실한 증인은 거짓말을 아니하여도 거짓 증인은 거짓말을 뱉느니라
>
> 6 거만한 자는 지혜를 구하여도 얻지 못하거니와 명철한 자는 지식 얻기가 쉬우니라
>
> 5 A reliable witness always tells the truth, but an unreliable one tells nothing but lies.
>
> 6 Conceited people can never become wise, but intelligent people learn easily.

14:6 거만한 자는 지혜를 구하여도 얻지 못하거니와. 왜 지혜를 구하는데 얻지 못할까? 그것은 그가 말로만 '지혜를 구한다'고 하기 때문이다. 실제로는 거만하여 지혜를 구하지 않는다. 그런 사람은 실제로 지혜가 앞에 있어도 잡지 못할 것이다. 거만하여 다른 사람의 지혜를 듣지 않기 때문이다. 다른 사람의 지혜를 지혜라 생각하지 않고 듣지를 않는데 어찌 지혜를 얻을 수 있겠는가? 결국 그의 입이 말하는 것이 아니라 그의 발이 걷는 길로 가게 되어 있다. 그러기에 진정 집을 세우기를 원한다면 자신이 가고 있는 길을 잘 살펴야 한다. 세우는 길을 가야 한다. 하나님을 경외함으로 지혜의 길을 가야 한다.

> 7 너는 미련한 자의 앞을 떠나라 그 입술에 지식 있음을 보지 못함이니라

8 슬기로운 자의 지혜는 자기의 길을 아는 것이라도 미련한 자의 어리석음은 속이는 것이니라

7 Stay away from foolish people; they have nothing to teach you.

8 Why is a clever person wise? Because he knows what to do. Why is a stupid person foolish? Because he only thinks he knows.

14:8 슬기로운 자의 지혜는 자기의 길을 아는 것이라도. 슬기로운 사람은 자신이 가야 하는 길을 분별하여 안다. **미련한 자의 어리석음은 속이는 것이니라.** 어리석은 사람은 자신이 가야 하는 길을 모른다. 겉으로 보이는 것에 속는다. 보이는 것이 전부인 것처럼 착각한다. 그래서 자신이 가야 하는 길을 가지 못한다.

9 미련한 자는 죄를 심상히 여겨도 정직한 자 중에는 은혜가 있느니라

9 Foolish people don't care if they sin, but good people want to be forgiven.

14:9 미련한 자는 죄를 심상히 여겨도. 직역하면 '미련한 자는 속죄제(속건제)를 업신여긴다'이다. 죄는 범하지 말아야 한다. 그러나 만약 죄를 범하였으면 그것이 자신의 발목을 잡지 못하도록 해결해야 한다. 숨기지 말고 드러내고 속죄제와 속건제로 해결해야 한다. 오늘날의 방법이라면 회개해야 한다. 용서를 구하고 보상해야 한다. 그런데 어리석은 사람은 죄를 가벼이 여기기 때문에 속죄제를 드릴 생각도 하지 않는다. **정직한 자 중에는 은혜가 있느니라.** 직역하면 '정직한 자들은 받아들인다'이다. 지혜로운 사람은 죄의 무게를 알고 죄를 범하면 재빨리 속죄제와 속건제를 통해 죄의 문제를 해결한다는 의미다. 그래야 자신이 가야 하는 길을 계속 걸어갈 수 있다.

10 마음의 고통은 자기가 알고 마음의 즐거움은 타인이 참여하지 못하느니라

10 Your joy is your own; your bitterness is your own. No one can share them with you.

14:10 마음의 고통은 자기가 알고. 마음의 고통이나 즐거움은 '자신만' 안다. 다른 사람이 알지 못한다. 그러기에 길을 갈 때는 다른 사람이 아니라 진정 자기 자신이 결정해야 한다. 자신의 속 마음의 진심이 무엇인지를 잘 살펴야 한다.

11 악한 자의 집은 망하겠고 정직한 자의 장막은 흥하리라

11 A good person's house will still be standing after an evildoer's house has been destroyed.

14:11 악한 자의 집은 망하겠고. 겉 모양을 보고 길을 가면 안 된다. 악한 자가 아주 멋있고 좋은 집을 짓고 살아도 그것은 곧 무너질 것이다. 겉으로의 좋은 것만 보고 있으면 안 된다. **정직한 자의 장막은 흥하리라.** 지금 당장은 정직한 자의 집이 '장막'이다. 텐트다. 그러니 초라하게 보인다. 그러나 정직한 자의 집은 장막이라도 이후에 흥할 것이다. 모든 것을 평가하시는 하나님 앞에서는 화려한 집인지 보잘것없는 텐트인지가 중요한 것이 아니라 '의'인지 '악'인지가 중요하기 때문이다.

12 어떤 길은 사람이 보기에 바르나 필경은 사망의 길이니라

12 What you think is the right road may lead to death.

14:12 어떤 길은 사람이 보기에 바르나. 많은 사람이 칭찬한다 하여도 그것이 꼭 바른 것은 아니다. 세상은 돈과 명예에 환호한다. 그러나 나는 돈과 명예가 있는 곳에는 비율로 볼 때 악이 훨씬 더 많은 것을 본다. 그러니 겉모습으로 환호하지 말아야 한다. 지금은 사람의 환호를 받고 있지만 악인은 결국 '사망의 길'로 가게 된다.

13 웃을 때에도 마음에 슬픔이 있고 즐거움의 끝에도 근심이 있느니라

13 Laughter may hide sadness. When happiness is gone, sorrow is always there.

14:13 웃을 때에도 마음에 슬픔이 있고. 웃고 있다고 마음에 슬픔이 없는 것이 아니다. 웃고 있지만 마음에 슬픔이 가득한 사람도 있다. 혹 오늘 진짜 즐거워서 웃고 있어도 만약 마지막에 슬픔으로 끝난다면 그것은 진정한 웃음이 아니다. 그러니 웃음만 보고 길을 가면 안 된다.

14 마음이 굽은 자는 자기 행위로 보응이 가득하겠고 선한 사람도 자기의 행위로 그러하리라

14 Bad people will get what they deserve. Good people will be rewarded for their deeds.

14:14 마음이 굽은 자는 자기 행위로 보응이 가득하겠고. 결국 하나님께서 평가하신다. 마음과 모든 것을 아시는 하나님께서 평가하신다. 그러기에 눈치 보지 말고 '자신의 행위'를 하나님을 경외함으로 하는 것이 중요하다. 지금 불공평하게 보이는 일들이 많을 것이다. 그러나 공평하신 하나님께서 그들의 행위를 정확히 심판하실 것이다.

15 어리석은 자는 온갖 말을 믿으나 슬기로운 자는 자기의 행동을 삼가느니라

15 A fool will believe anything; sensible people watch their step.

14:15 어리석은 자는 온갖 말을 믿으나. 어리석은 사람은 말도 안 되는 것을 믿는다. 부산 가는 길을 서울 가는 길이라고 해도 믿는다. 세상의 속임수에 넘어간다. 그러나 인생 길은 아무 길이나 가도 되는 것이 아니다. 인생은 아주 중요하고 의의 길과 악의 길이 있다. **슬기로운 자는 자기의 행동을 삼가느니라.** 지혜로운 사람은 자신의 한 걸음 한 걸음을 신중하게 걸어간다. 늘 하나님을 경외하는 마음으로 하나님의 뜻을 좇아 신중하게 걸어간다. 그래야 하나님의 집을 세울 수 있다. 인생의 집을 세울 수 있다.
인생은 소중하다. 그래서 한 걸음이라도 신중하게 걸어가야 한다. 내가 가는 길을 알아야 한다. 내가 지금 걷고 있는 길이 하나님의 뜻이라는 확신을 가지고 걸어가야 한다. 그 사람이 복된 사람이다.

16 지혜로운 자는 두려워하여 악을 떠나나 어리석은 자는 방자하여 스스로 믿느니라

16 Wise people are careful to stay out of trouble, but stupid people are careless and act too quickly.

14:16 지혜로운 자는 두려워하여 악을 떠나나. 지혜로운 사람은 늘 악을 경계한다. 잠시라도 경계를 허물면 악이 우리 안에 들어올 수 있다. 집을 드나들 때 문을 잠그듯이 세상의 악에 대해서도 그래야 한다. **어리석은 자는 방자하여 스스로 믿느니라.** 어리석은 자는 악에 대해 쉽게 생각한다. 한 번 정도 악을 행해도 된다고 생각한다. 자기 자신을 과신한다. 악 속에 있어도 자신은 죄를 저지르지 않을 것이라 생각한다. 그러나

그러면 악에 깊숙이 빠져 있는 자신을 발견하게 될 것이다. 과신하면 반드시 넘어진다. 악에 대해서 쉽게 생각하지 말아야 한다. 자신을 과신하지 말아야 한다. 오직 하나님을 바라보아야 한다.

> **17** 노하기를 속히 하는 자는 어리석은 일을 행하고 악한 계교를 꾀하는 자는 미움을 받느니라
>
> **17** People with a hot temper do foolish things; wiser people remain calm.

14:17 노하기를 속히 하는 자는 어리석은 일을 행하고. '노한다'는 것은 주로 교만함에서 나온다. 자신이 옳다고 생각하기 때문에 노하는 것이다. 그러나 자신의 생각과 감정을 과신하지 말아야 한다. 자신이 틀렸을 수도 있고, 자신의 감정을 누그러트려야 하는 경우도 많다.

> **18** 어리석은 자는 어리석음으로 기업을 삼아도 슬기로운 자는 지식으로 면류관을 삼느니라
>
> **18** Ignorant people get what their foolishness deserves, but the clever are rewarded with knowledge.

14:18 어리석은 자는 어리석음으로 기업을 삼아도. 어리석은 사람은 어리석음이 그에게 남을 것이다. 어리석음으로 살기 때문이다. 그것이 때로는 화관처럼 왕관으로 보여 환호할 수도 있다. 그러나 그것이 시들면 남는 것이 하나도 없다. **슬기로운 자는 지식으로 면류관을 삼느니라.** 잠언에서 '지식'은 주로 하나님을 아는 지식이다. 하나님을 아는 지식을 포함한 하나님의 뜻에 합당한 지식을 더 아는 것은 참으로 귀한 일이다. 그것은 왕이 정복을 입을 때 쓰는 '면류관'을 하나하나 만드는 과정이 된다.

> **19** 악인은 선인 앞에 엎드리고 불의한 자는 의인의 문에 엎드리느니라
>
> **20** 가난한 자는 이웃에게도 미움을 받게 되나 부요한 자는 친구가 많으니라
>
> **19** Evil people will have to bow down to the righteous and humbly beg their favour.
>
> **20** No one likes the poor, not even their neighbours, but the rich have many friends.

14:20 가난한 자는 이웃에게도 미움을 받게 되나. 세상 사람들은 가난하면 멀리하고 부자를 가까이한다. 출세를 위해 그렇게 한다. 그러나 그것은 세상의 이치일 뿐이다. 그리고 허무한 이치다. 우리는 세상을 바라보면 안 된다. 하나님을 바라보아야 한다.

> **21** 이웃을 업신여기는 자는 죄를 범하는 자요 빈곤한 자를 불쌍히 여기는 자는 복이 있는 자니라
>
> 21 If you want to be happy, be kind to the poor; it is a sin to despise anyone.

14:21 이웃을 업신여기는 자는 죄를 범하는 자요. 이웃이 가난하다고 업신여기는 것이 세상에서는 당연한 것처럼 보이지만 실제로는 하나님 앞에서 죄가 된다.

> **22** 악을 도모하는 자는 잘못 가는 것이 아니냐 선을 도모하는 자에게는 인자와 진리가 있으리라
>
> **23** 모든 수고에는 이익이 있어도 입술의 말은 궁핍을 이룰 뿐이니라
>
> **24** 지혜로운 자의 재물은 그의 면류관이요 미련한 자의 소유는 다만 미련한 것이니라
>
> 22 You will earn the trust and respect of others if you work for good; if you work for evil, you are making a mistake.
>
> 23 Work and you will earn a living; if you sit around talking you will be poor.
>
> 24 Wise people are rewarded with wealth, but fools are known by their foolishness.

14:24 지혜로운 자의 재물은 그의 면류관이요. 지혜로운 사람은 재물을 모을 때 하나님의 말씀에 따라 모았을 것이다. 그래서 재물은 고스란히 그의 의가 된다. 그래서 면류관이다. **미련한 자의 소유는 다만 미련한 것이니라.** 미련한 자가 재물을 모을 때는 미련하게 모았을 것이다. 그래서 그의 재물은 모두 미련한 것이 된다. 그러기에 재물을 많이 가지고 있는지 적게 가지고 있는지가 중요하지 않다. 그것을 모을 때 어떤 마음과 방식으로 모았는지가 중요하다.

> **25** 진실한 증인은 사람의 생명을 구원하여도 거짓말을 뱉는 사람은 속이느니라

26 여호와를 경외하는 자에게는 견고한 의뢰가 있나니 그 자녀들에게 피난처가 있으리라

27 여호와를 경외하는 것은 생명의 샘이니 사망의 그물에서 벗어나게 하느니라

25 A witness saves lives when he tells the truth; when he tells lies, he betrays people.

26 Reverence for the Lord gives confidence and security to a man and his family.

27 Do you want to avoid death? Reverence for the Lord is a fountain of life.

14:27 여호와를 경외하는 것은 생명의 샘이니. 오직 여호와를 경외함에서 나오는 것이 생명의 일이 된다. 그러기에 무엇을 하든지 하나님을 경외함에서 시작되어야 한다.

28 백성이 많은 것은 왕의 영광이요 백성이 적은 것은 주권자의 패망이니라

28 A king's greatness depends on how many people he rules; without them he is nothing.

14:28 28절의 '왕'과 35절의 '왕'이라는 단어는 이것이 하나의 묶음으로 해석해야 한다는 것을 보여준다. **백성이 많은 것은 왕의 영광이요.** 왕은 따르는 백성이 많아야 한다. 우리가 하나님을 따르는 것도 마찬가지다. 우리가 하나님을 따른다 하여 하나님께 영광을 조금이라도 더할 수는 없다. 그럼에도 불구하고 우리가 하나님을 따르는 것은 사람들에게 하나님의 영광을 더 드러낸다. 하나님의 백성은 하나님을 따름으로 하나님께 영광이 되어야 한다.

29 노하기를 더디 하는 자는 크게 명철하여도 마음이 조급한 자는 어리석음을 나타내느니라

29 If you stay calm, you are wise, but if you have a hot temper, you only show how stupid you are.

14:29 노하기를 더디 하는 자는 크게 명철하여도. 우리는 상황에 대해 심하게 분노하지 않도록 조심해야 한다. 상황의 주인은 하나님이시다. 우리는 백성이다. 그러기에 마치 그 상황의 주인이 '나'인 것처럼 내가 멋대로 화를 내면 안 된다. 왕 되신 하나님의 인도하심이 무엇인지 잘 살펴보는 것이 중요하다. 그것이 하나님을 따르는 것이다.

> **30** 평온한 마음은 육신의 생명이나 시기는 뼈를 썩게 하느니라
>
> **30** Peace of mind makes the body healthy, but jealousy is like a cancer.

14:30 평온한 마음은 육신의 생명이나. 하나님께서 주신 상황에 대해 일단은 마음의 평정이 필요하다. 그렇게 마음이 평온해야 육신도 건강하다. 스트레스가 많은 사람은 하나님의 백성으로 살지 않고 자신이 인생의 주인처럼 살기 때문에 그렇다. 스트레스로 건강이 좋지 못한 사람은 자신의 믿음을 다시 잘 돌아보아야 한다. **시기는 뼈를 썩게 하느니라.** 이 말이 누군가에게는 매우 깊이 관련되어 있다. 많은 사람이 시기로 자신의 뼈를 썩게 한다. 동창이 잘 사는 것이 왜 문제가 되어야 할까? 형제 자매들이 잘 사는 것이 왜 스트레스가 될까? 사람에게는 저마다의 길이 있다. 다른 사람의 길을 보고 시기하지 마라. 자신의 길을 열심히 가는 것이 중요하다.

> **31** 가난한 사람을 학대하는 자는 그를 지으신 이를 멸시하는 자요 궁핍한 사람을 불쌍히 여기는 자는 주를 공경하는 자니라
>
> **31** If you oppress poor people, you insult the God who made them; but kindness shown to the poor is an act of worship.

14:31 가난한 사람을 학대하는 자는 그를 지으신 이를 멸시하는 자요. 잘 사는 사람을 시기하고 못 사는 사람에게는 멸시하는 사람은 가장 못난 사람이다. 가난한 사람이 있으면 그를 도와야 한다. 그것이 하나님의 마음이기 때문이다. 그 사람도 하나님께서 창조하셨다. 그러니 자신이 조금 더 가지고 있다고 생각하면 그것으로 다른 사람을 섬겨야 한다. 조금 가진 것으로도 다른 사람을 멸시하면서 어찌 더 갖고자 다른 사람을 시기할 수 있을까?

> **32** 악인은 그의 환난에 엎드러져도 의인은 그의 죽음에도 소망이 있느니라
>
> **32** Wicked people bring about their own downfall by their evil deeds, but good people are protected by their integrity.

14:32 악인은 그의 환난에 엎드러져도. 악인이 잘 사는 것을 부러워하지 마라. 그들의 악은 반드시 악의 결말인 멸망에 이른다. **의인은 그의 죽음에도 소망이 있느니라.** 의인

은 가장 처참하다고 생각하는 죽음에서도 소망이 있다. 그곳에서 소망을 가질 수 있다. 하나님의 의를 믿기 때문이다. 게다가 오늘날 우리는 죽음 이후에 영원한 소망이 있음을 확실히 알기에 더욱더 큰 소망이 있다.

33 지혜는 명철한 자의 마음에 머물거니와 미련한 자의 속에 있는 것은 나타나느니라

33 Wisdom is in every thought of intelligent people; fools know nothing about wisdom.

14:33 어떤 작은 지혜를 의인과 악인이 동시에 가지고 있다고 가정해 보라. **미련한 자의 속에 있는 것은 나타나느니라.** 미련한 자는 자기가 가지고 있는 조그마한 지혜를 드러낸다. 자랑한다. 그러나 때로는 좋은 것도 드러나지 않을 때 더 멋있는 경우도 있다. 하나님 앞에서의 겸손이 필요하다.

34 공의는 나라를 영화롭게 하고 죄는 백성을 욕되게 하느니라

35 슬기롭게 행하는 신하는 왕에게 은총을 입고 욕을 끼치는 신하는 그의 진노를 당하느니라

34 Righteousness makes a nation great; sin is a disgrace to any nation.

35 Kings are pleased with competent officials, but they punish those who fail them.

14:35 슬기롭게 행하는 신하는 왕에게 은총을 입고. 우리가 이 땅을 살면서 하나님의 뜻에 따라 살아갈 때 하나님께 은혜를 입는다. 하나님의 기쁨이 된다. 그러기에 세상이 어떻다고 말하지 말고 오직 하나님을 따르는 사람이 되라. 오직 하나님을 신뢰함으로 감사하며 기뻐하며 하나님께서 기뻐하시는 것을 찾아 행하며 사는 사람이 되어야 한다.

우리의 삶의 걸음들이 모두 면류관의 재료가 되어야 한다. 오늘 번 돈이 면류관이 되고, 오늘 수고한 땀이 면류관이 되어야 한다. 흘린 눈물이 면류관에 박히는 보석이 되기를 기도한다.

15장

생명의 교제, 즐거움,
우리와 하나님과의 거리

> 1 유순한 대답은 분노를 쉬게 하여도 과격한 말은 노를 격동하느니라
>
> 1 A gentle answer quietens anger, but a harsh one stirs it up.

15:1 유순한 대답은 분노를 쉬게 하여도. 누군가에게 진리를 전할 때 부드러워야 한다. 그리고 상대방에 대한 배려를 해야 한다. 잘못하면 진리에 대한 말이 분노만 일으킬 수 있다. **과격한 말은 노를 격동하게 하느니라.** '과격한 말'은 직역하면 '고통의 말' '상처의 말'이다. 사실 부드러워도 때로는 상처가 되는 말이 있다. 특히 생각 없는 말이 상처를 줄 때가 많다. 사람은 자기 중심적이어서 다른 사람을 배려하지 않는 경향이 많다. 그래서 생각하지 않고 하는 말이 다른 사람에게는 상처가 될 때가 많다. 진리를 전한다 하면서도 때로는 자기 입장에서 전한다. 그래서 상처만 입히는 경우가 있다. 우리는 내 자랑이 아니라 진정 진리를 전하고 싶은 사람들이다. 그러기에 생각하면서 남을 배려하는 말을 해야 한다. 그래야 분노를 일으키지 않고 진리를 전하게 된다.

> 2 지혜 있는 자의 혀는 지식을 선히 베풀고 미련한 자의 입은 미련한 것을 쏟느니라
>
> 2 When wise people speak, they make knowledge attractive, but stupid people spout nonsense.

15:2 지혜 있는 자의 혀는 지식을 선히 베풀고. 지혜 있는 사람은 일단 '지식'을 전한다. 하나님을 아는 지식을 전한다. 이것을 '선히' 전해야 한다. 지혜를 전할 때 상대방이 수용할 수 있게 전한다는 말이다. 아무리 지식이어도 때와 장소와 상대방의 마음을 가리지 않고 전하는 것은 결코 선히 전하는 것이 아니다. **미련한 자의 입은 미련한 것을 쏟느니라.** 미련한 자는 자신의 자랑을 말한다. 하나님을 자랑하지 못하고 자신을 자랑한다. 썩을 것을 자랑하는 것이다.

3 여호와의 눈은 어디서든지 악인과 선인을 감찰하시느니라

4 온순한 혀는 곧 생명 나무이지만 패역한 혀는 마음을 상하게 하느니라

3 The Lord sees what happens everywhere; he is watching us, whether we do good or evil.

4 Kind words bring life, but cruel words crush your spirit.

15:4 온순한 혀는 곧 생명 나무. 자신이 전한 말 때문에 누군가 생명을 갖게 되고 생명이 더 자라가게 되는 경우가 있다. 그러면 그의 혀는 생명나무다. **패역한 혀는 마음을 상하게 하느니라.** 누군가 말한 것 때문에 뒤돌아 서면 기분이 상하는 경우가 있다. 마음만 상한다. 상대방의 자랑만 듣거나 비난만 들으면 그렇다. 마음을 상하게 하는 말이 아니라 생명을 전하는 말이 되어야 한다.

5 아비의 훈계를 업신여기는 자는 미련한 자요 경계를 받는 자는 슬기를 얻을 자니라

6 의인의 집에는 많은 보물이 있어도 악인의 소득은 고통이 되느니라

5 It is foolish to ignore what your father taught you; it is wise to accept his correction.

6 Righteous people keep their wealth, but the wicked lose theirs when hard times come.

15:6 의인의 집에는 많은 보물이 있어도. 의인의 집에는 많은 보물이 있다. 부자의 집에 있는 돈이 다른 사람에게 생명을 전하지 못한다. 의인의 집에 있는 믿음과 지식과 경험이 다른 사람을 생명으로 이끈다. 그러기에 의인이라는 것은 이미 그 안에 많은 보물을 가지고 있다. 명품 가방이 많아야 보물이 많은 것이 아니라 믿음의 사람으로서 살아오면서 그 안에 많은 보물이 쌓인다.

7 지혜로운 자의 입술은 지식을 전파하여도 미련한 자의 마음은 정함이 없느니라

7 Knowledge is spread by people who are wise, not by fools.

15:7 지혜로운 자의 입술은 지식을 전파하여도. 우리의 보물은 무엇보다 하나님을 아는 지식이다. 하나님을 경험한 지식이다. **미련한 자의 마음은 정함이 없느니라.** '미련한

사람은 그렇게 하지 않는다'라고 번역해도 된다. 그들은 하나님을 아는 지식이 없으니 당연히 하나님을 아는 지식을 전하지 못한다.

> **8** 악인의 제사는 여호와께서 미워하셔도 정직한 자의 기도는 그가 기뻐하시느니라
>
> **8** The Lord is pleased when good people pray, but hates the sacrifices that the wicked bring him.

15:8 악인의 제사는 여호와께서 미워하셔도. 악인이 마음 없이 겉으로만 제사 드리는 경우를 말한다. 제사 드리려면 제물이 필요하기 때문에 돈도 필요하다. 그러나 그렇게 헌신한다 하여도 마음이 없으면 가짜다. 하나님께서 기뻐하지 않으신다. **정직한 자의 기도는 그가 기뻐하시느니라.** 제사를 드리지 못하고 기도만 하고 있다. 제사는 드리는 것이지만 기도는 오히려 '간청'인 경우도 있다. 그런데 하나님께서 그의 기도를 기뻐하신다. 그의 마음이 정직하기 때문이다. 능력이 중요하지 않고 마음이 중요하다. 신앙인의 마음이 진정으로 이웃과 함께 나누고자 하는 마음을 가지고 있으면 하나님께서 그 마음을 기뻐 받으신다. 그러기에 능력이나 열매를 탓하지 말고 진심으로 이웃과 함께 해야 한다. 진리를 이웃과 함께 나누며 살아야 한다. 그래야 잔칫날 같은 인생이 된다.

> **9** 악인의 길은 여호와께서 미워하셔도 공의를 따라가는 자는 그가 사랑하시느니라
>
> **10** 도를 배반하는 자는 엄한 징계를 받을 것이요 견책을 싫어하는 자는 죽을 것이니라
>
> **9** The Lord hates the ways of evil people, but loves those who do what is right.
>
> **10** If you do what is wrong, you will be severely punished; you will die if you do not let yourself be corrected.

15:10 견책을 싫어하는 자는 죽을 것이니라. 고난을 싫어하는 사람이 있다. 꾸지람을 싫어하는 사람이 있다. 그들은 칭찬 듣는 것을 좋아한다. 마음이 편안한 것을 좋아한다. 그러나 그것은 필경 사망에 이를 것이다. 우리의 마음이 요동칠 때가 있어야 한다. 우리 안에 거짓이 많기 때문에 진리가 들어와 요동을 쳐야 한다. 요동치지 않는 것은 진리가 들어오지 않았다는 것을 의미한다. 단지 편안한 것만 좋아하면 결국은 죽음

에 이를 것이다. 내 안의 죄의 결과요 열매다. 편안할 때가 아니라 우리 안의 죄가 발견되고 고쳐질 때 기뻐해야 한다. 그래야 산다.

> **11** 스올과 아바돈도 여호와의 앞에 드러나거든 하물며 사람의 마음이리요
>
> **11** Not even the world of the dead can keep the Lord from knowing what is there; how then can people hide their thoughts from God?

15:11 스올과 아바돈. '죽음과 파멸'이다. 그것을 의인화하여 이름처럼 사용하고 있다. 그러한 모든 것이 하나님 앞에 다 드러난다. 죽음이라는 깊은 세계도 하나님 앞에 다 드러난다. 그런데 사람의 마음이 다 드러나지 않겠는가? 지금 숨겨져 있다고 좋아할 것이 아니라 우리의 마음 속 깊은 곳의 죄가 드러날 때마다 기뻐하며 그것을 깨트려야 한다. 결정적 심판 때에 드러나면 불행이다. 모의고사인 이 세상에서 드러나야 고칠 수 있다.

> **12** 거만한 자는 견책 받기를 좋아하지 아니하며 지혜 있는 자에게로 가지도 아니하느니라
>
> **13** 마음의 즐거움은 얼굴을 빛나게 하여도 마음의 근심은 심령을 상하게 하느니라
>
> **12** Conceited people do not like to be corrected; they never ask for advice from those who are wiser.
>
> **13** When people are happy, they smile, but when they are sad, they look depressed.

15:13 마음의 즐거움은 얼굴을 빛나게 하여도. 마음이 즐거우면 얼굴을 빛나게 하고 인생을 빛나게 한다. 신앙인이 믿음의 길을 가면서도 마음이 즐겁지 못하고 가는 경우가 있다. 그것은 잘못이다. 신앙인은 믿음의 길을 갈 때 기쁘다. 죄가 드러나도 기쁘다. 그것을 고칠 수 있기 때문이다. 그래서 마음이 행복한 사람이다. 그런데 만약 마음이 즐겁지 않다면, 얼굴빛이 밝지 않다면 어쩌면 신앙의 길을 제대로 가지 않고 있다는 뜻이 될 것이다. 신앙인은 하루를 살아도 행복하다. 진리의 길을 가기 때문이다. 천국가는 길이기 때문이다.

14 명철한 자의 마음은 지식을 요구하고 미련한 자의 입은 미련한 것을 즐기느니라

14 Intelligent people want to learn, but stupid people are satisfied with ignorance.

15:14 명철한 자의 마음은 지식을 요구하고. 마음이 즐겁지 않은 것은 어쩌면 마음이 하나님을 아는 지식이 아니라 다른 것을 요구하고 있기 때문일 수 있다. 다시 마음을 고쳐 잡고 하나님을 아는 지식을 구하라. 그러면 세상 사는 것이 다 즐겁다. 하루하루 속에 하나님을 아는 지식이 담겨 있다. 성경책을 펴면 하나님을 아는 지식이 담겨 있다. 그러니 어찌 기쁘지 않겠는가? **미련한 자의 입은 미련한 것을 즐기느니라.** 미련한 자는 미련한 것을 즐거워한다. 세상의 돈과 명예가 있어야 즐겁다. 그것을 즐기다가 망할 것이다. 그런데 혹시 신앙인이면서 속으로는 그러한 것을 즐기기 때문에 지식을 찾지 않고, 그러한 것을 찾아도 찾아지지 않으니 슬퍼하고 있는 것인지도 모른다. 자신의 마음을 잘 살피고 다시 지식을 찾는 사람이 되게 하라.

15 고난 받는 자는 그 날이 다 험악하나 마음이 즐거운 자는 항상 잔치하느니라

15 The life of the poor is a constant struggle, but happy people always enjoy life.

15:15 인생을 두 종류로 말한다. **고난 받는 자는 그 날이 다 험악하나.** 사람들은 탐욕이 가득하다. 그래서 세상적인 것을 원하는 사람은 결코 그것을 다 채우지 못한다. 밑빠진 독이다. 그래서 늘 채워지지 않은 것에 대한 불만이 있다. 그들은 자신이 원하는 것이 이루어지지 않아서 '고난 받는 자'이다. 그러다 보니 모든 날이 '험악'하다. 이것은 '악하다' '나쁘다'라는 뜻이다. 모든 날이 악하고 모든 날이 나쁜 날이다. 찡그림으로 가득한 날을 살아간다. 모든 날이 최악의 날이다. **마음이 즐거운 자는 항상 잔치하느니라.** 마음이 왜 즐거울까? 하나님을 아는 지식이 날마다 쌓이기 때문에 즐겁다. 참다운 신앙인에게 인생은 늘 즐겁다. 하나님을 알아가기 때문이다. 세상의 헛된 것에 욕심을 부리지 않기 때문에 자족한다. 그리고 하루를 살면 말씀과 삶 속에서 하나님을 아는 지식이 자랐기 때문에 행복하다. 그 지식은 하나님께 더 가까이 가게 한다. 그래서 모든 날이 항상 잔치가 된다. 모든 날이 잔칫날이다. 하나님을 아는 지식의 잔칫날이다.

16 가산이 적어도 여호와를 경외하는 것이 크게 부하고 번뇌하는 것보다 나으니라

16 Better to be poor and fear the Lord than to be rich and in trouble.

15:16 가산이 적어도 여호와를 경외하는 것. '부요함'과 '여호와'를 대조하고 있다. 가난하지만 하나님을 경외함으로 즐겁게 사는 것과, 부요하지만 하나님을 경외함이 없어 돈을 좇아 정신없이 사는 것을 대조하고 있다. 돈과 좋은 관계인 부요함이 좋을까, 하나님과 좋은 관계인 경외함이 좋을까? 많은 사람이 돈이 많은 것을 더 좋아하고 그것을 좇아가고 있지만 하나님을 경외하고 하나님을 갈망하는 것이 좋다고 말한다. 훨씬 더 좋다.

17 채소를 먹으며 서로 사랑하는 것이 살진 소를 먹으며 서로 미워하는 것보다 나으니라

17 Better to eat vegetables with people you love than to eat the finest meat where there is hate.

15:17 채소를 먹으며 서로 사랑하는 것. '채소를 먹는 것'과 '살진 소를 먹는 것'을 비교하고 있다. 이 당시 고기를 먹는 것은 매우 드문 일이었다. 고기를 먹는 것은 연중행사였다. 고기는 보통 늙어서 일할 수 없는 소를 먹는다. 그것만도 엄청난 것이다. 그런데 '살진 소'를 매일같이 먹는다는 것은 아주 부자라는 것을 의미한다. 아무리 살진 소를 먹는 어마어마한 부자라도 식사를 하면서 서로 미워하며 먹는 것보다는 서로 사랑하며 먹는 평범한 식사가 더 낫다고 말한다. 사람의 관계도 부보다 사랑하는 관계가 더 낫다고 말한다. 그렇다면 하나님과의 관계는 더욱더 그렇지 않을까?

18 분을 쉽게 내는 자는 다툼을 일으켜도 노하기를 더디 하는 자는 시비를 그치게 하느니라

19 게으른 자의 길은 가시 울타리 같으나 정직한 자의 길은 대로니라

18 Hot tempers cause arguments, but patience brings peace.

19 If you are lazy, you will meet difficulty everywhere, but if you are honest, you will have no trouble.

15:19 재물을 중요하게 여기는 사람과 하나님을 중요하게 여기는 사람의 차이를 보라. '가시덤불 길'과 '대로'가 대조되고 있다. '악한 자'는 '게으른 자'와 동의어로 쓰일 때가 많다. 악한 자는 결국 수많은 장애물을 만날 것이다. 가시덤불 길이다. 많은 재물을 모은 것 같으나 수많은 난관을 만날 것이다. 모든 재물을 잃어버릴 수도 있다. 재물이 있어도 다른 소중한 모든 것을 잃을 수도 있다. 가시밭길 인생이다. 하나님을 떠난 인생이 어찌 평안할 수 있겠는가?

> 20 지혜로운 아들은 아비를 즐겁게 하여도 미련한 자는 어미를 업신여기느니라
>
> 21 무지한 자는 미련한 것을 즐겨 하여도 명철한 자는 그 길을 바르게 하느니라
>
> 22 의논이 없으면 경영이 무너지고 지략이 많으면 경영이 성립하느니라
>
> 23 사람은 그 입의 대답으로 말미암아 기쁨을 얻나니 때에 맞는 말이 얼마나 아름다운고
>
> 24 지혜로운 자는 위로 향한 생명 길로 말미암음으로 그 아래에 있는 스올을 떠나게 되느니라
>
> 20 Wise children make their fathers happy. Only fools despise their mothers.
>
> 21 Stupid people are happy with their foolishness, but the wise will do what is right.
>
> 22 Get all the advice you can, and you will succeed; without it you will fail.
>
> 23 What a joy it is to find just the right word for the right occasion!
>
> 24 Wise people walk the road that leads upwards to life, not the road that leads downwards to death.

15:24 '위로 향한 생명 길'과 '아래로 향한 스올 길'을 대조한다. 하나님께 가까이 가면 위로 향한 길이 된다. 그러면 당연히 아래로 가지 않게 된다. 그의 길은 평생 하늘을 향한 길이 될 것이다. 생명을 향한 길이다. 이 땅에서의 모든 걸음이 하늘을 향한 것이니 얼마나 행복하겠는가? 신앙인으로서 우리의 걸음이 하늘을 향한 걸음이 되어야 한다. 그것을 느껴야 한다. 하나님을 아는 지식이 채워질 때 그것을 알고 느낄 것이다. 재물을 좋아 사는 인생은 결국 '아래로'의 인생이다. 재물에 눈이 어두워 하나님을 경외하지 않았다. 예배드릴 마음이 없고 시간도 없었다. 그렇게 열심히 돈을 벌고 때때로 재미있게 돈을 썼다. 그런데 그렇게 사는 인생은 아래로의 인생이다. 하나님으로부터 더 멀어지는 인생이다. 타락하여 하나님으로부터 멀어진 인생을 다시 회복시켜야

하는데 오히려 더 멀어졌으니 그 결말은 파멸밖에 남아 있지 않다. 사실 악인이 이 세상에서 살 때 사용한 모든 것은 하늘로부터 주어진 것이다. 재물에 눈 어두워 정신없이 살고 있는 그것이 '아래로'의 삶인 것을 빨리 알아야 한다.

하나님과의 거리가 가까워지기 위해 중요한 것은 겸손이다. 25절-33절은 '교만과 겸손'이라는 단어로 한 묶음이다.

> **25** 여호와는 교만한 자의 집을 허시며 과부의 지계를 정하시느니라
>
> **25** The Lord will destroy the homes of arrogant men, but he will protect a widow's property.

15:25 '교만한 자의 집'과 '과부의 지계'가 비교되고 있다. 교만한 자는 자신을 믿는다. 그러나 하나님께서 허무실 때 어찌 막을 수 있을까? 과부는 힘이 없어 다른 이들의 먹잇감이다. 그러나 하나님께서 그의 땅을 지켜주신다. 그래서 누구도 빼앗지 못한다. 힘이 있는지 없는지에 의해 세워지는 것이 아니다. 하나님을 경외하는지 그렇지 않은지에 달려 있다.

> **26** 악한 꾀는 여호와께서 미워하시나 선한 말은 정결하니라
>
> **27** 이익을 탐하는 자는 자기 집을 해롭게 하나 뇌물을 싫어하는 자는 살게 되느니라
>
> **26** The Lord hates evil thoughts, but he is pleased with friendly words.
>
> **27** If you try to make a profit dishonestly, you will get your family into trouble. Don't take bribes and you will live longer.

15:27 '이익을 탐하는 자'와 '뇌물을 싫어하는 자'가 비교되고 있다. 교만한 자는 이익을 탐한다. 자신을 채우는 것이기 때문이다. 그러나 겸손한 자는 거짓된 방식으로 이익을 얻는 뇌물을 싫어한다. 그가 단순히 겸손한 자가 아니라 하나님을 경외하는 겸손한 자이기 때문이다. 하나님께서 싫어하시는 거짓된 이익을 결코 탐하지 않는다.

> **28** 의인의 마음은 대답할 말을 깊이 생각하여도 악인의 입은 악을 쏟느니라

28 Good people think before they answer. Evil people have a quick reply, but it causes trouble.

15:28 악인의 입은 악을 쏟느니라. 교만한 자는 자신이 최고이고 자신이 옳다 생각한다. 그래서 '악을 쏟는다'는 말처럼 아무 말 잔치를 한다. **의인의 마음은 대답할 말을 깊이 생각하여도.** 그도 대답할 말이 바로 떠올랐을 것이다. 그러나 그것을 다시 깊이 생각하였다. 그는 자신의 연약함을 잘 알기 때문이다. 하나님을 경외하기 때문이다.

29 여호와는 악인을 멀리 하시고 의인의 기도를 들으시느니라

29 When good people pray, the Lord listens, but he ignores those who are evil.

15:29 여호와는 악인을 멀리 하시고. 왜 멀리 하실까? 그가 악인이기 때문이다. 그가 교만하여 하나님을 인정하지 않기 때문이다. 하나님을 찾지 않기 때문이다. **의인의 기도를 들으시느니라.** 겸손한 자는 하나님을 의지한다. 그래서 하나님을 찾는다. 기도한다. 그래서 하나님께서 그의 기도를 들으시기에 가까이 계신다. 응답하신다.

30 눈이 밝은 것은 마음을 기쁘게 하고 좋은 기별은 뼈를 윤택하게 하느니라

31 생명의 경계를 듣는 귀는 지혜로운 자 가운데에 있느니라

32 훈계 받기를 싫어하는 자는 자기의 영혼을 경히 여김이라 견책을 달게 받는 자는 지식을 얻느니라

30 Smiling faces make you happy, and good news makes you feel better.

31 If you pay attention when you are corrected, you are wise.

32 If you refuse to learn, you are hurting yourself. If you accept correction, you will become wiser.

15:32 교만한 자는 자신이 최고이기 때문에 훈계를 듣지 않는다. 그러나 그것은 '자신의 영혼을 경히 여김'이다. 훈계를 듣지 않아 결국 멸망에 이르게 될 것이다. **견책을 달게 받는 자는 지식을 얻느니라.** 우리는 하나님을 아는 지식을 계속 더 발전시켜야 한다. 겸손히 하나님 앞에 나가 지식을 배워야 한다.

33 여호와를 경외하는 것은 지혜의 훈계라 겸손은 존귀의 길잡이니라

33 Reverence for the Lord is an education in itself. You must be humble before you can ever receive honours.

15:33 여호와를 경외하는 것은 지혜의 훈계. 앞에서는 여호와를 경외하는 것이 지혜의 시작이요, 지식의 근본이라고 말하였었다. 여기에서는 지혜의 가르침이라고 말한다. 모든 지혜는 여호와를 경외하는 것으로 귀결된다. **겸손은 존귀의 길잡이니라.** '존귀 앞에 겸손'이 있다는 말이다. 겸손하지 않고는 존귀할 수 없다. 겸손의 사전적 의미는 '남을 존중하고 자기를 내세우지 않는 태도'다. 신앙인에게 겸손은 '하나님 앞에 서는 것'이다. 사람들이 분노할 때 올바른 분노보다는 자기 자신에 대한 과신 때문에 분노하는 경우가 많다. 교만이다. 자신은 더 많은 것을 가져야 한다고 생각한다. 교만이다. 기도할 때조차 교만으로 가득한 것을 보기도 한다. 사실 신앙인들은 자신이 오직 지옥에만 합당한 사람이었다는 사실을 믿는 사람이다. 그러기에 지옥이 아니라 지금 이 땅에 있는 것만으로도 모든 것이 은혜다. 지금 먹을 물만 있어도 감사하다는 것을 믿는다. 지금 믿음으로 구원의 길을 간다는 것은 상상도 할 수 없는 은혜다. 성자 하나님의 성육신은 말할 수도 없는 은혜다. 십자가 앞에서 우리가 무엇을 말할 수 있단 말인가? 모든 것이 교만이다. 우리는 하나님 앞에 서는 겸손으로 오직 모든 것을 참으며 모든 것을 감사하며 모든 것을 사랑해야 한다.

16장

하나님의 주권

1 마음의 경영은 사람에게 있어도 말의 응답은 여호와께로부터 나오느니라

1 We may make our plans, but God has the last word.

16:1 마음의 경영은 사람에게 있어도. 사람은 마음 속으로 여러 일들을 생각하고 계획한다. 그런데 그렇게 생각하고 계획한 것이 그대로 이루어지지는 않는다. **말의 응답은 여호와께로부터 나오느니라.** '말의 응답'은 '생각과 말'의 대조일 수도 있고 '시작과 끝'을 상징적으로 말하는 것일 수도 있다. 사람이 생각하고 계획하지만 일의 결국은 하나님의 주권에 의해 결과가 일어난다는 말씀이다. 하나님의 주권은 사람의 생각과 계획을 반영한다. 그러나 하나님의 주권은 홀로 절대적이다.

2 사람의 행위가 자기 보기에는 모두 깨끗하여도 여호와는 심령을 감찰하시느니라

2 You may think everything you do is right, but the Lord judges your motives.

16:2 사람의 행위가 자기 보기에는 모두 깨끗하여도. 사람들은 결과를 가지고 자기 합리화를 한다. 결과를 가지고 자랑하고 낙심하기도 한다. 그러나 여기에서 말하는 결과라는 것은 사람들이 생각하는 높고 낮음이 아니다. 세상은 결과의 열매 크기를 가지고 평가하지만 하나님은 '심령을 감찰하시느니라'고 말씀한다. 결과가 아무리 커도 그 마음이 악하다면 그것은 악한 것이다. 악하게 평가하라.

3 너의 행사를 여호와께 맡기라 그리하면 네가 경영하는 것이 이루어지리라

3 Ask the Lord to bless your plans, and you will be successful in carrying them out.

16:3 너의 행사를 여호와께 맡기라. '맡기다'는 직역하면 '굴리다'이다. 자신의 모든 일

을 하나님께로 굴려 가지고 가야 한다. 자신은 하나님의 뜻을 모른다. 결과가 어떻게 될지도 모른다. 그러나 하나님의 뜻을 따라 행해야 한다는 것을 안다. 그래서 계속 하나님께 가지고 가서 물으며 행하는 것이다. **네가 경영하는 것이 이루어지리라.** 이것은 '계획한 것이 이루어진다'는 것이 아니다. 계획한 것이 하나님의 뜻 안에서 조절되고 인도된다는 뜻이다. 그러면 그 계획이 성취되든 성취되지 않든 이루어지는 것이다. 중요한 것은 우리의 계획이 아니라 하나님의 뜻이기 때문이다. 우리가 계획하는 것은 하나님의 뜻이 이루어지기를 원하여 계획한 것이다. 그러니 나의 계획이 이루어지지 않더라도 결국 하나님의 뜻이 이루어진 것이니 다 이루어진 것이다.

> 4 여호와께서 온갖 것을 그 쓰임에 적당하게 지으셨나니 악인도 악한 날에 적당하게 하셨느니라
>
> 4 Everything the Lord has made has its destiny; and the destiny of the wicked is destruction.

16:4 여호와께서 온갖 것을 그 쓰임에 적당하게 지으셨나니. 하나님께서 모든 것을 그 뜻에 합당하게 다루신다는 말씀이다. **악인도 악한 날에 적당하게 하셨으니라.** 악인이 지금은 더 성공한 것처럼 보일 수 있지만 악인에게는 악인에게 적당한 것을 행하실 것이다. 그가 파멸될 날에 적당하게 하신다. 단지 모든 것이 하나님의 다스리심 속에서 그것에 맞는 때가 있다.

> 5 무릇 마음이 교만한 자를 여호와께서 미워하시나니 피차 손을 잡을지라도 벌을 면하지 못하리라
>
> 6 인자와 진리로 인하여 죄악이 속하게 되고 여호와를 경외함으로 말미암아 악에서 떠나게 되느니라
>
> 5 The Lord hates everyone who is arrogant; he will never let them escape punishment.
>
> 6 Be loyal and faithful, and God will forgive your sin. Obey the Lord and nothing evil will happen to you.

16:6 인자와 진리로 인하여 죄악이 속하게 되고. 하나님의 사랑(헤세드)과 진리로 사람들을 용서하신다. 이끄신다. 사실 하나님의 사랑이 아니면 어느 누가 바로 설 수 있

을까? 그러니 지금 내가 다른 사람보다 조금 더 옳다고 하나님을 원망하지 말아야 한다. 우리가 해야 할 일은 '여호와를 경외함으로 말미암아 악에서 떠나게 되느니라'는 말씀처럼 하나님을 경외하며 자기 자신이 악에서 떠나도록 힘을 다하는 것이다. 일어난 결과에 대해 너무 연연해하지 말아야 한다. 악인이 성공하였다고 부러워하지 말라. 오히려 하나님을 경외함으로 수용하고 또 다시 앞으로 나가야 한다.

> **7** 사람의 행위가 여호와를 기쁘시게 하면 그 사람의 원수라도 그와 더불어 화목하게 하시느니라
>
> **8** 적은 소득이 공의를 겸하면 많은 소득이 불의를 겸한 것보다 나으니라
>
> **9** 사람이 마음으로 자기의 길을 계획할지라도 그의 걸음을 인도하시는 이는 여호와시니라
>
> **7** When you please the Lord, you can make your enemies into friends
>
> **8** It is better to have a little, honestly earned, than to have a large income gained dishonestly.
>
> **9** You may make your plans, but God directs your actions.

16:9 그의 걸음을 인도하시는 이는 여호와시니라. 아무리 선한 것을 계획하였다 할지라도 그것이 우리에게 안 맞는 것이 훨씬 더 많다. 계획이 깨트려지는 것을 걱정하지 마라. 일단 하나님의 뜻이라고 생각하고 선한 것이라고 생각되는 것에 대해서는 계획을 많이 세우라. 하나님께서 그것을 기뻐 받으신다. 그러나 그것이 이루어지지 않을 때 실망하지 마라. 오히려 더 기뻐하라. 우리는 나의 뜻이 아니라 하나님의 뜻이 이루어지는 것을 늘 더 기뻐해야 한다. 하나님께서 그것을 통해 우리의 길을 인도하시고 더 든든히 세워 가시기 때문이다. 그러니 어떤 일에도 실망하지 말고 항상 있는 그 자리에서 다시 하나님의 뜻을 좇아 계획을 세우고 앞으로 나가라. 기쁨으로 나가라.

> **10** 하나님의 말씀이 왕의 입술에 있은즉 재판할 때에 그의 입이 그르치지 아니하리라
>
> **10** The king speaks with divine authority; his decisions are always right.

16:10 하나님의 말씀이 왕의 입술에 있은즉. 이것은 제사장을 통해 우림과 둠밈으로

알게 된 것에 대한 최종 선포를 왕이 하는 것에 대한 묘사일 수 있다. 그렇다면 왕을 통해 재판되는 것이 옳은 것이다. 그렇다면 철저히 순종해야 한다. 그런데 그렇지 않은 재판도 많을 것이다. 그래서 이 세상은 진정한 왕이신 예수 그리스도를 기다려야 한다. 이 땅의 제도들이 그렇다. 이 땅의 정치인인 대통령이나 경제인인 사장이나 모두 하나님의 통치를 대신하는 사람들로서 바른 정치를 하고 경제적 행위를 해야 한다. 아마 조금은 그렇게 할 것이다. 그러나 또한 많은 부정부패를 본다. 그것을 보면 어떻게 해야 할까? 그럼에도 불구하고 우리는 사회의 제도를 인정해야 한다. 하나님의 주권을 믿기 때문이다. 거짓이 보일 때 사회 제도에 대한 부정보다는 아픈 마음을 가져야 한다. 그러면서 주님의 재림으로 성취될 그 나라를 소망해야 한다.

> **11** 공평한 저울과 접시 저울은 여호와의 것이요 주머니 속의 저울추도 다 그가 지으신 것이니라
>
> **11** The Lord wants weights and measures to be honest and every sale to be fair.

16:11 공평한 저울과 접시 저울은 여호와의 것이요. 공평한 경제 활동을 하는 것은 하나님께 속한 것이다. 그러니 신앙인은 공정한 경제 활동을 해야 한다. 공정한 것이 하나님의 뜻임을 알아 그것에 순종해야 한다. 그런데 그렇지 못한 사람들의 거짓으로 인해 정직한 사람이 손해 보는 때가 많다. 그러나 그때도 사회에 대한 부정이 아니라 죄에 대한 아픔을 가지고 임할 하나님 나라를 소망해야 한다. 부정과 거짓이 있는 사회를 하나님께서 주권적으로 다스리고 계신다. 일방적인 손해인 것 같아도 결코 그렇지 않다. 하나님께서 나중에 평가하고 심판하실 것이기 때문이다. 그러니 오늘의 부정과 부패에 너무 걱정할 필요 없다.

> **12** 악을 행하는 것은 왕들이 미워할 바니 이는 그 보좌가 공의로 말미암아 굳게 섬이니라
>
> **13** 의로운 입술은 왕들이 기뻐하는 것이요 정직하게 말하는 자는 그들의 사랑을 입느니라
>
> **14** 왕의 진노는 죽음의 사자들과 같아도 지혜로운 사람은 그것을 쉬게 하리라
>
> **15** 왕의 희색은 생명을 뜻하나니 그의 은택이 늦은 비를 내리는 구름과 같으니라
>
> **12** Kings cannot tolerate evil, because justice is what makes a government strong.

13 A king wants to hear the truth and will favour those who speak it.

14 A wise person will try to keep the king happy; if the king becomes angry, someone may die.

15 The king's favour is like the clouds that bring rain in the springtime—life is there.

16:15 왕의 희색은 생명을 뜻하나니. 물론 왕이 하나님의 정의를 바르게 행하는 것을 전제로 한다. 그러나 그렇지 못하여도 대통령과 사장의 얼굴을 웃게 만들 수 있어야 한다. 거짓과 타협해서가 아니라 내가 할 수 있는 진리의 방법으로 힘쓰고 애써서 그렇게 해야 한다. 자신이 있는 그 자리에서 상사의 얼굴을 밝게 만들어야 한다. 거짓을 요구하는 사장에게 진리의 행동으로 설득한다는 것은 매우 힘들 것이다. 그러나 그럼에도 불구하고 진리의 방법으로 상대방의 얼굴을 밝게 만들도록 힘을 다해야 함을 말하는 것이다.

> **16** 지혜를 얻는 것이 금을 얻는 것보다 얼마나 나은고 명철을 얻는 것이 은을 얻는 것보다 더욱 나으니라
>
> **16** It is better—much better—to have wisdom and knowledge than gold and silver.

16:16 지혜를 얻는 것이 금을 얻는 것보다 얼마나 나은고. 거짓이 많이 담긴 사회 제도 속에서 진리로 거짓을 대항하며 산다는 것이 많이 힘들다. 손해도 볼 것이다. 그러나 분명한 것은 우리는 '지혜를 금보다 더 귀한 것'으로 여긴다는 사실이다. 그리고 우리가 진리를 위해 애쓸 때 이미 진리를 얻고 있다는 사실이다. 거짓을 행하는 사람이 나보다 금을 더 얻는 것을 부러워하지 말고 내가 그 사람보다 지혜를 더 얻고 있는 것을 기쁘고 자랑스럽게 생각해야 한다. 그러기에 끝까지 진리로 세상을 품어야 한다. 세상 제도를 품어야 한다. 그 모든 것 안에 하나님의 뜻이 있고 주권이 작동하고 있기 때문이다.

> **17** 악을 떠나는 것은 정직한 사람의 대로이니 자기의 길을 지키는 자는 자기의 영혼을 보전하느니라
>
> **18** 교만은 패망의 선봉이요 거만한 마음은 넘어짐의 앞잡이니라
>
> **17** Those who are good travel a road that avoids evil; so watch where you are going—it

may save your life.

18 Pride leads to destruction, and arrogance to downfall.

16:18 거만한 마음은 넘어짐의 앞잡이니라. 15:33에서는 '겸손이 존귀의 앞잡이'라고 했었다. 그것을 그대로 반영한다. 우리가 하나님의 뜻을 좇아 진리로 살 때 주의해야 할 것이 있다. 그것 때문에 교만하지 말아야 한다는 것이다. 세상 앞에 서면 교만해지기 쉽다. 내가 다른 사람보다 나은 것이 있기 때문이다. 그런데 교만은 넘어짐 앞에 있다. 교만이 있으면 필경 넘어짐이 있다. 그러니 늘 하나님 앞에 엎드려야 한다. 하나님 앞에서 겸손은 당연하다. 하나님 앞에 서서 하나님의 주권과 다스리심을 깨달으며 겸손히 세상을 섬겨야 한다.

19 겸손한 자와 함께 하여 마음을 낮추는 것이 교만한 자와 함께 하여 탈취물을 나누는 것보다 나으니라

20 삼가 말씀에 주의하는 자는 좋은 것을 얻나니 여호와를 의지하는 자는 복이 있느니라

19 It is better to be humble and stay poor than to be one of the arrogant and get a share of their loot.

20 Pay attention to what you are taught, and you will be successful; trust in the Lord and you will be happy.

16:20 말씀에 주의하는 자는 좋은 것을 얻나니. 대통령이 바뀌면 밑의 사람들은 대통령이 어떤 사람인지 알고자 많은 노력을 한다. 대통령의 생각을 알아야 자신들이 어떻게 행동할지를 알기 때문이다. 하나님의 주권을 믿는 사람이라면 하나님의 뜻을 따라 사는 것이 가장 좋은 것이라는 것을 안다. 그러니 당연히 하나님의 법인 말씀에 주의를 기울인다. 그것을 자신의 삶의 기준으로 삼는다. 말씀은 좋은 것을 얻는 기준이며 지름길이다. **여호와를 의지하는 자는 복이 있느니라.** 하나님을 의지하는 삶이 복이 있다. 말씀을 의지하여 하나님을 의지하는 삶이 되게 해야 한다. 말씀을 따라 사는 것이 하나님을 의지하는 것이다. 복이 있는 삶이다.

21 마음이 지혜로운 자는 명철하다 일컬음을 받고 입이 선한 자는 남의 학식을 더하게 하느니라

21 A wise, mature person is known for his understanding. The more pleasant his words, the more persuasive he is.

16:21 입이 선한 자. '다른 이들에게 힘을 주고 생기를 얻게 하는 말'을 하는 것을 의미한다. 오늘날 표현으로 '말을 예쁘게 하는 사람'이다. 같은 말도 예쁘게 하는 사람이 있고 밉게 말하는 사람이 있다. 복음을 예쁘게 전해야 한다. 하나님은 사람을 세우고자 하신다. 하나님의 주권을 믿는 사람은 하나님의 뜻을 좇아 사람을 사랑하고 세워야 한다. 같은 말도 예쁘게 하여 사람들이 힘을 얻게 하여야 한다. **남의 학식을 더하게 하느니라.** 말을 예쁘게 할 때 상대방은 그 말을 더 잘 받아들이게 된다. 그래서 그가 더욱더 지식과 지혜를 더하게 된다. 그래서 결국 하나님의 법이 더욱 이루어지게 된다.

> **22** 명철한 자에게는 그 명철이 생명의 샘이 되거니와 미련한 자에게는 그 미련한 것이 징계가 되느니라
>
> **22** Wisdom is a fountain of life to the wise, but trying to educate stupid people is a waste of time.

16:22 명철한 자에게는 그 명철이 생명의 샘이 되거니와. 하나님에 대한 바른 지식은 '생명'을 낳는다. 우리는 하나님을 아는 지식을 아름답게 전하여서 하나님께서 세워가시는 하나님 나라가 이루어지게 해야 한다.

> **23** 지혜로운 자의 마음은 그의 입을 슬기롭게 하고 또 그의 입술에 지식을 더하느니라
>
> **24** 선한 말은 꿀송이 같아서 마음에 달고 뼈에 양약이 되느니라
>
> **23** Intelligent people think before they speak; what they say is then more persuasive.
>
> **24** Kind words are like honey—sweet to the taste and good for your health.

16:24 선한 말은 꿀송이 같아서. 21절에서 말한 '선한 말'과 같은 단어다. 예쁜 말은 사람에게 새 힘을 주고 속 사람을 치유하는 힘을 가지고 있다. 그것이 사람들을 향한 하나님의 뜻이다. 그러기에 우리는 하나님의 뜻의 성취를 위해 우리의 입술이 하나님

의 입술이 되게 해야 한다. 하나님을 알지 못하고 통치를 모르는 사람에게 우리를 통해 하나님의 뜻이 전해지도록 해야 한다.

> **25** 어떤 길은 사람이 보기에 바르나 필경은 사망의 길이니라
>
> **25** What you think is the right road may lead to death.

16:25 사람이 보기에는 옳은 것 같지만 사망의 길이 되는 경우가 많다. 사람들이 보는 시선으로 보지 말고 하나님의 시선으로 다시 보아야 한다.

> **26** 고되게 일하는 자는 식욕으로 말미암아 애쓰나니 이는 그의 입이 자기를 독촉함이니라
>
> **26** A labourer's appetite makes him work harder, because he wants to satisfy his hunger.

16:26 입이 자기를 독촉함이니라. 사람들이 다양한 명분으로 일을 하지만 때로는 오직 돈을 위해 일한다. 먹고 사는 것이 가장 중요한 사람이 있다. 이것은 긍정적인 면과 부정적인 측면을 다 가지고 있다. 사람들의 기본적인 생계를 보장해 주는 것이 필요하다는 긍정적인 측면을 생각해야 한다. 사람은 먹고 살아야 하는 존재이고 그것이 보장되어야 한다. 그러나 그래도 그것이 목적이 되어서는 안 된다. 신앙인은 그것보다 더 큰 목적을 가지고 있다. '결국은 돈'인 것 같으나 아니다. 결국은 하나님의 뜻이다. 신앙인도 밥을 먹어야 할 수 있고 돈이 필요하지만 그것이 목적이 되어서는 안 된다. 오직 하나님의 뜻이 이루어지는 것이 목적이어야 한다. 그런데 때로는 신앙인처럼 말하지만 돈이 목적인 사람도 분명히 있다. 교회의 거짓 지도자들을 경계해야 한다.

> **27** 불량한 자는 악을 꾀하나니 그 입술에는 맹렬한 불 같은 것이 있느니라
>
> **27** Evil people look for ways to harm others; even their words burn with evil.

16:27 불량한 자는 악을 꾀하나니. '불량한 자(히, 벨리알)'에 대해 말한다. 가치 없는 일을 하는 불량배와 같다. 그들은 문제만 만든다. 그들은 불만한다. **입술에는 맹렬한**

불 같은 것이 있느니라. 그들은 세상을 이롭게 하는 사람이 아니라 해롭게 하는 사람이다. 세상을 태우는 사람이다.

> 28 패역한 자는 다툼을 일으키고 말쟁이는 친한 벗을 이간하느니라
>
> 28 Gossip is spread by wicked people; they stir up trouble and break up friendships.

16:28 말쟁이는 친한 벗을 이간하느니라. 말쟁이들의 말은 그럴듯하다. 비난하는 말은 늘 그럴듯하다. 그러나 선한 말을 하지 않고 비난하는 말만 하여 관계를 깨트린다.

> 29 강포한 사람은 그 이웃을 꾀어 좋지 아니한 길로 인도하느니라
>
> 30 눈짓을 하는 자는 패역한 일을 도모하며 입술을 닫는 자는 악한 일을 이루느니라
>
> 29 Violent people deceive their friends and lead them to disaster.
>
> 30 Watch out for people who grin and wink at you; they have thought of something evil.

16:30 입술을 닫는 자. 입술로 표시를 하는 것을 말한다. 겉으로 말하지 않고 눈이나 입으로 말한다. 떳떳하지 못하기 때문에 그렇게 말하는 것이다. 우리의 말은 어떤 사람이 들어도 떳떳한 말을 해야 한다. 누군가 듣지 말아야 한다면 그런 말을 하지 말아야 한다. 그런 말은 악을 만들어 낸다.

> 31 백발은 영화의 면류관이라 공의로운 길에서 얻으리라
>
> 31 Long life is the reward of the righteous; grey hair is a glorious crown.

16:31 백발은 영화의 면류관. 흰 머리를 가진 노인은 힘 없는 사람이요 보잘것없는 것 같다. 그러나 어쩌면 그 안에는 긴 세월동안 쌓인 내공이 있을 수 있다. 지식이 있을 수 있다. 그 백발은 힘 없음의 상징이 아니라 영화의 면류관일 수도 있다. 그러니 힘 없는 노인이라고 무시하지 말아야 한다.

> 32 노하기를 더디하는 자는 용사보다 낫고 자기의 마음을 다스리는 자는 성을 빼

앗는 자보다 나으니라

32 It is better to be patient than powerful. It is better to win control over yourself than over whole cities.

16:32 노하기를 더디하는 자는 용사보다 낫고. 화내지 않는 사람을 보면 유순하고 유약한 사람처럼 보일 것이다. 그러나 그 이면에는 자신의 마음을 다스릴 줄 아는 힘을 가진 사람일 수 있다. 그렇다면 그는 힘을 가지고 성을 빼앗는 용사 보다 더 큰 힘을 가진 사람이라 할 수 있다. 성을 빼앗는 힘보다 자기 마음을 다스리는 것이 더 어렵기 때문이다. 더 큰 일을 한다. 사람은 보이는 것과 실제가 다르다. 그러기에 겉으로만 보고 판단하지 말고 하나님의 시선과 마음으로 사람을 볼 수 있어야 한다.

33 제비는 사람이 뽑으나 모든 일을 작정하기는 여호와께 있느니라

33 People cast lots to learn God's will, but God himself determines the answer.

16:33 16장을 닫는 마지막 구절이다. **제비는 사람이 뽑으나.** 제비는 확률일 뿐이다. 그러나 그 안에도 하나님의 주권이 담겨 있다고 말한다. 그렇다고 사람이 해야 할 일을 하지 않고 모든 것을 제비뽑기로 하면 안 된다. 그것은 하나님의 주권에 맡기는 자세가 아니다. 이것은 1절에서 나왔던 사람의 '계획'만이 아니라 아무 생각도 들어가 있지 않은 기계적인 행동인 '제비뽑기'조차도 그 안에 하나님의 통치가 있다는 것을 의미한다. 제비뽑기가 최고라는 의미가 아니라 가장 안 좋은 것이지만 그래도 그것조차도 하나님의 통치가 작용한다는 말씀이다. 제비뽑기에도 하나님의 통치가 담겨 있다. 그러니 우리의 모든 일상에는 하나님의 통치가 담겨 있다는 것을 의미한다. 그러기에 우리는 일상에 하나님의 통치라는 신비를 품어야 한다. 마땅한 것이나 기계적인 것이라도 어떤 일에든 하나님의 통치가 담겨 있다. 그 통치는 신비하다. 그러기에 기계적으로 생각하면 안 된다. 제비뽑기에서 나온 것이 무조건 옳은 것이 아니다. 그러나 그 안에 신비가 담겨 있다. 그래서 하나님의 통치를 인정하고 그 안에서 겸손히 수용하며 하나님의 뜻을 이루어 가는 삶이 되어야 한다.

17장

악과 재판

1 마른 떡 한 조각만 있고도 화목하는 것이 제육이 집에 가득하고도 다투는 것보다 나으니라

1 Better to eat a dry crust of bread with peace of mind than to have a banquet in a house full of trouble.

17:1 살면서 가장 큰 차이로 보이는 것은 아마 '부의 차이'일 것이다. 그러나 사실 그것은 중요하지 않다. '마른 떡 한 조각' 있는 집과 '제육이 있는 집'을 비교하고 있다. **마른 떡 한 조각.** 음식이 만들어지고 남아 시간이 지나서 마른 것일 수 있고, 아니면 오일이나 찍어 먹을 것이 없이 빵만 있는 빈약한 음식을 말할 수도 있다. 여하튼 이것은 가난한 것을 의미한다. **제육.** 번역자가 '제사 고기'라는 의미로 사용하였을 것이다. 이것의 히브리어는 화목제로 사용한 고기를 의미한다. 화목제사를 드리면 일정 부분 제사장의 몫이 돌아가고 나머지는 집에 가져와 이웃들과 함께 하였다. **집에 가득하다.** '고기가 가득하다'는 것이 아니라 '사람들이 가득하다'는 것을 의미할 것이다. 사람들이 집에 가득 모여 고기를 먹으며 잔치를 하는 모습이다. 화목제물로 많은 사람이 먹을 고기를 제공할 수 있다는 것은 그가 부자라는 것을 의미한다. 고기가 있고 부자이니 많은 사람이 모였다. 일단은 가난한 집의 소박한 밥상보다 부잣집의 잔치가 겉으로 보기에 훨씬 더 나아 보인다. 그러나 '부'만이 인생의 가치를 판단하는 기준은 아니다. 가난하여도 '화목'하다면 부하여도 '다툼'이 있는 것보다 더 낫다고 말한다. 세상 가치에서도 그러한 면이 많다. 하나님 앞에서는 더욱더 그러할 것이다.

2 슬기로운 종은 부끄러운 짓을 하는 주인의 아들을 다스리겠고 또 형제들 중에서 유업을 나누어 얻으리라

2 A shrewd servant will gain authority over a master's worthless son and receive a part of the inheritance.

17:2 슬기로운 종은 부끄러운 짓을 하는 주인의 아들을 다스리겠고. 종이 주인의 아들을 넘어 유업까지 받는 것은 거의 불가능한 일이다. 그러나 그러한 일이 일어나기도 한다. 부는 본질적인 것이 되지 못하기 때문이다. 부는 가장 큰 차이인 것 같지만 결코 본질적인 것은 아니어서 언제든 움직인다. 어느 날 로또 복권에 당첨되어 부자가 되기도 하고 어느 날 하루 아침에 망하기도 한다. 중요한 것은 부자라고 하나님께서 칭찬하시는 것이 아니라는 사실이다. 인생은 부의 잔치가 중요하지 않다.

> **3** 도가니는 은을, 풀무는 금을 연단하거니와 여호와는 마음을 연단하시느니라
>
> 3 Gold and silver are tested by fire, and a person's heart is tested by the Lord.

17:3 여호와는 마음을 연단하시느니라. 은이 녹는점은 961도이고 금이 녹는 온도는 1064도다. 그래서 각각의 온도를 견디어 내는 그릇으로 도가니와 용광로(풀무는 좋은 번역이 아니다. 용광로가 나을 것 같다)를 사용한다. 그 온도 이전에 녹는 것도 불순물이요 그 온도가 되어도 녹지 않는다면 그것도 불순물이다. 하나님은 마음을 연단하신다. 돈이 아니라 마음이다. 마음이 중요하기에 마음의 불순물을 제거하시고 순결한 마음이 되도록 하신다.

> **4** 악을 행하는 자는 사악한 입술이 하는 말을 잘 듣고 거짓말을 하는 자는 악한 혀가 하는 말에 귀를 기울이느니라
>
> 4 Evil people listen to evil ideas, and liars listen to lies.

17:4 악을 행하는 자는 사악한 입술이 하는 말을 잘 듣고. 악한 이들은 그들만의 언어를 가지고 있다. 거짓말이 그들의 일상이다. 그들은 참말인지 거짓말인지가 중요하지 않고 그들이 목적하는 것을 이룰 수 있는지 없는지가 중요하다. 그래서 착한 말이 아니라 거짓말이 그들의 일상 언어다.

> **5** 가난한 자를 조롱하는 자는 그를 지으신 주를 멸시하는 자요 사람의 재앙을 기뻐하는 자는 형벌을 면하지 못할 자니라
>
> **6** 손자는 노인의 면류관이요 아비는 자식의 영화니라

7 지나친 말을 하는 것도 미련한 자에게 합당하지 아니하거든 하물며 거짓말을 하는 것이 존귀한 자에게 합당하겠느냐

5 If you laugh at poor people, you insult the God who made them. You will be punished if you take pleasure in someone's misfortune.

6 Grandparents are proud of their grandchildren, just as children are proud of their parents.

7 Respected people do not tell lies, and fools have nothing worthwhile to say.

17:7 지나친 말을 하는 것도 미련한 자에게 합당하지 아니하거든. '과장'도 거짓말이다. 거짓이 일상인 미련한 사람이라도 과장된 말은 여전히 그의 허물이다. **거짓말을 하는 것이 존귀한 자에게 합당하겠느냐.** 존귀하다 하면서 거짓말을 한다면 그것은 말도 안 되는 일이다. 존귀하다면 더욱더 거짓말을 하지 말아야 한다. 악으로 가득한 세상은 거짓말을 일상처럼 사용한다. 그러나 자신의 삶이 존귀하기를 원하는 사람이라면 거짓말은 꿈에도 꾸지 말아야 한다. 마땅히 과장된 말도 하지 말아야 한다. 항상 진실된 말을 해야 한다.

8 뇌물은 그 임자가 보기에 보석 같은즉 그가 어디로 향하든지 형통하게 하느니라

8 Some people think a bribe works like magic; they believe it can do anything.

17:8 뇌물은...형통하게 하느니라. 뇌물이 나쁜 것이라는 것을 다 안다. 그러나 뇌물이 사람들을 형통하게 한다는 것도 다 안다. 형통만 생각한다면 당연히 뇌물을 주고받으려 할 것이다. 그래서 세상에는 뇌물이 있고 뇌물로 인하여 악인들이 형통하다. 그러한 형통을 부러워하지 말아야 한다.

9 허물을 덮어 주는 자는 사랑을 구하는 자요 그것을 거듭 말하는 자는 친한 벗을 이간하는 자니라

9 If you want people to like you, forgive them when they wrong you. Remembering wrongs can break up a friendship.

17:9 허물을 덮어 주는 자는 사랑을 구하는 자요. 때로는 악이 사람을 부끄럽게 할 수 있다. 그때는 오히려 사랑으로 눈 감아 줄 수 있어야 한다. 우리의 싸움은 사람이 아

니라 악과의 싸움이어야 한다. 허물을 행한 사람을 드러내는 것은 악이 아니라 그 사람과의 싸움으로 변질된다. 그러면 사람을 잃는다.

> **10** 한 마디 말로 총명한 자에게 충고하는 것이 매 백 대로 미련한 자를 때리는 것 보다 더욱 깊이 박히느니라
>
> **10** An intelligent person learns more from one rebuke than a fool learns from being beaten a hundred times.

17:10 한 마디 말...매 백 대. 현명한 사람은 자신의 잘못을 한 마디 말의 충고로도 알아 듣지만 미련한 사람은 '매 백 대'를 맞아도 자신의 잘못을 깨닫지 못한다고 말한다. 악인의 특징은 자신의 악을 깨닫지 못한다. 그래서 악인의 악은 고치기가 쉽지 않다. 특히 매로 되는 것이 아니다. 어쩌면 오래 참아주는 사랑으로 가능할 수 있다.

> **11** 악한 자는 반역만 힘쓰나니 그러므로 그에게 잔인한 사자가 보냄을 받으리라
>
> **11** Death will come like a cruel messenger to wicked people who are always stirring up trouble.

17:11 잔인한 사자. '죽음의 사자'를 의미한다. 하나님께서 결국 악인을 심판하신다는 의미다. 악인은 평생 악을 행하면서 산다. 인생이 더 길면 더 많은 악을 행한다. 돈을 더 가지고 있으면 더 많은 악을 행한다. 그래서 그는 사는 것이 악을 더 쌓는 것이다. 산다는 것이 악의 잔치다. 그래서 더 큰 심판이 있을 뿐이다. 선하신 하나님께서 심판하시기 때문이다. 악의 잔치는 결국 심판 앞에서는 쓰레기 잔치였음이 드러난다.

> **12** 차라리 새끼 빼앗긴 암곰을 만날지언정 미련한 일을 행하는 미련한 자를 만나지 말 것이니라
>
> **12** It is better to meet a mother bear robbed of her cubs than to meet some fool busy with a stupid project.

17:12 미련한 자를 만나지 말 것이니라. 미련한 자는 상대하지 않는 것이 좋다. 미련한 자는 새끼를 빼앗긴 암곰처럼 위험하다. 그러기에 함께 길을 가지 말아야 한다. 미련

한 자에게 매를 백 대 때리려면 얼마나 힘들겠는가? 그러나 그래도 고쳐지지 않는다. 차라리 그 시간을 현명한 사람에게 사용해야 한다. 그는 한 마디의 말로도 알아 듣고 고친다. 그러기에 악한 자에게 시간을 사용하지 말고 현명한 자에게 사용해야 한다. 그것이 시간을 아끼는 길이다.

> **13** 누구든지 악으로 선을 갚으면 악이 그 집을 떠나지 아니하리라
>
> **14** 다투는 시작은 둑에서 물이 새는 것 같은즉 싸움이 일어나기 전에 시비를 그칠 것이니라
>
> **13** If you repay good with evil, you will never get evil out of your house.
>
> **14** The start of an argument is like the first break in a dam; stop it before it goes any further.

17:14 다투는 시작은 둑에서 물이 새는 것 같은즉. 다투면 물이 고인 둑에서 작은 틈이 생기는 것과 같다. 틈이 작은 것이기 때문에 신경 쓰지 않을 수 있다. 그러나 둑에서 틈은 아무리 작아도 둑 전체를 허물게 한다. 그것처럼 다툼이 위험하다 말한다. 너무 다투지 마라. **싸움이 일어나기 전에 시비를 그칠 것이니라.** 직역하면 '다툼을 떠나라'이다. 다툼이 생길 것 같으면 그 자리를 떠나라는 말이다. 많은 경우 다툼보다는 시비를 가리지 않는 것이 낫다. 죽고 사는 문제가 아니면 그리 시비를 가릴 필요도 없다.

> **15** 악인을 의롭다 하고 의인을 악하다 하는 이 두 사람은 다 여호와께 미움을 받느니라
>
> **15** Condemning the innocent or letting the wicked go—both are hateful to the Lord.

17:15 악인을 의롭다 하고. 이것은 참으로 나쁜 일이다. 세상에서도 나쁘고 하나님 앞에서도 나쁘다. 그런데 재판 과정에는 수많은 돈이 오간다. 변호사를 쓰는 경우와 그렇지 않은 경우 완전히 다른 재판 결과가 나온다. 비싼 변호사인지 그렇지 않은지에 의해서도 재판결과가 다르게 나온다. 가장 정의로워야 하는 재판마저 그렇게 그릇되어 있다. 그렇다면 도대체 누가 시비를 올바르게 가려줄 수 있을까? 사람들이 올바르게 시비를 가려줄 것이라 생각하지 말고 다툼을 그치는 것이 더 낫다.

16 미련한 자는 무지하거늘 손에 값을 가지고 지혜를 사려 함은 어찜인고

16 It does a fool no good to spend money on an education, because he has no common sense.

17:16 손에 값을 가지고 지혜를 사려 함은 어찜인고. 사실 재판은 돈을 주어 자신이 옳다 하는 것을 증명하는 과정이 될 때가 많다. 그러나 그것은 결국 무지이다. 돈을 주고 지혜를 살 수 없다. 재판은 이길 수 있다. 그러나 그렇다고 지혜는 아니다. 지혜는 오직 하나님 앞에서 정의롭게 심판될 것이다.

17 친구는 사랑이 끊어지지 아니하고 형제는 위급한 때를 위하여 났느니라

17 Friends always show their love. What are relatives for if not to share trouble?

17:17 친구...형제. '친구'는 다투어야 할 사람이 아니라 우정과 사랑을 나누어야 할 사람이다. '형제'는 진짜 위급할 때 역시 형제밖에 없다는 말을 하게 될 것이다. 그러니 가까운 사람과 다투어 그들을 멀리하지 않도록 해야 한다. 가까이에 있다 보면 다툼의 여지는 많다. 그러나 다투지 마라. 부족한 것 같으면 더 사랑하라. 긍휼히 여기라.

18 지혜 없는 자는 남의 손을 잡고 그의 이웃 앞에서 보증이 되느니라

18 Only someone with no sense would promise to be responsible for someone else's debts.

17:18 지혜 없는 자는 남의 손을 잡고. 지혜 없는 사람은 가까이에 있는 사람과 싸우고 멀리 있는 사람과 손을 잡고 함께하려 한다. 그러나 멀리 있는 사람은 내가 모르기 때문에 오히려 더 많은 해를 당하게 될 것이다. 더 크게 싸우게 될 것이다.

19 다툼을 좋아하는 자는 죄과를 좋아하는 자요 자기 문을 높이는 자는 파괴를 구하는 자니라

19 To like sin is to like making trouble. If you brag all the time, you are asking for trouble.

17:19 자기 문을 높이는 자는 파괴를 구하는 자니라. 자기 문턱 높이를 높여서 조금만 달라도 비판하고 깨트리는 사람은 홀로 잘난 것 같지만 실제로는 결국 자신을 파괴하는 것이 될 것이다. 다투어 다른 사람을 깨트리는 사람은 결국 자기 자신을 깨트리는 것이 되기 때문이다. 사람은 자기 자신만으로 구성되는 것이 아니라 이웃과 함께 사람이 된다. 그래서 '인간'이라고 말한다. 그러기에 그 주변을 깨트린다는 것은 결국 자기 자신을 깨트리는 것이다. 그래서 자기 주변 사람과 다투고 헤어지는 사람은 결국 자기 자신을 깨트리는 것이다.

> **20** 마음이 굽은 자는 복을 얻지 못하고 혀가 패역한 자는 재앙에 빠지느니라
>
> **20** Anyone who thinks and speaks evil can expect to find nothing good—only disaster.

17:20 마음이 굽은 자는 복을 얻지 못하고. 마음이 거짓되고 꼬여 있으면 안 된다. 세상을 빛으로 비추어 보아야 한다. 정직하고 성결한 마음을 가져야 한다.

> **21** 미련한 자를 낳는 자는 근심을 당하나니 미련한 자의 아비는 낙이 없느니라
>
> **21** There is nothing but sadness and sorrow for parents whose children do foolish things.

17:21 미련한 자의 아비는 낙이 없느니라. 가정 문제는 마음을 가장 크게 아프게 한다. 그래서 가정을 위해 기도를 많이 해야 한다. 거짓과 어리석음이 가정에 침투하지 못하도록 해야 한다.

> **22** 마음의 즐거움은 양약이라도 심령의 근심은 뼈를 마르게 하느니라
>
> **22** Being cheerful keeps you healthy. It is slow death to be gloomy all the time.

17:22 마음의 즐거움은 양약이라도. 즐거운 마음을 갖는 것은 좋은 약을 먹는 것보다 더 효과적이다. '즐거워하고 싶지 않은 사람이 어디 있느냐'고 반문할지 모르겠다. 그러나 진정 즐거워하고 싶다면 하나님을 바라보라. 그러면 즐겁게 될 것이다. 그러니 땅을 바라보면서 즐거움이 어디에 있느냐고 반문하지 말고 하나님을 바라보면서 즐거

움을 알도록 노력해야 한다. 하나님을 바라보면 늘 큰 즐거움이 있다.

23 악인은 사람의 품에서 뇌물을 받고 재판을 굽게 하느니라

23 Corrupt judges accept secret bribes, and then justice is not done.

17:23 뇌물을 받고 재판을 굽게 하느니라. 가장 공평해야 하는 재판에서 뇌물 때문에 공평이 깨진다. 그러한 불의를 보면 마음이 많이 아프다. 그러나 그렇다고 마음이 근심해야 하는 것은 아니다. 그들의 악은 그들이 심판을 받을 것이다. 그들 때문에 우리의 마음이 근심하고 뼈가 말라서는 안 된다.

24 지혜는 명철한 자 앞에 있거늘 미련한 자는 눈을 땅 끝에 두느니라

24 An intelligent person aims at wise action, but a fool starts off in many directions.

17:24 지혜는 명철한 자 앞에 있거늘. 명철한 자는 지혜를 바라본다. 하나님을 아는 지식이 세상에서 어떻게 적용해야 하는지를 생각한다. 고민한다. 지혜가 아닌 딴 곳에 있지 않다. 그는 목적이 분명하다. 그러니 어떤 일이 있어도 지식을 놓지 않는다. 오직 하나님 앞에 있다. **미련한 자는 눈을 땅 끝에 두느니라.** 땅 끝은 보이지 않는다. 그래서 이것은 목적이 없고 방황하는 것에 대한 이미지다. 미련한 자는 지식과 지혜에 대한 마음이 없다. 분명한 목적이 없다. 그래서 눈을 멀리 둔다. 오늘 잘 빠져나가기만 하면 된다. 오늘 참인지 거짓인지를 중요하게 생각하지 않는다.

25 미련한 아들은 그 아비의 근심이 되고 그 어미의 고통이 되느니라

26 의인을 벌하는 것과 귀인을 정직하다고 때리는 것은 선하지 못하니라

27 말을 아끼는 자는 지식이 있고 성품이 냉철한 자는 명철하니라

25 Foolish children bring grief to their fathers and bitter regrets to their mothers.

26 It is not right to make an innocent person pay a fine; justice is perverted when good people are punished.

27 Those who are sure of themselves do not talk all the time. People who stay calm have real insight.

17:27 말을 아끼는 자는 지식이 있고. 세상의 불의에 대해 말하려면 한이 없다. 그리고 그러한 것을 말하다가 선을 말해야 할 시간이 없을 수 있다. 우리의 시선을 바꾸어야 한다. 세상의 악에 대해 조금은 말하기를 멈출 필요가 있다. 오늘 저들이 가는 악이 아니라 오늘 내가 가야 하는 선에 대해 생각하고 말할 필요가 있다. 그것이 우리의 마음을 다스리는 길이 될 것이다. 악을 생각하면 그것을 미워하여도 결국 악을 닮아갈 수 있다. 마음이 근심하여 뼈가 녹을 수 있다. 그러니 선을 생각하며 마음을 즐겁게 해야 한다. 마음 정원을 잘 가꾸어야 한다.

> 28 미련한 자라도 잠잠하면 지혜로운 자로 여겨지고 그의 입술을 닫으면 슬기로운 자로 여겨지느니라
>
> 28 After all, even a fool may be thought wise and intelligent if he stays quiet and keeps his mouth shut.

18장

함께함으로
건강한 자아 가꾸기

1 무리에게서 스스로 갈라지는 자는 자기 소욕을 따르는 자라 온갖 참 지혜를 배척하느니라

1 People who do not get along with others are interested only in themselves; they will disagree with what everyone else knows is right.

18:1 우리의 자아는 고유하다. 그러나 이기적 자아가 아니라 함께하는 자아가 되어야 한다. 그래야 건강한 자아가 된다. **무리에게서 스스로 갈라지는 자.** 어떤 사람은 자아가 너무 강하여 다른 사람과 함께하지 못한다. 모임에서 자꾸 탈퇴한다. 그것이 세상의 죄에 대한 혐오 때문일 수도 있다. 때로는 따로 떨어져 살고 싶기도 하다. 그러나 그것은 '참 지혜'의 길이 아니다. 그렇게 되면 결국 자신의 건강한 자아까지 해치게 된다. 세상이 잘못되었어도 그 속에서 아파하고 함께해야 건강한 자아를 유지할 수 있다.

2 미련한 자는 명철을 기뻐하지 아니하고 자기의 의사를 드러내기만 기뻐하느니라

2 A fool does not care whether he understands a thing or not; all he wants to do is to show how clever he is.

18:2 자기의 의사를 드러내기만 기뻐하느니라. '자기의 의사를 드러내기만 기뻐'하는 미련한 사람에 대해 말한다. 자신이 옳은 길을 간다면 더욱더 세상에 귀를 기울여야 한다. 자신이 바라보고 있는 세상의 악함이 있듯이 세상이 바라보는 나의 악함도 있다. 그러니 자신이 완전하다고 생각하지 않는 이상 세상의 말에도 귀를 기울여야 한다. 자기의 생각만 말하지 않도록 해야 한다.

3 악한 자가 이를 때에는 멸시도 따라오고 부끄러운 것이 이를 때에는 능욕도 함께

오느니라

4 명철한 사람의 입의 말은 깊은 물과 같고 지혜의 샘은 솟구쳐 흐르는 내와 같으니라

3 Sin and shame go together. Lose your honour, and you will get scorn in its place.

4 A person's words can be a source of wisdom, deep as the ocean, fresh as a flowing stream.

18:4 명철한 사람의 입의 말은 깊은 물과 같고. '명철한 사람'은 의역이다. 직역은 '사람'이다. '사람'이라고 번역하는 것이 맞다. 사람의 말은 '깊은 물'과 같다. 말이 무엇을 의미하는지 잘 모른다. 썩은 물일 수도 있다. 홀로 간직한 것들이 그렇다. 혼자만 옳은 것이 그렇다. **지혜의 샘은 솟구쳐 흐르는 내와 같으니라.** 지혜의 샘은 물이 밖으로 흘러 나와 많은 사람을 시원하게 하고 유익을 준다. 사람은 혼자만 사는 것이 아니라 함께 해야 한다. 다른 사람을 유익하게 해야 한다. 그것이 실제로는 자기 자신을 유익하게 하는 것이다.

5 악인을 두둔하는 것과 재판할 때에 의인을 억울하게 하는 것이 선하지 아니하니라

5 It is not right to favour the guilty and prevent the innocent from receiving justice.

18:5 함께 할 때 잘못된 함께함이 있다. '악인을 두둔하는 것'이 있다. 사람들은 힘있는 사람에게 아부한다. 마치 그들이 옳은 것처럼, 명예로운 것처럼 말한다. 그러한 불나방 같은 사람과 함께하는 것이 쉽지 않다.

6 미련한 자의 입술은 다툼을 일으키고 그의 입은 매를 자청하느니라

6 When some fool starts an argument, he is asking for a beating.

18:6 말을 참 밉게 하는 사람이 있다. 그들의 말을 듣고 있으면 다툼이 생기고 인간에 대한 환멸이 생길 수 있다.

7 미련한 자의 입은 그의 멸망이 되고 그의 입술은 그의 영혼의 그물이 되느니라

8 남의 말하기를 좋아하는 자의 말은 별식과 같아서 뱃속 깊은 데로 내려가느니라

7 When a fool speaks, he is ruining himself; he gets caught in the trap of his own words.

8 Gossip is so tasty—how we love to swallow it!

18:8 남의 말하기를 좋아하는 자. 처음에는 마치 걱정해주듯이 말한다. 그러나 실상은 '별식'을 먹듯이 맛있게 남의 말을 하는 사람들이 있다. **뱃속 깊은 데로 내려가느니라.** 결국 그들 뱃속 깊은 곳에서 그들의 배를 탈나게 할 것이다. 남의 말을 나쁘게 하는 것은 그 말을 듣는 사람이 아니라 그렇게 말하는 사람이 해롭게 된다. 그러기에 심한 뒷담화를 들었다고 함께하는 것까지 멈추어 버리면 안 된다. 악을 선으로 갚는 사람이 진정한 지혜의 사람이다.

9 자기의 일을 게을리하는 자는 패가하는 자의 형제니라

9 A lazy person is as bad as someone who is destructive.

18:9 자기의 일을 게을리하는 자. 사람은 더불어 함께 살아가지만 그 속에서 가장 중요한 것은 철저한 자기 관리다. 동떨어진 자아가 아니라 함께하는 자아로서 자신을 관리해야 한다. 그래서 게으르면 안 된다. 자기 관리를 위해서는 부지런해야 한다.

10 여호와의 이름은 견고한 망대라 의인은 그리로 달려가서 안전함을 얻느니라

10 The Lord is like a strong tower, where the righteous can go and be safe.

18:10 철저한 자기 관리는 자아의 교만을 키우는 것이 아니다. **여호와의 이름은 견고한 망대라.** 우리는 피조물이다. 하나님께서 우리를 창조하셨기에 자기관리를 위해서는 하나님을 의지하며 하나님께 나가야 한다. 그래야 창조된 본래의 존귀함을 찾을 수 있다.

11 부자의 재물은 그의 견고한 성이라 그가 높은 성벽 같이 여기느니라

11 Rich people, however, imagine that their wealth protects them like high, strong walls

round a city.

18:11 부자의 재물은 그의 견고한 성이라. 부자들은 자기의 재물을 의지하는 경향이 많다. 부자는 자기 관리를 잘한 사람처럼 보인다. 그러나 그것은 방향이 잘못된 것이다. 어떤 사람은 재물 때문에 자아를 잃어버린다. 모든 일에 돈을 먼저 더 중요하게 여기는 사람이 많다. 그것은 철저한 자기 관리가 아니라 자기를 잃어버린 모습이다.

12 사람의 마음의 교만은 멸망의 선봉이요 겸손은 존귀의 길잡이니라

12 No one is respected unless he is humble; arrogant people are on the way to ruin.

18:12 교만은 멸망의 선봉. 재물을 많이 쌓아 교만해지는 경우가 있다. 그것은 자기 자신을 찾은 것이 아니라 결국 멸망에 이르러 자신의 모든 것을 잃을 것이다.

13 사연을 듣기 전에 대답하는 자는 미련하여 욕을 당하느니라

14 사람의 심령은 그의 병을 능히 이기려니와 심령이 상하면 그것을 누가 일으키겠느냐

13 Listen before you answer. If you don't you are being stupid and insulting.

14 Your will to live can sustain you when you are sick, but if you lose it, your last hope is gone.

18:14 심령은 그의 병을 능히 이기려니와. 자기 관리는 무엇보다 마음을 잘 관리해야 한다. 마음을 잘 관리하면 몸의 상함도 이길 수 있다. 외적인 시련에도 이겨 낼 수 있다. 그러나 자기 관리가 안 되면 외적인 시련이 오면 넘어진다. 그러니 결코 자기 관리가 잘 된 것이 아니다.

15 명철한 자의 마음은 지식을 얻고 지혜로운 자의 귀는 지식을 구하느니라

15 Intelligent people are always eager and ready to learn.

18:15 지혜로운 자의 귀는 지식을 구하느니라. 자기 마음을 지식으로 채워야 한다. 하

나님을 아는 지식으로 채워야 한다. 그래서 그것을 구해야 한다. 하나님을 아는 지식을 구할 때 채워질 것이요, 그러면 그 마음은 부자가 될 것이다. 하나님의 전능하심이 함께하게 될 것이다.

> 16 사람의 선물은 그의 길을 넓게 하며 또 존귀한 자 앞으로 그를 인도하느니라
>
> 17 송사에서는 먼저 온 사람의 말이 바른 것 같으나 그의 상대자가 와서 밝히느니라
>
> 18 제비 뽑는 것은 다툼을 그치게 하여 강한 자 사이에 해결하게 하느니라
>
> 16 Do you want to meet an important person? Take a gift and it will be easy.
>
> 17 The first to speak in court always seems right until his opponent begins to question him.
>
> 18 If two powerful men are opposing each other in court, casting lots can settle the issue.

18:18 제비뽑기. 제비뽑기는 때로는 강한 자 사이의 충돌을 해결하는 방법이 될 수도 있다. 대등한 강한 충돌이 있을 때는 서로를 인정하고 존중하여 제비뽑기 하는 것도 좋은 방법이 된다. 그리고 하나님의 인도하심의 신비를 겸손히 받아들여야 한다.

> 19 노엽게 한 형제와 화목하기가 견고한 성을 취하기보다 어려운즉 이러한 다툼은 산성 문빗장 같으니라
>
> 19 Help your relatives and they will protect you like a strong city wall, but if you quarrel with them, they will close their doors to you.

18:19 다툼은 산성 문빗장 같으니라. 마음이 많이 상하면, 적군에게 성의 문빗장을 열어주지 않는 것처럼 결코 문을 열어주지 않게 된다. 옳고 그름의 문제보다 마음의 상함은 더욱더 큰 문제를 일으킬 때가 많다. 그래서 마음이 상하지 않도록 해야 한다.

> 20 사람은 입에서 나오는 열매로 말미암아 배부르게 되나니 곧 그의 입술에서 나는 것으로 말미암아 만족하게 되느니라
>
> 21 죽고 사는 것이 혀의 힘에 달렸나니 혀를 쓰기 좋아하는 자는 혀의 열매를 먹으리라

20 You will have to live with the consequences of everything you say.

21 What you say can preserve life or destroy it; so you must accept the consequences of your words.

18:21 혀의 열매를 먹으리라. 열매는 뿌린 대로 거두게 되어 있다. 입으로 많은 말을 하는데 어떤 말을 하였는지에 의해 그 열매를 먹게 된다. 그러니 말을 할 때는 그것이 어떤 열매로 이어질지를 생각해야 한다. 특별히 마음이 상하는 열매를 맺지 않도록 해야 한다.

22 아내를 얻는 자는 복을 얻고 여호와께 은총을 받는 자니라

22 Find a wife and you find a good thing; it shows that the Lord is good to you.

18:22 아내를 얻는 자는 복을 얻고. 자기 관리에 가장 좋은 것 중에 하나는 좋은 배우자를 얻는 것이다. 배우자를 통해 사람이 함께하는 복을 많이 얻을 수 있다. 자기 관리를 잘 할 수 있게 된다.

23 가난한 자는 간절한 말로 구하여도 부자는 엄한 말로 대답하느니라

24 많은 친구를 얻는 자는 해를 당하게 되거니와 어떤 친구는 형제보다 친밀하니라

23 When the poor speak, they have to beg politely, but when the rich answer, they are rude.

24 Some friendships do not last, but some friends are more loyal than brothers.

18:24 많은 친구를 얻는 자는 해를 당하게 되거니와. 여기에서 많은 친구는 아마 돈이나 다른 것 때문에 사귀게 된 친구를 의미할 것이다. 그래서 언제든 떠나가게 될 친구들이다. 그들은 자기 관리에 도움이 되지 못한다. 오히려 타락하게 만드는 경향이 있다. **어떤 친구는 형제보다 친밀하니라.** 진리를 말해 줄 수 있는 친구다. 언제든 충고도 하고 격려도 하면서 함께 하는 좋은 친구를 두고 하는 말이다. 그런 좋은 친구가 있으면 우리는 자기 관기를 더 잘 할 수 있게 된다.

19장

어그러진 세상을 향한
훈계

1 가난하여도 성실하게 행하는 자는 입술이 패역하고 미련한 자보다 나으니라

1 It is better to be poor but honest than to be a lying fool.

19:1 돈이 최고이다. 오늘날만이 아니라 늘 그랬던 것 같다. 오늘날은 조금 더 그런 것 같다. 그 속에서 신앙인인 우리는 어떻게 살아야 할까? '가난하고 지혜로운 사람'과 '돈 있고 미련한 사람'이 비교되고 있다. 사람들은 지혜와 미련에 상관 없이 돈 있는 사람이 부러울 것이다. 그러나 성경은 지혜로운 사람인지 미련한 사람인지에 초점을 두고 말한다. 성경이 그리 말하니 우리의 생각과 마음도 그리 따라가야 한다.

2 지식 없는 소원은 선하지 못하고 발이 급한 사람은 잘못 가느니라

2 Enthusiasm without knowledge is not good; impatience will get you into trouble.

19:2 지식 없는 소원은 선하지 못하고. '소원(히, 네페쉬)'은 보통 영혼, 삶 등으로 번역하는 단어다. 본문에서 의역하면 '소원'도 될 수 있는데 그냥 '사람'으로 번역해도 될 것 같다. 지식이 이끌지 않는 사람 또는 소원은 좋지 못하다. 나쁘다. 사람은 소원의 성취로서 많은 재물이 아니라 지식으로 평가되기 때문이다. 신앙인은 무엇보다 하나님을 아는 지식으로 평가받는다는 것을 알고 있다. **발이 급한 사람은 잘못 가느니라.** 어느 곳으로 가야 할지를 알지 못하고 그냥 서두르고 빠르게만 간다고 되는 것은 결코 아니다. 빠르기보다 방향이 더 중요하다. 그래서 지식이 중요하다.

3 사람이 미련하므로 자기 길을 굽게 하고 마음으로 여호와를 원망하느니라

3 Some people ruin themselves by their own stupid actions and then blame the Lord.

19:3 사람이 미련하므로 자기 길을 굽게 하고. 사람들은 하나님의 뜻을 구하지 않고 산다. 하나님께서 창조하셨으니 하나님의 뜻을 구하는 것이 먼저다. 그러나 그 뜻을 구하지 않아 가는 길이 가시 밭길 인생이 된다. 의미 없고 멸망의 가시 밭길이다. 신앙인마저도 그렇게 가는 사람이 많다. **마음으로 여호와를 원망하느니라.** 하나님의 뜻을 묻지 않고 갔는데 잘못되면 사람들은 하나님을 원망한다. 길이 아닌 곳을 가서 수렁에 빠졌는데 하나님을 원망한다. 최소한 하나님의 뜻을 묻지 않고 갔으면 하나님을 원망하지 말아야 한다. 하나님의 뜻을 묻고 갔어도 원망하지 말아야 하는데 묻지도 않고 갔으면서 하나님을 원망하는 사람이 많다.

> 4 재물은 많은 친구를 더하게 하나 가난한즉 친구가 끊어지느니라
> 4 Rich people are always finding new friends, but the poor cannot keep the few they have.

19:4 재물은 많은 친구를 더하게 하니. 재물이 많아야 친구가 많다. 더 연락을 한다. 그러나 돈 때문에 있는 사람을 친구라 할 수 있을까? 그들은 진정한 친구가 아니라 망하게 하는 친구들일 수 있다.

> 5 거짓 증인은 벌을 면하지 못할 것이요 거짓말을 하는 자도 피하지 못하리라
> 5 If you tell lies in court, you will be punished—there will be no escape.

19:5 5절-9절은 '거짓 증인'에 대한 이야기다. **거짓 증인은 벌을 면하지 못할 것이요.** 왜 거짓 증인을 섰을까? 돈 때문일 것이다. 거짓 증인이 되면 위험하다. 그런데도 거짓 증인이 되었다는 것은 많은 돈을 약속 받았기 때문일 것이다. 돈은 그렇게 거짓 증인도 만들어낸다. 그러나 결국 거짓 증인은 벌을 받을 것이다. 그러니 돈이 최고인 것 같으나 실상은 최고가 아니다.

> 6 너그러운 사람에게는 은혜를 구하는 자가 많고 선물 주기를 좋아하는 자에게는 사람마다 친구가 되느니라
> 7 가난한 자는 그의 형제들에게도 미움을 받거든 하물며 친구야 그를 멀리 하지

아니하겠느냐 따라가며 말하려 할지라도 그들이 없어졌으리라

8 지혜를 얻는 자는 자기 영혼을 사랑하고 명철을 지키는 자는 복을 얻느니라

6 Everyone tries to gain the favour of important people; everyone claims the friendship of those who give out favours.

7 Even the relatives of a poor person have no use for him; no wonder he has no friends. No matter how hard he tries, he cannot win any.

8 Do yourself a favour and learn all you can; then remember what you learn and you will prosper.

19:8 지혜를 얻는 자는 자기 영혼을 사랑하고. 지혜를 사랑하는 사람은 자기 영혼을 사랑하는 사람이다. 돈을 사랑하는 사람은 자기 영혼을 사랑하지 않는 사람이다. 불멸의 존재인 자기 자신의 영혼을 진정 사랑하는 사람이라면 영원한 나라를 바라보아야 한다. 영원한 나라에서 소중한 지혜를 얻기 위해 힘을 다해야 한다. 그것이 복이다. 지혜를 따라 사는 사람은 혹 가던 길이 막혀도 '하나님을 원망'하지 않는다. 그가 그 길을 무엇인가를 더 얻기 위해 간 것이 아니라 하나님의 뜻이어서 간 것이기 때문이다. 하나님의 뜻을 따라 간 곳에서는 원망이 없다. 오직 하나님의 뜻을 행하였다는 사실에 기쁨과 감사가 있을 뿐이다. 그것의 결과는 전혀 상관없다.

9 거짓 증인은 벌을 면하지 못할 것이요 거짓말을 뱉는 자는 망할 것이니라

10 미련한 자가 사치하는 것이 적당하지 못하거든 하물며 종이 방백을 다스림이랴

9 No one who tells lies in court can escape punishment; he is doomed.

10 Fools should not live in luxury, and slaves should not rule over noblemen.

19:10 미련한 자가 사치하는 것이 적당하지 못하거든. 미련한 자는 사실 좋은 것을 누릴 자격이 없다. 좋은 것을 가지고 있어도 좋은 것임을 알지 못할 것이기 때문이다. 좋게 사용하지 못할 것이기 때문이다. 그런데 세상은 어그러져 있어 자격 없는 사람이 더 좋은 것을 가지고 있는 경우가 많다.

11 노하기를 더디 하는 것이 사람의 슬기요 허물을 용서하는 것이 자기의 영광이니라

11 If you are sensible, you will control your temper. When someone wrongs you, it is a great virtue to ignore it.

19:11 노하기를 더디하는 것이 사람의 슬기. 세상이 우리를 속일지라도 세상에 분노하지 마라. 어그러진 세상에서도 여전히 하나님의 통치의 손길이 존재한다. 그러기에 분노하기 전에 조금 더 숨을 깊이 들이마시라. **허물을 용서하는 것이 자기의 영광이니라.** 누군가의 허물 때문에 불편을 겪을 때 오히려 그들을 안아 주라. 가난한 사람을 보면 도울 수 있어 좋은 것처럼 허물이 있는 사람을 보면 보듬어 줄 수 있어 좋은 것이 되게 하라. 그렇게 보듬어 주는 것은 고스란히 신앙인의 영광이 될 것이다. '영광(히, 티프에레트)'은 직역하면 '장식품'이다. 주님 만날 때 몸을 꾸미는 아름다운 장식품이 될 것이다. 성경은 착한 행실을 옷으로 상징적으로 말할 때가 많다. 그 옷에 '용서'라는 장식품을 달면 더욱더 멋있는 패셔니스트가 될 것이다.

> **12** 왕의 노함은 사자의 부르짖음 같고 그의 은택은 풀 위의 이슬 같으니라
>
> **12** The king's anger is like the roar of a lion, but his favour is like welcome rain.

19:12 어그러진 세상을 용서하기만 하면 힘들 것이다. 나만 바보처럼 보일 수도 있다. 그 사람의 죄는 어떡하느냐고 말하기도 한다. 그러나 그런 걱정은 하지 마라. **왕의 노함은 사자의 부르짖음 같고.** 하나님께서 그의 죄에 대해 물으실 것이다. 가장 좋고 엄한 방식으로 물으실 것이다. 그러니 심판은 하나님께 맡기고 우리가 해야 할 일은 용서하는 일이다.

> **13** 미련한 아들은 아버지에게 파멸을 가져다 주고, 다투기를 잘하는 아내는 새는 천장에서 떨어지는 물과 같다.
>
> **13** Stupid children can bring their parents to ruin. A nagging wife is like water going drip-drip-drip.

19:13 어그러진 세상에서 용서하는 것이 힘들 수도 있다. 그러나 그것은 우리가 할 수 있는 일이다. 세상에는 그것보다 힘든 일이 많다. **미련한 아들은 그의 아비의 재앙이요.** 미련한 아들이 있다고 생각해 보라. 늘 사고만 치는 아들이 있으면 상상도 할 수

없을 재앙이다. **다투는 아내는 이어 떨어지는 물방울이니라.** '이어 떨어지는 물방울'은 천장에 비가 새는 것을 연상하면 된다. 집 천장에서 물이 샌다고 생각해 보라. 늘 다투는 아내가 있으면 그런 것과 같다고 말한다. 집만 들어가면 아내와 싸운다고 생각해 보라. 참으로 지옥일 것이다.

> **14** 집과 재물은 조상에게서 상속하거니와 슬기로운 아내는 여호와께로서 말미암느니라
>
> **14** A man can inherit a house and money from his parents, but only the Lord can give him a sensible wife.

19:14 집과 재물은 조상에게서 상속하거니와. 재산은 사람의 행동에 따라 많이 가질 수 있다. 그래서 악한 사람도 많은 재산을 가지게 되기도 한다. **슬기로운 아내는 여호와께로서 말미암느니라.** 슬기로운 아내는 부모나 자신의 선택에 달리지 않았다. 자기 눈이 뛰어나서가 아니다. 하나님의 은혜로 지금의 아내를 맞이한 것이다. 그러니 그러한 배우자를 만난 것만으로도 감사하게 생각해야 한다. 재앙이 되는 자식이나 배우자가 아니기에 헛힘을 쓸 필요가 없다. 대신 그 힘으로 이웃을 사랑하고 용서하는 데 사용해야 한다.

> **15** 게으름이 사람으로 깊이 잠들게 하나니 태만한 사람은 주릴 것이니라
>
> **15** Be lazy if you want to; sleep on, but you will go hungry.

19:15 게으름이 사람으로 깊이 잠들게 하나니. 사람들이 진짜 중요한 일에 게으르다. 시간이 없어 예배하지 못하고, 말씀을 읽지 못한다. 그것은 시간이 없는 것이 아니라 게으른 것이다. 영적인 게으름이다. 영적인 게으름은 사람을 영적인 일에 깊이 잠들게 한다. 그리고 결국 영적으로 굶어 죽는다. 말씀을 먹지 않고 어찌 살 수 있을까?

> **16** 계명을 지키는 자는 자기의 영혼을 지키거니와 자기의 행실을 삼가지 아니하는 자는 죽으리라
>
> **16** Keep God's laws and you will live longer; if you ignore them, you will die.

19:16 계명을 지키는 자는 자기의 영혼을 지키거니와. 말씀을 열심히 알고 그것을 지키는 것이 자신의 영혼을 영적인 아사에서 건지는 길이다. **자기의 행실을 삼가지 아니하는 자는 죽으리라.** 영적인 죽음에 이르지 않도록 자신의 행동을 돌아보아야 한다. 영적인 일에 무지하고 결국 행하지 않으면 죽게 될 것이다. 어그러진 세상에서 우리가 바라보아야 할 것은 어그러진 것이 아니라 그 속에서 우리가 사는 길이다. 어그러졌어도 여전히 우리에게 하나님의 말씀이 있다. 빛이 되는 말씀이 있어 우리가 가야 할 길을 바로 볼 수 있다.

> **17** 가난한 자를 불쌍히 여기는 것은 여호와께 꾸어 드리는 것이니 그의 선행을 그에게 갚아 주시리라
>
> **17** When you give to the poor, it is like lending to the Lord, and the Lord will pay you back.

19:17 가난한 자를 불쌍히 여기는 것은 여호와께 꾸어 드리는 것이니. 우리가 어찌 하나님께 돈을 꾸어 드릴 수 있을까? 그런데 하나님께서 그렇게 '여겨 주신다'는 것이다. 우리가 가난한 자에게 긍휼을 베풀어서 준 것을 하나님께서 다시 갚아 주실 것이기 때문이다. 주님 재림하시면 그것을 분명히 알게 될 것이다. 그러니 얼마나 놀라운가? 그 놀라운 일을 우리가 열심히 해야 하지 않을까? 세상이 어그러졌다고 불만만 하고 있지 말아야 한다. 어그러진 세상이기에 가난한 사람도 많고 허물 많은 연약한 사람도 많다. 그들을 돕는다면 우리는 영광으로 가득한 삶을 살 수 있다.

> **18** 네가 네 아들에게 희망이 있은즉 그를 징계하되 죽일 마음은 두지 말지니라
>
> **18** Discipline your children while they are young enough to learn. If you don't, you are helping them to destroy themselves.

19:18 징계. 벌을 주어서라도 가르치는 것이다. 훈계는 이 땅의 모든 사람에게 매우 필요하다. 사람은 다 연약하기 때문이다. 사람은 배워야 하는데 잘 배우려고 하지 않는다. **희망이 있은즉.** 이것은 '희망이 있을 때' '희망이 있기 때문에'로 해석할 수 있다. 훈계해서 들을 가능성이 없으면 그것은 훈계가 아니다. 지적질이다. 그러나 조금이라도 가능성이 있으면 힘들어도 훈계해야 한다. 자식이기 때문일 것이다. 사랑하는 사

람에게는 훈계의 가능성을 보아야 한다. 희망이라는 이름의 가능성을 만들어야 한다. **죽일 마음은 두지 말지어다.** 이것은 훈계하더라도 '죽음에 이를 정도로 혹독하게 해서는 안 된다'는 의미일 수 있다. 개역개정은 그런 의미로 해석하였다. 또 하나의 가능성은 '죽음에 이르도록 두지 말라'이다. 훈계를 받지 않으면 영원한 죽음에 이르게 될 것이기 때문이다. 23절을 함께 생각하면 후자가 맞을 것 같다. 훈계가 없으면 죄 가운데 방치되어 영원한 죽음에 이르게 될 것이다. 어떤 훈계보다 더 가슴 아픈 일이다.

> **19** 노하기를 맹렬히 하는 자는 벌을 받을 것이라 네가 그를 건져 주면 다시 그런 일이 생기리라
>
> **19** If someone has a hot temper, let him take the consequences. If you get him out of trouble once, you will have to do it again.

19:19 조절되지 않은 분노는 문제를 일으킨다. **그를 건져 주면 다시 그런 일이 생기리라.** 문제를 일으킨 사람이 책임을 지도록 해야 한다. 그것이 훈계가 된다. 그런데 무책임하게 다른 사람이 그를 도와 어려움에서 구해 주면 그는 또다시 분노 조절을 못하고 문제를 만들 것이다. 그러니 훈계의 마음으로 돕지 않는 것이 좋다.

> **20** 너는 권고를 들으며 훈계를 받으라 그리하면 네가 필경은 지혜롭게 되리라
>
> **20** If you listen to advice and are willing to learn, one day you will be wise.

19:20 너는 권고를 들으며 훈계를 받으라. 자식만이 아니라 부모도 훈계를 들어야 한다. 부모로서 자녀를 훈계하는 일에도 훈계를 들어야 한다. 또한 자신의 일에 대해서도 훈계를 들어야 한다. 그래서 사람들에게 환난이 있다. 어려움은 하나님께서 우리를 훈계하는 하나의 방법이다.

> **21** 사람의 마음에는 많은 계획이 있어도 오직 여호와의 뜻만이 완전히 서리라
>
> **21** People may plan all kinds of things, but the Lord's will is going to be done.

19:21 여호와의 뜻. 사람은 살아가면서 많은 생각과 계획을 가지고 있다. 그러나 기억

해야 할 것은 결국 '여호와의 뜻만이 완전히 서리라'는 사실이다. 그러기에 우리는 하나님의 뜻을 묻고 좇아가야 한다. 여호와의 뜻을 아는 것이 훈계의 목적이다. 자신을 향한 하나님의 뜻을 구분하고 그것을 따라가는 것을 배워야 한다. 세상 일에 대한 미련과 큰 것에 대한 유혹을 내려놓아야 한다. 큰 일이라고 좋은 것이 아니다. 나에게 주어진 하나님의 뜻을 행복하고 기쁘게 묵묵히 따라가는 것이 복이다.

> **22** 사람은 자기의 인자함으로 남에게 사모함을 받느니라 가난한 자는 거짓말하는 자보다 나으니라
>
> **22** It is a disgrace to be greedy; poor people are better off than liars.

19:22 사람은 자기의 인자함으로 남에게 사모함을 받느니라. 여러 가지 해석이 가능하나 '사람에게 가장 중요하고 필요한 것은 인자(히, 헤세드)다'라고 해석하는 것이 좋을 것 같다. '헤세드'는 인자, 신실, 충실, 그치지 않는 사랑 등으로 번역하는데 나는 '언약적 사랑'이 가장 기본적인 의미라고 생각한다. 사람은 하나님과의 언약에 신실해야 한다. 그것이 '헤세드'고 사랑이다. 말씀(언약)을 신실하게 지키는 것이 사람에게 가장 중요하다. **가난한 자는 거짓말하는 자보다 나으니라.** 하나님과의 언약을 지키기 위해 재물을 더 벌 수 있는 기회를 포기하거나, 재물을 잃는 것을 두려워하지 않고 가난하게 되었다면 그것은 참으로 귀한 모습이다. 재물을 위해 언약에 대한 신실(히, 헤세드)을 포기하고 거짓말을 하였다면 그것은 멸망의 길이다.

> **23** 여호와를 경외하는 것은 사람으로 생명에 이르게 하는 것이라 경외하는 자는 족하게 지내고 재앙을 당하지 아니하느니라
>
> **23** Obey the Lord and you will live a long life, content and safe from harm.

19:23 여호와를 경외하는 것은 사람으로 생명에 이르게 하는 것이라. 오직 여호와를 경외하여 여호와의 뜻을 중요하게 생각하고, 신실하게 그것을 지키는 사람이 영원한 생명의 소유자가 된다. **경외하는 자는 족하게 지내고 재앙을 당하지 아니하느니라.** 하나님을 경외하는 자는 자신에게 주어진 길을 겸손하게 간다. 그리고 만족함이 있다. 행복하다. 감사하다. 그러나 재물을 좇아간 사람은 어느 날 갑자기 '재앙'을 만나게 될 것이다. 그 길이 잘못된 길이기에 언젠가는 그것에 대한 책임을 물을 것이고 죄의 파멸

이라는 본질에 이르게 될 것이기 때문이다.

> **24** 게으른 자는 자기의 손을 그릇에 넣고서도 입으로 올리기를 괴로워하느니라
>
> 24 Some people are too lazy to put food in their own mouths.

19:24 '게으른 자'는 음식 그릇에 손을 넣어 잡았지만 음식을 입으로 (귀찮아서)'올리지 않는다'는 말이다. 이런 일이 있을까? 아마 없을 것이다. 이것은 유머이다. 그러나 또한 강조다. 안 먹으면 죽는 줄 알면서도 게을러서 먹지 않는 경우가 실제로 있을까? 이런 일이 육체적으로는 일어나지 않을 것이다. 그런데 영적으로는 아주 자주 일어난다. 사람들이 '교회에 가야 하는데'라는 말을 많이 한다. 그러나 게을러서 결국 교회에 오지 못하고 생을 마치는 사람을 아주 많이 보았다.

> **25** 거만한 자를 때리라 그리하면 어리석은 자도 지혜를 얻으리라 명철한 자를 견책하라 그리하면 그가 지식을 얻으리라
>
> 25 Arrogance should be punished, so that people who don't know any better can learn a lesson. If you are wise, you will learn when you are corrected.

19:25 거만한 자를 때리라 그리하면 어리석은 자도 지혜를 얻으리라. 세상에는 거만한 사람이 많다. 자신이 최고인 것처럼 생각한다. 자신이 창조주가 아니면서도 행동을 보면 마치 창조주처럼 행동한다. 돈이나 힘이 다른 사람들보다 조금 더 있으면 그런 경향이 더 많다. 그래서 하나님께서 그들을 징계하신다. 그러면 자신의 무능을 알고 돌아오는 사람이 있다. 눈물 흘리면서 돌아온다. 그렇게라도 돌아오면 다행이다.

> **26** 아비를 구박하고 어미를 쫓아내는 자는 부끄러움을 끼치며 능욕을 부르는 자식이니라
>
> **27** 내 아들아 지식의 말씀에서 떠나게 하는 교훈을 듣지 말지니라
>
> 26 Only a shameful, disgraceful person would ill-treat his father or turn his mother away from his home.
>
> 27 Son, when you stop learning, you will soon neglect what you already know.

19:27 직역하면 '내 아들아 훈계에 귀 기울이는 것을 멈추어라. 지식의 말씀에서 떠나라'이다. 역설적으로 말한 것이다. 훈계에 귀 기울이지 않음으로 지식의 말씀에서 떠나는 모습이 많아서 그것에 아파하는 말이다. 오늘날 사람들은 하나님을 아는 지식을 귀하게 생각하지 않는다. 교회를 다녀도 자신의 마음의 평안과 세상의 복을 위해 다니는 정도인 경우가 많다. 그래서 성경은 '자신 안에 있는 죄를 깨트리라'고 말하는데 거꾸로 '자신의 죄를 더 굳건히 세우려고' 한다. 어떤 사람은 믿음이라는 이름으로 더 교만 해진다. 하나님을 아는 지식을 귀하게 생각하지 않기 때문이다.

> **28** 망령된 증인은 정의를 업신여기고 악인의 입은 죄악을 삼키느니라
>
> **28** There is no justice where a witness is determined to hurt someone. Wicked people love the taste of evil.

19:28 정의를 업신여기고. 거만한 사람들은 '진리가 밥 먹여주냐'라고 말한다. 오직 자신들의 배를 채우고 기분을 맞추어 주는 일에 마음을 쏟는다. '진리는 개나 갖다 주라'고 말한다. 아주 거만하게 말한다.

> **29** 심판은 거만한 자를 위하여 예비된 것이요 채찍은 어리석은 자의 등을 위하여 예비된 것이니라
>
> **29** A conceited fool is sure to get a beating.

19:29 심판은 거만한 자를 위하여 예비된 것이요. 세상에 취한 거만한 사람에게는 심판이 준비되어 있다. 하나님의 뜻을 거절하고 자신의 뜻대로 산 사람은 자신이 자신을 구원하지 못하기에 결코 해피엔딩이 되지 못한다. 오직 천지를 창조하신 하나님의 뜻대로 산 사람만이 영원한 생명과 행복한 삶이 있다.

20장

행함과 심판

1 포도주는 거만하게 하는 것이요 독주는 떠들게 하는 것이라 이에 미혹되는 자마다 지혜가 없느니라

1 Drinking too much makes you loud and foolish. It's stupid to get drunk.

20:1 포도주는 거만하게 하는 것이요. 술을 먹고 자랑하며 거만하게 말하는 사람을 보라. 술을 먹고 거만하게 된 사람처럼 세상은 온통 취해 있다. 자기 잘난 맛에 취해 있다. 돈을 조금 벌었다고, 높은 직위에 올랐다고 거만함에 취해 있다. 하나님을 찾지 않는다.

2 왕의 진노는 사자의 부르짖음 같으니 그를 노하게 하는 것은 자기의 생명을 해하는 것이니라

2 Fear an angry king as you would a growling lion; making him angry is suicide.

20:2 왕의 진노는 사자의 부르짖음 같으니. 절대왕권을 가진 왕은 한 번 소리를 지르면 신하의 목숨은 순식간에 사라질 것이다. 그러기에 아무리 교만하여도 왕 앞에서 거만하게 보여서는 안 된다. 천지를 다스리시는 하나님이라는 왕께는 더욱더 그래야 한다. 그런데 사람들은 하나님을 믿지 않기 때문에 많이 거만하다. 신앙인은 어떨까? 신앙인은 어떤 왕 앞에 있는 것보다 더 겸손해야 할 것이다. 그런데 많이 그렇지 못한 것을 본다. 매우 어리석은 교만이다.

3 다툼을 멀리 하는 것이 사람에게 영광이거늘 미련한 자마다 다툼을 일으키느니라

3 Any fool can start arguments; the honourable thing is to stay out of them.

20:3 다툼을 멀리 하는 것이 사람에게 영광이거늘. 어디를 가든 다투는 사람은 어리석

은 사람이다. 특별히 하나님과는 더욱더 그렇다. 하나님의 통치에 다투려 하지 말고 그 뜻을 잘 헤아려야 한다. 신뢰해야 한다.

> **4** 게으른 자는 가을에 밭 갈지 아니하나니 그러므로 거둘 때에는 구걸할지라도 얻지 못하리라
>
> 4 A farmer who is too lazy to plough his fields at the right time will have nothing to harvest.

20:4 게으른 자는 가을에 밭 갈지 아니하나니. 이스라엘은 추수 후에 늦가을에 밭을 갈고 파종을 하여 다음 해 봄에 수확을 시작한다. 농사에는 때가 있다. 게으른 자는 때를 놓치고 나중에 후회한다. 사랑하는 것도 때가 있다. 사람과의 만남도 때가 있다. 그때 제대로 사랑하지 못하면 나중에 추수할 때 전혀 거두지 못할 것이다. 주님의 재림 때는 우리의 수고에 대해 열매를 거두는 때이다. 그때는 아무리 더 추수하고 싶어 애걸하여도 더 얻을 수 없다. 오직 이 땅에서 부지런히 땀 흘려야 그때 추수할 수 있다.

> **5** 사람의 마음에 있는 모략은 깊은 물 같으니라 그럴지라도 명철한 사람은 그것을 길어 내느니라
>
> 5 A person's thoughts are like water in a deep well, but someone with insight can draw them out.

20:5 사람의 마음에 있는 모략은 깊은 물 같으니라. 사람의 마음을 잘 헤아릴 수 없다.

> **6** 많은 사람이 각기 자기의 인자함을 자랑하나니 충성된 자를 누가 만날 수 있으랴
>
> 6 Everyone talks about how loyal and faithful he is, but just try to find someone who really is!

20:6 각기 자기의 인자함을 자랑하나니. 신앙인들이 자신의 인자(히, 헤세드)를 자신한다. 그러나 실제로 그렇게 신실한 사람은 많지 않다. 그 사람의 마음 속 깊은 곳에는 어떤 마음이 있는지를 잘 모른다. 사람을 어떻게 그가 하는 말과 겉모습으로 다 판단할 수 있을까?

7 온전하게 행하는 자가 의인이라 그의 후손에게 복이 있느니라

7 Children are fortunate if they have a father who is honest and does what is right.

20:7 온전하게 행하는 자가 의인이라. 사람은 그가 행동하는 것을 보면 그가 진정 신실한 사람인지 그렇지 않은 사람인지를 알 수 있다. 사람들은 약속할 때 다 '꼭 지키겠다'고 말한다. 그 중에 누가 진정 신실한 사람일까? 그 약속을 행동으로 지키는 사람이다. 행동으로 지키는 사람이 신실한 사람이지 지키겠다고 말하는 사람이 신실한 사람인 것이 아니다. 결국 행동으로 그 사람의 속 깊은 것이 드러나는 것이다. 때로는 자신도 모르던 자신을 자신의 행동으로 깨달을 수 있게 되기도 한다. 그래서 자신의 행동을 보고 자신을 더 잘 아는 것도 중요하다.

8 심판 자리에 앉은 왕은 그의 눈으로 모든 악을 흩어지게 하느니라

8 The king sits in judgement and knows evil when he sees it.

20:8 흩어지게 하느니라. '까부르다' '키질하다'는 뜻이다. 곡식의 알갱이와 쭉정이를 키질하여 구분하는 것을 의미한다. 사람들은 자신이 착한 사람이라고, 믿음의 사람이라고 주장할 수 있다. 그러나 하나님께서 그 사람의 모든 것을 키질하시듯이 선과 악을 구분하신다. 사람은 사람의 마음이 너무 깊고 복잡하여 분별이 쉽지 않지만 하나님은 정확히 분별하신다. 그러기에 자신의 마음과 행동을 열심히 잘 분별하고 거룩한 삶이 되도록 해야 한다.

9 내가 내 마음을 정하게 하였다 내 죄를 깨끗하게 하였다 할 자가 누구냐

9 Can anyone really say that his conscience is clear, that he has got rid of his sin?

20:9 '내 마음을 정하게 하였다'라고 할 수 있는 사람이 없다. 사람은 타락하였기 때문에 태생적으로 죄를 가지고 태어나고, 살면서 수많은 죄를 행하고 있음을 안다. 그러기에 '죄 없는 사람이 누군가?'라고 묻는다면 누구도 손을 들 수 없을 것이다.

10 한결같지 않은 저울 추와 한결같지 않은 되는 다 여호와께서 미워하시느니라

10 The Lord hates people who use dishonest weights and measures.

20:10 '죄 없는 사람이 없다'는 사실이 죄를 합리화하는 것이 되어서는 안 된다. 죄 없는 사람이 없기에 더욱더 두렵고 떨림으로 죄와 싸워야 한다. 하나님은 저울추를 속이는 거짓을 미워하신다. 그것을 알면서 '죄 없는 사람이 어디 있느냐'하며 여전히 저울 추를 속이고 있다면 그 사람을 하나님께서 심판하실 것이다. 하나님께서 그것을 싫어하신다는 것을 알면 그렇게 행하지 않도록 힘을 다해야 한다.

11 비록 아이라도 자기의 동작으로 자기 품행이 청결한 여부와 정직한 여부를 나타내느니라
11 Even children show what they are by what they do; you can tell if they are honest and good.

20:11 아이라도 그 아이의 행동을 보면 '품행이 청결한 여부'를 구분할 수 있다. 우리는 하나님 앞에서 품행이 청결한 사람이 되어야 한다. 그것을 구분하는 것은 어려운 것이 아니다. '품행을 청결하게 행동하는 것'이 우리가 죄인이기 때문에 불가능한 것이 아니다.

12 듣는 귀와 보는 눈은 다 여호와께서 지으신 것이니라
12 The Lord has given us eyes to see with and ears to listen with.

20:12 사람을 판단하는 우리의 귀와 눈을 하나님께서 창조하셨다. 그러니 우리가 보기에도 품행이 바른 사람과 그렇지 않은 사람을 귀로 듣고 눈으로 보면서 판단하는데 그것을 만드신 하나님께서 판단하실 수 없으실까? 아주 정확히 판단하신다. 그러기에 말도 안 되는 것으로 변명하면서 실제로는 자신의 탐욕에 따라 행동하는 것을 멈추어야 한다. 무엇이 하나님의 뜻이고 무엇이 나의 뜻대로 행동하는 것인지를 부지런히 잘 생각하고 판단해야 한다. 자신의 뜻대로 살고 있는 삶은 아무리 열심히 살고, 많은 것을 이루었어도 그것은 '잠자는 삶'이다. 눈을 떠서 하나님의 뜻이 무엇인지를 찾아야 한다. 그리고 그것에 순종해야 한다. 하나님의 뜻을 기쁘게 걸어가야 한다.

13 너는 잠자기를 좋아하지 말라 네가 빈궁하게 될까 두려우니라 네 눈을 뜨라 그리하면 양식이 족하리라

14 물건을 사는 자가 좋지 못하다 좋지 못하다 하다가 돌아간 후에는 자랑하느니라

13 If you spend your time sleeping, you will be poor. Keep busy and you will have plenty to eat.

14 The customer always complains that the price is too high, but then he goes off and brags about the bargain he got.

20:14 사람들은 물건을 소유하기 전의 입장과 소유한 이후의 입장이 완전히 다르다. 같은 것을 가지고도 말을 다르게 하고 마음으로 다르게 본다. 우리의 행동에 대해서도 '하나님께서 어떻게 보실지'를 생각해야 한다. 나는 잘 살고 있는 것 같으나 실상은 하나님께서 보시기에 아주 못 살고 있을 수 있다. 그렇다면 빨리 정신 차려야 한다. 눈을 떠야 한다.

15 세상에 금도 있고 진주도 많거니와 지혜로운 입술이 더욱 귀한 보배니라

15 If you know what you are talking about, you have something more valuable than gold or jewels.

20:15 지혜로운 입술이 더욱 귀한 보배니라. 금도 좋고 진주도 좋다. 좋은 많은 것이 있다. 그러나 지혜가 가장 귀한 것이다. 아무리 좋은 것도 지혜가 없으면 악하게 사용될 수 있다. 결국 안 좋은 것이 된다. 그러기에 그러한 것을 잘 사용하게 하는 지혜가 가장 귀한 보배다.

16 타인을 위하여 보증 선 자의 옷을 취하라 외인들을 위하여 보증 선 자는 그의 몸을 볼모 잡을지니라

16 Anyone stupid enough to promise to be responsible for a stranger's debts ought to have his own property held to guarantee payment.

20:16 타인을 위하여 보증 선 자의 옷을 취하라. 지혜가 없어 잘못된 보증을 선 사람은 이미 자신의 소유를 잃은 사람이나 마찬가지다. 그래서 빨리 담보 물건을 취하라고 말한다. 하나님께서 누군가의 믿음 없음을 심판하시려 하는데 그 사람을 위해 보

증을 섰다면 어떻게 될까? 보증 선 사람이 함께 어려움을 받게 될 것이다. 사람은 자신의 죄로 심판 받도록 해야 한다. 다른 사람의 인생에 과도하게 관여하지 말아야 한다.

> **17** 속이고 취한 음식물은 사람에게 맛이 좋은 듯하나 후에는 그의 입에 모래가 가득하게 되리라
>
> **17** What you get by dishonesty you may enjoy like the finest food, but sooner or later it will be like a mouthful of sand.

20:17 속이고 취한 음식물은 사람에게 맛이 좋은 듯하나. 속이고 취한 음식이 왜 맛있을까? 수고하지 않고 얻은 음식이기 때문일 것이다. 그러나 그것은 하나님을 경외하지 않는 마음이다. 모든 것을 심판하시는 하나님이 계심을 안다면 결코 속여 취한 음식을 맛있어 하지 못할 것이다.

> **18** 경영은 의논함으로 성취하나니 지략을 베풀고 전쟁할지니라
>
> **19** 두루 다니며 한담하는 자는 남의 비밀을 누설하나니 입술을 벌린 자를 사귀지 말지니라
>
> **20** 자기의 아비나 어미를 저주하는 자는 그의 등불이 흑암 중에 꺼짐을 당하리라
>
> **18** Get good advice and you will succeed; don't go charging into battle without a plan.
>
> **19** A gossip can never keep a secret. Stay away from people who talk too much.
>
> **20** If you curse your parents, your life will end like a lamp that goes out in the dark.

20:20 어미를 저주하는 자. 부모를 얕잡아 보는 모든 행위를 의미한다. 어릴 적 부모가 자신을 돌본 것을 잊어버리고 자신을 사랑하는 부모의 말을 죽도록 무시하며 부모의 사랑을 가벼이 여기는 모든 행동이다. 부모를 얕잡아 보는 것은 그 부모를 주신 하나님을 얕잡아 보는 것이다. **등불이 흑암 중에 꺼짐을 당하리라.** '죽음'을 상징적으로 말한 것이다. 어느 순간에 무너질 것이다. 자녀가 돈이 많고 잘 나가면 무엇 하겠는가? 부모를 얕잡아 보면 결국 하나님의 심판이 있을 것이다. 부모에게 받은 사랑을 쉽게 여기면 안 된다.

21 처음에 속히 잡은 산업은 마침내 복이 되지 아니하느니라

21 The more easily you get your wealth, the less good it will do you.

20:21 처음에 속히 잡은 산업. 자녀가 일찍 상속받은 재산을 의미할 수 있다. 예수님 비유의 탕자처럼 못된 아들이 일찍 상속을 요구하여 받는 경우다. 그렇게 받은 돈은 그 사람에게 복이 되지 못한다.

22 너는 악을 갚겠다 말하지 말고 여호와를 기다리라 그가 너를 구원하시리라

22 Don't take it on yourself to repay a wrong. Trust the Lord and he will make it right.

20:22 너는 악을 갚겠다 말하지 말고. 세상의 악을 대하는 방식은 그것에 대해 싸우는 것이 아니다. 그들을 직접 심판하려 하지 말고 하나님이 통치하시니 하나님께서 심판하시도록 해야 한다. **여호와를 기다리라 그가 너를 구원하시리라.** 세상의 악에 의해 우리가 고난을 당하면 하나님께서 그들을 심판하시고 우리를 구원하실 것이다. 그러니 그들과 악으로 싸울 것이 아니라 끝까지 선을 행하면서 기다려야 한다.

23 한결같지 않은 저울 추는 여호와께서 미워하시는 것이요 속이는 저울은 좋지 못한 것이니라

23 The Lord hates people who use dishonest scales and weights.

20:23 한결같지 않은 저울 추는 여호와께서 미워하시는 것. 세상의 악에 대해 하나님께서 미워하시고 심판하신다. 그들이 속임수로 많은 돈을 버는 것을 부러워하지 말고 그들의 속임수로 하나님께 미움을 받는 것을 불쌍히 여겨야 한다. 신앙인이 그들과 싸우는 것은 우리조차도 돈을 중요하게 생각하기 때문일 것이다. 중요하게 생각하는 그 돈을 우리는 없는데 그 사람은 가지고 있으니 더욱 분노가 생기는 것이다. 그러나 우리는 진리를 가짐으로 자랑스러운 사람이다. 그러니 별볼일 없는 돈을 위해 거짓을 행하는 사람을 보면 불쌍히 여겨야 한다.

24 사람의 걸음은 여호와로 말미암나니 사람이 어찌 자기의 길을 알 수 있으랴

24 The Lord has determined our path; how then can anyone understand the direction his own life is taking?

20:24 사람의 걸음은 여호와로 말미암나니. 사람의 길은 지금 우리가 보는 것으로 평가되는 것이 아니다. 사람의 길은 결국 하나님께로부터 와서 하나님께로 가는 길이다. 사람의 일생 전체를 그려 보라. 직선일까, 원형일까, 자유형일까? 사람의 인생은 '섭리형'이다. 하나님의 섭리에 의해 그 길이 정해진다. 사람이 아등바등한다고 그 인생이 편해지는 것이 아니다. 거짓말을 선수처럼 아무리 잘해도 결국은 무너진다. 우리의 인생이 하나님께로부터 와서 하나님의 일을 하다가 하나님께로 가는 큰 그림을 그릴 수 있어야 한다. 내가 만들어가는 인생으로 억지로 만들어가는 것이 아니라 하나님께서 만들어 가시는 인생에 순종해야 한다.

25 함부로 이 물건은 거룩하다 하여 서원하고 그 후에 살피면 그것이 그 사람에게 덫이 되느니라

25 Think carefully before you promise an offering to God. You might regret it later.

20:25 하나님께 하는 선한 서원이라 할지라도 함부로 하지 말아야 한다. 우리 인생의 주인은 하나님이다. 하나님 앞에 겸손해야 한다.

26 지혜로운 왕은 악인들을 키질하며 타작하는 바퀴를 그들 위에 굴리느니라

26 A wise king will find out who is doing wrong, and will punish him without pity.

20:26 타작하는 바퀴. 타작할 때 곡식 위를 지나가게 하는 것을 의미한다. 그렇게 지나간 이후 알갱이와 껍질이 분리되면 바람으로 키질하여 알갱이만 남게 한다. 악인들을 분리해내는 과정이 있다. 우리의 삶은 악인으로 판명되는 인생이 아니라 의인으로 거듭나는 인생이 되어야 한다.

27 사람의 영혼은 여호와의 등불이라 사람의 깊은 속을 살피느니라

27 The Lord gave us mind and conscience; we cannot hide from ourselves.

20:27 영혼. '양심'이라 번역할 수도 있고 '속사람'이라고 번역해도 된다. 양심은 '여호와의 등불'이 되어 우리의 속을 살핀다고 말한다. 양심은 하나님의 뜻을 구분하는 중요한 수단이다. 양심이 꺼리는 것을 행하지 말아야 한다. 우리의 속사람이 말하는 소리에 귀를 기울여야 한다.

> **28** 왕은 인자와 진리로 스스로 보호하고 그의 왕위도 인자함으로 말미암아 견고하니라
>
> **28** A king will remain in power as long as his rule is honest, just, and fair.

20:28 인자와 진리로 스스로 보호하고. 국가는 법이 있고 모든 백성이 그것을 충실히 지켜야 바로 선다. 하나님의 나라에서도 그러하다. 하나님의 법인 말씀을 신실하게 (히, 헤세드) 지켜야 한다. 그래서 말씀이 무엇을 말하는지를 더 배워야 하고 깨달아 알게 된 것을 신실히 지켜야 한다. 그것을 지키는 걸음이 참으로 복되다.

> **29** 젊은 자의 영화는 그의 힘이요 늙은 자의 아름다움은 백발이니라
>
> **29** We admire the strength of youth and respect the grey hair of age.

20:29 젊은 자의 영화는 그의 힘이요. 젊은 사람은 힘이 있으니 그 힘으로 하나님의 뜻을 행하기 위해 사용해야 한다. **늙은 자의 아름다움은 백발이니라.** 노년의 백발은 그가 이제 힘이 없다는 것을 의미한다. 그 대신 백발이 지금까지 살아오면서 하나님의 뜻을 좇아 살아왔다면 그 백발은 참으로 큰 면류관이다. 숙제를 다 했다는 표시요, 훈장이 될 것이다. 그러나 만약 거짓되게 살아왔다면 그 백발은 힘없고 볼품없는 것이다. 나의 백발은 어떤 모습이어야 할까? 시간이 빠르게 흘러간다. 자신의 백발이 아름다울 수 있도록 떳떳한 인생을 살아야 한다.

> **30** 상하게 때리는 것이 악을 없이하나니 매는 사람 속에 깊이 들어가느니라
>
> **30** Sometimes it takes a painful experience to make us change our ways.

20:30 상하게 때리는 것이 악을 없이하나니. '상하게 때리는 것'이 무엇일까? 큰 환난일

수 있다. 돈을 잃어버리는 것일 수도 있다. 그러나 그러한 것보다 더욱 중요한 것은 우리의 악을 버리는 것이다. 그러기에 돈을 잃어버림으로 악도 함께 제거할 수 있다면 그것은 좋은 일이다. 악을 잃어버린 것이 훨씬 더 큰 가치가 있는 것이기 때문이다. 그러니 환난 당한 것을 슬퍼하지 말고 그것으로 얻는 것을 생각하라. 죄를 버리고 지혜를 얻는다면 그것은 노년의 아름다운 백발이 되는 길이 될 것이다.

21장

심판

1 왕의 마음이 여호와의 손에 있음이 마치 봇물과 같아서 그가 임의로 인도하시느니라

1 The LORD controls the mind of a king as easily as he directs the course of a stream.

21:1 왕의 마음이 여호와의 손에 있음이 마치 봇물과 같아서. '봇물'은 농사를 위해 채워 놓은 물이라는 뜻인데 히브리어 본문의 단어는 그것 보다는 '농사용 수로'를 말한다. 농사용 수로가 농부의 뜻대로 흘러가는 것처럼 왕의 마음도 하나님의 손에 의해 움직인다는 말씀이다. 왕이 마음대로 행동하는 것 같지만 그 안에 하나님의 세밀한 통치의 섭리가 있다는 뜻이다. 왕의 행동이 많은 사람에게 영향을 주기 때문에 왕의 행동에 대해 하나님의 특별한 섭리가 있어야 하는 것은 당연하다. 그러니 대통령만 비난하고 있으면 안 된다. 자기 자신을 살피는 것이 더 중요하다.

2 사람의 행위가 자기 보기에는 모두 정직하여도 여호와는 마음을 감찰하시느니라

2 You may think that everything you do is right, but remember that the Lord judges your motives.

21:2 사람의 행위가 자기 보기에는 모두 정직하여도. 사람은 나쁜 일을 행하고도 때로는 양심의 거리낌이 없을 때가 있다. 자신이 잘하고 있다고 생각한다. 그러나 하나님은 마음의 무게를 정확히 재신다. 하나님은 우리보다 우리의 마음을 더 잘 아신다. 더 세밀하고 정확하게 살피시고 아신다.

3 공의와 정의를 행하는 것은 제사 드리는 것보다 여호와께서 기쁘게 여기시느니라

3 Do what is right and fair; that pleases the LORD more than bringing him sacrifices.

21:3 '의와 정의를 행하는 것'이 '제사 드리는 것'보다 더 낫다고 말한다. 교회 다닌다고 다 된 것이 아니다. 예배 드렸다고 다 된 것이 아니다. 그의 삶이 의를 기준으로 삼아야 하고('공의'로 번역 '의'라고 번역하는 것이 나음) 그 의를 잘 판단하여 행하는 정의가 있어야 한다.

> 4 눈이 높은 것과 마음이 교만한 것과 악인이 형통한 것은 다 죄니라
>
> 4 Wicked people are controlled by their conceit and arrogance, and this is sinful.

21:4 악인이 형통. '악인의 등불'로 번역하는 것이 더 나을 것 같다. 20:27의 '등불'과 같은 단어다. 악인은 '눈이 높은 것과 마음의 교만'을 자신의 등불로 사용한다. 그는 모든 것을 교만한 마음으로 본다. 세상 모든 것은 다 낮고 오직 자기 자신만 높다. 거만하다. 그래서 그의 등불은 그를 죄로 이끈다.

> 5 부지런한 자의 경영은 풍부함에 이를 것이나 조급한 자는 궁핍함에 이를 따름이니라
>
> 5 Plan carefully and you will have plenty; if you act too quickly, you will never have enough.

21:5 조급한 자는 궁핍함에 이를 따름이니라. 악인은 자신이 부자여야 한다고 생각한다. 그래서 조급하게 부자가 되고자 한다. 조급하기 때문에 어떤 악한 방법이라도 사용한다. 죄의 방식으로 부자가 되고자 한다.

> 6 속이는 말로 재물을 모으는 것은 죽음을 구하는 것이라 곧 불려다니는 안개니라
>
> 6 The riches you get by dishonesty soon disappear, but not before they lead you into the jaws of death.

21:6 속이는 말로 재물을 모으는 것은 죽음을 구하는 것이라. 거짓으로 재물을 모을 수 있다. 그러나 그것은 마약으로 자기를 기쁘게 하는 것이나 마찬가지다. 그것은 일종의 자살행위다. 악은 기필코 그 사람을 파멸에 이르게 하는 길이기 때문이다.

> 7 악인의 강포는 자기를 소멸하나니 이는 정의를 행하기 싫어함이니라
>
> 7 The wicked are doomed by their own violence; they refuse to do what is right.

21:7 정의를 행하기 싫어함이니라. 악인은 정의를 행하기 싫어한다. 정의가 불편하기 때문이다. 힘들기 때문이다. 세상의 통치자이신 하나님에 대한 지식이 없기 때문에 하나님께서 정의를 좋아하신다는 것을 생각하지 않는다. 하나님께서 정의를 행하는 사람에게 복을 주신다는 것을 모르기 때문이다. 악인의 등불은 죄를 빛나게 하고 정의를 후지게 보이게 한다. 그래서 정의를 행하기 위해서는 악인의 등불을 꺼야 한다. 교만함을 끄고 하나님 앞에 겸손히 엎드리는 마음을 자신의 등불로 삼아야 한다.

> 8 죄를 크게 범한 자의 길은 심히 구부러지고 깨끗한 자의 길은 곧으니라
>
> 9 다투는 여인과 함께 큰 집에서 사는 것보다 움막에서 사는 것이 나으니라
>
> 8 Guilty people walk a crooked path; the innocent do what is right.
>
> 9 Better to live on the roof than share the house with a nagging wife.

21:9 이 구절을 이해하기 위해서는 이스라엘의 일반적인 집 구조를 생각해 보아야 한다. 옥상이 평평하다. 오늘날 식으로 생각하면 '좋은 거실에서 잔소리하는 아내의 이야기를 들으며 텔레비젼을 보는 것보다 화장실에 들어가 혼자 핸드폰으로 유투브 보는 것이 낫다'고 할 수 있다. 배우자는 가장 가까운 사람이다. 가까운 사람과 의견이 다르면 많이 힘들다. 그러기에 배우자를 고를 때는 정의를 존중하고 따라 살고자 하는 사람을 만나야 한다. 정의를 비난하는 사람이 아니라 정의를 사랑하는 동역자를 얻어야 한다.

> 10 악인의 마음은 남의 재앙을 원하나니 그 이웃도 그 앞에서 은혜를 입지 못하느니라
>
> 10 Wicked people are always hungry for evil; they have no mercy on anyone.

21:10 악인의 마음은 남의 재앙을 원하나니. 악인은 이웃에게 은혜를 베풀지 않는다. '사랑하라'는 말씀에 순종하는 정의가 없다. '정의'는 '의'를 상황에 잘 맞추어 실천하

는 것이다. 성경에 '이웃을 사랑하라'는 말씀이 얼마나 많은가? 내가 가진 것이 적고, 이웃이 나쁜 사람이고, 사랑하지 않을 이유는 많다. 그러나 상황에 맞추어 사랑할 이유를 열심히 찾아야 정의로운 사람이다. 그러나 악인은 이웃을 사랑하기는커녕 이웃이 안 되는 것을 더 좋아한다.

> **11** 거만한 자가 벌을 받으면 어리석은 자도 지혜를 얻겠고 지혜로운 자가 교훈을 받으면 지식이 더하리라
>
> **11** When someone who is conceited gets his punishment, even an unthinking person learns a lesson. One who is wise will learn from what he is taught.

21:11 거만한 자가 벌을 받으면 어리석은 자도 지혜를 얻겠고. 거만한 자가 벌을 받는 것을 보면 아무리 어리석은 사람이라도 '악하면 벌을 받는다'는 교훈을 받는다. 지혜로운 자가 교훈을 받으면 '선한 일에 상급을 받는구나'라는 지식을 얻게 된다. '선한 일을 하면 상급을 받는구나'라는 실례를 보여주는 이웃이 있으면 좋을 것이다.

> **12** 의로우신 자는 악인의 집을 감찰하시고 악인을 환난에 던지시느니라
>
> **13** 귀를 막고 가난한 자가 부르짖는 소리를 듣지 아니하면 자기가 부르짖을 때에도 들을 자가 없으리라
>
> **12** God, the righteous one, knows what goes on in the homes of the wicked, and he will bring the wicked down to ruin.
>
> **13** If you refuse to listen to the cry of the poor, your own cry for help will not be heard.

21:13 가난한 자가 부르짖는 소리를 듣지 아니하면 자기가 부르짖을 때에도 들을 자가 없으리라. 이웃에게 사랑을 베풀지 않으면 자신도 사랑을 받을 수 없다. 이웃에게 그렇게 무관심하면 자신도 무관심을 받게 될 것이다. 그리고 그 이웃에게 악을 행할 때 하나님께서 보고 계셨기 때문에 심판하실 것이다.

> **14** 은밀한 선물은 노를 쉬게 하고 품 안의 뇌물은 맹렬한 분을 그치게 하느니라
>
> **14** If someone is angry with you, a gift given secretly will calm him down.

21:14 악한 사람이 이웃에게 관심을 가질 때도 있긴 하다. **은밀한 선물은 노를 쉬게 하고.** 자신에게 이익이 되는 사람이 있으면 그에게 관심을 가진다. 은밀한 선물을 한다. 효과가 있기 때문에 그렇게 한다. 이웃에 대한 관심이 오직 정의를 왜곡하는 현장에만 있다. 꼭 그렇게 뇌물이라는 이름은 아니어도 이웃에게 무엇을 줄 때 사랑이 아니라 인맥관리로 하는 사람도 있다. 그것 또한 뇌물관계가 성립될 것이다. 세상 만사가 '주고받기' 법칙이 성립되는 경우가 많지만 그래도 이웃을 하나님의 사랑으로 사랑할 수 있어야 한다. 다시 받기 위해서가 아니라 무한히 주시는 하나님의 사랑으로 사랑하는 마음이 필요하다. 그것이 하나님께서 신앙인에게 요구하시는 사랑이다. 그렇게 사랑하는 사람이 좋은 이웃이다. 우리는 사람들에게 좋은 이웃이 되어야 한다.

> **15** 정의를 행하는 것이 의인에게는 즐거움이요 죄인에게는 패망이니라
>
> **15** When justice is done, good people are happy, but evil people are brought to despair.

21:15 정의. '정의(히, 미쉬파트)'가 드러날 때 의인은 기쁨을 누리게 되고 죄인은 '공포(패망)'를 느끼게 된다고 말한다. 예수님이 재림하셔서 의로 심판하실 때 제일 그러할 것이다. 정의로 판단되기 전까지는 선한 일을 한 의인이 자신이 한 행위가 얼마나 영광스럽고 복된 일인지를 잘 모른다. 악한 사람들은 나쁜 짓을 하면서도 부끄러워하지 않는다. 그러나 모든 것이 드러나는 그때 자신의 착한 행동이 얼마나 복된 것인지를 알면 매우 기뻐하게 될 것이다. 그 기쁨을 오늘날은 잘 모르지만 그것을 더 많이 알아야 한다. 또한 악한 행동이 얼마나 끔찍한 행동이었는지를 알게 될 것이다. 그때는 크게 상심하며 공포로 가득하게 될 것이다. 죄 값으로 지옥을 보게 될 것이기 때문이다. 그런데 아직 정의의 가치가 분명히 드러나지 않았기 때문에 정의를 쉽게 생각하는 사람이 많다.

> **16** 명철의 길을 떠난 사람은 사망의 회중에 거하리라
>
> **17** 연락을 좋아하는 자는 가난하게 되고 술과 기름을 좋아하는 자는 부하게 되지 못하느니라
>
> **16** Death is waiting for anyone who wanders away from good sense.
>
> **17** Indulging in luxuries, wine, and rich food will never make you wealthy.

21:17 연락. 15절의 '즐거움(히, 심하)'과 같은 단어다. 사람은 자신이 기뻐하는 것에 투자한다. 여행을 좋아하여 더 많이 기뻐하기 위해 여행을 가면 그만큼 돈이 적어지는 것은 당연하다. 정의를 기뻐하는 사람은 정의를 위해 자신의 것을 사용해야 한다. 정의를 위해 돈을 사용하면 돈이 없어질 것이다. 그것은 투자다. 일단은 적어지는 것이 분명하다. 그래서 그것에 대한 확신이 없으면 사용할 수 없다. 그러나 정의를 위해 투자한 사람은 이후에 정의의 가치가 드러날 때 큰 이익을 얻게 될 것이다. 그것이 최고의 투자였다는 것을 새삼 깨닫게 될 것이다.

> **18** 악인은 의인의 속전이 되고 사악한 자는 정직한 자의 대신이 되느니라
>
> **18** The wicked bring on themselves the suffering they try to cause good people.

21:18 악인은 의인의 속전이 되고. 세상에서 악인은 의인을 희생양으로 삼는다. 의인은 정의를 지키기 위해 그렇게 당할 때가 있다. 그러나 정의가 드러날 때 '악인은 의인의 속전이 되고'라고 말한다. 의인이 살아남을 것이다. 악인과 의인의 자리가 바뀔 것이다. 지금 정의가 드러나지 않은 때는 아직 결론이 아니다. 아직 게임이 끝난 것이 아니다. 야구는 9회가 중요하다고 말한다. 게임 끝날 때가 되면 즉 하나님께서 정의가 드러나게 하실 때에는 분명히 의인이 찬란하게 빛날 것이다.

> **19** 다투며 성내는 여인과 함께 사는 것보다 광야에서 사는 것이 나으니라
>
> **19** Better to live out in the desert than with a nagging, complaining wife.

21:19 어떤 경우는 악한 세상에서 이전투구하며 사는 것보다 '광야'에서 사는 것이 더 나을 수도 있다. 광야는 편의시설이나 음식이 풍성하지 못하지만 오히려 정의가 있는 곳일 수 있다. 미국에는 기독교 공동체 아미쉬가 있고 캐나다에서는 메노나이트 사람들이 15만명이나 있다. 그들은 신앙을 위해 현대의 문명을 사용하지 않는 경우가 많다. 공동체 생활을 하고 마차를 타고 다니는 사람이 많다. 물질 때문에 싸우는 도시가 아니라 신앙 때문에 고민하는 광야를 선택한 사람들이다. 정의를 위해서 때로 광야는 좋은 선택지가 될 것이다. 도시의 화려함은 정의가 드러날 때 아주 허무한 것이 될 것이다.

20 지혜 있는 자의 집에는 귀한 보배와 기름이 있으나 미련한 자는 이것을 다 삼켜 버리느니라

21 공의와 인자를 따라 구하는 자는 생명과 공의와 영광을 얻느니라

22 지혜로운 자는 용사의 성에 올라가서 그 성이 의지하는 방벽을 허느니라

20 Wise people live in wealth and luxury, but stupid people spend their money as fast as they get it.

21 Be kind and honest and you will live a long life; others will respect you and treat you fairly.

22 A shrewd general can take a city defended by strong men, and destroy the walls they relied on.

21:22 겉보기에는 용사가 더 힘이 센 것처럼 보이지만 실제로는 지혜로운 사람이 용사를 이길 수 있다. 그러기에 신앙인은 세상 사람 보는 것에 매이지 말고 하나님께서 보시기에 의인의 삶을 살고 있는지를 잘 살펴야 한다.

23 입과 혀를 지키는 자는 자기의 영혼을 환난에서 보전하느니라

24 무례하고 교만한 자를 이름하여 망령된 자라 하나니 이는 넘치는 교만으로 행함이니라

25 게으른 자의 욕망이 자기를 죽이나니 이는 자기의 손으로 일하기를 싫어함이니라

23 If you want to stay out of trouble, be careful what you say.

24 Show me a conceited person and I will show you someone who is arrogant, proud, and inconsiderate.

25 Lazy people who refuse to work are only killing themselves;

21:25 게으른 자의 욕망이 자기를 죽이나니. 일하기는 싫은데 더 많은 돈을 가지고 싶고, 더 좋은 집에서 살고 싶은 욕망이 있으면 어떻게 될까? 자신의 욕망을 채우기 위해 거짓으로 돈을 벌고 도둑질하여 벌 것이다. 그래서 그 욕망은 그를 죽음의 세계로 이끈다. 게으름은 영적인 악한 사람이요, 영적인 게으름으로 생각할 수 있다. 영적인 일에는 게으르고 세상적인 일에는 강한 욕망을 가지고 있다. 그들은 세상적인 욕망을 채우고자 영적인 일에는 더욱더 게을러진다. 세상적인 욕망이 채워지기에 좋은 것 같지만 실제로는 채우면 채울수록 영적인 세계와는 멀어질 것이다. 결국 영원한 죽음에

이르게 될 것이다.

> 26 어떤 자는 종일토록 탐하기만 하나 의인은 아끼지 아니하고 베푸느니라
>
> 26 all they do is think about what they would like to have. The righteous, however, can give, and give generously.

21:26 어떤 자는 종일토록 탐하기만 하나. 25절의 '욕망(히, 타아바)'과 같은 단어다. 탐하는 마음으로 채워간다. 그런데 채워도 채워도 욕망이 만족하지 못한다. 사람은 본래 우주보다 더 소중한 존재인데 어찌 금 덩어리 조금 가졌다고 만족함이 있을 수 있겠는가? 영혼의 갈증을 결코 해소할 수 없을 것이다. 더 벌어도 가난하다. 더 결핍을 느낀다. 단지 '손에 돈을 쥐고 욕망하고 있는가 아니면 손에 돈이 없이 욕망하고 있는가'의 차이일 뿐이다. 돈을 손에 든 거지와 손에 돈이 없는 거지의 차이일 뿐이다. 탐욕으로 더 채워지는 것은 채워지면 채워질수록 더 악을 쌓는 것이다. 그것을 다른 사람이 가지고 있으면 잘 사용할 텐데 그 사람이 가지고 있어 손에 쥐고만 있어 썩을 것이기 때문이다. **의인은 아끼지 아니하고 베푸느니라.** 의인은 아끼지 않고 베푼다. 인생이 베풂으로 채워진다. 가지고 있을 때는 단순히 물건이었는데 베풀면 사랑이 된다. 의가 된다. 그래서 베풀면서 더 많은 사랑과 의로 채워진다.

> 27 악인의 제물은 본래 가증하거든 하물며 악한 뜻으로 드리는 것이랴
>
> 27 The Lord hates it when wicked people offer him sacrifices, especially if they do it from evil motives.

21:27 악인의 제물은 본래 가증하거든. 악인은 예배하며 제물을 드려도 악한 것이다. 헌금이라는 포장지로 감싸도 악인의 헌금은 여전히 악하다. **악한 뜻으로 드리는 것이랴.** 악인의 헌금이 악한데 그것을 악한 마음으로 드리는 것이라면 더욱더 악하다고 말한다. 자신의 명예를 위해 헌금을 하는 것은 악하다. 헌금이 하나님을 향한 마음이 아니라 인간을 향한 마음이라면 악한 것이다. 제물이나 헌금이라고 다 좋은 것이 아니다.

28 거짓 증인은 패망하려니와 확실히 들은 사람의 말은 힘이 있느니라

29 악인은 자기의 얼굴을 굳게 하나 정직한 자는 자기의 행위를 삼가느니라

28 The testimony of a liar is not believed, but the word of someone who thinks matters through is accepted.

29 Righteous people are sure of themselves; the wicked have to pretend as best they can.

21:29 악인은 자기의 얼굴을 굳게 하나. 이것은 '악인은 철면피'라는 말이다. 잘못을 행하고도 얼굴이 뻔뻔하다. 자신을 고치려고 하지 않고 뻔뻔하게 우기거나 거짓말로 속여 넘어간다. **정직한 자는 자기의 행위를 삼가느니라.** 의인은 자신의 행위를 살피면서 산다. 잘못을 행하였으면 행위를 고친다. 자신의 행위를 고쳐 하나님께서 기뻐하시는 것으로 만들고자 한다.

30 지혜로도 못하고, 명철로도 못하고 모략으로도 여호와를 당하지 못하느니라

31 싸울 날을 위하여 마병을 예비하거니와 이김은 여호와께 있느니라

30 Human wisdom, brilliance, insight—they are of no help if the Lord is against you.

31 You can get horses ready for battle, but it is the Lord who gives victory.

22장

소유와 존재
(1절-16절)

> 1 많은 재물보다 명예를 택할 것이요 은이나 금보다 은총을 더욱 택할 것이니라
>
> 1 If you have to choose between a good reputation and great wealth, choose a good reputation.

22:1 많은 재물보다 명예를 택할 것이요. '명예(히, 쉠)'는 직역하면 '이름'이다. 이름은 한 사람의 존재를 의미한다. 하나님의 형상 따라 창조된 존재다. 그러니 이것을 '재물이냐 존재냐'의 선택이라고 할 수 있다. 재물은 아무리 많아도 한 사람의 존재가 될 수 없다. 한 사람의 존재가 훨씬 더 귀한 것이다. 시시하게 돈이나 그 어떤 것에 자신을 팔아먹지 말아야 한다. **은이나 금보다 은총을 더욱 택할 것이니라.** '은총(히, 헨)'은 다른 사람에게 베푸는 것을 생각할 수 있다. 나의 존재가 중요한 것처럼 다른 사람의 존재도 중요하다. 그러니 나에게 재물을 쌓는 것보다 다른 사람이라는 존재를 존중하는 '은혜' 베푸는 것이 더 귀하다. '은총'을 하나님께서 나에게 베푸시는 것으로 생각할 수도 있다. 그렇다면 하나님께서 베푸시는 은총은 구원이다. 그 사랑과 구원이 세상의 어떤 돈이나 금에 비교할 수 있을까? 그러니 우리는 재물이 아니라 이름을 선택해야 한다. 은총을 선택해야 한다.

> 2 가난한 자와 부한 자가 함께 살거니와 그 모두를 지으신 이는 여호와시니라
>
> 2 The rich and the poor have this in common: the Lord made them both.

22:2 이 세상은 가난한 자와 부한 자가 함께 살고 있다. 세상에서는 그 차이가 매우 크다. 서로 무시와 원망이 대단하다. 그러나 가난한 자와 부한 자가 이 세상에 함께 살고 있는 것은 둘 다 필요하기 때문이다. 가난한 자는 부자를 위해 있고 부자는 가난한 자를 위해 있다. 가난한 자는 '부자에게 은총을 베푸라'고 하나님께서 주신 기회

다. 부자는 '가난한 자에게 은총을 감사히 여기라'고 주어진 것이다. 어느 하나를 부정하면 안 된다.

> 3 슬기로운 자는 재앙을 보면 숨어 피하여도 어리석은 자는 나가다가 해를 받느니라
>
> 4 겸손과 여호와를 경외함의 보상은 재물과 영광과 생명이니라
>
> 3 Sensible people will see trouble coming and avoid it, but an unthinking person will walk right into it and regret it later.
>
> 4 Obey the Lord, be humble, and you will get riches, honour, and a long life.

22:4 여호와를 경외하는 사람은 '재물'이 하나님이 주신 것임을 안다. 그래서 그 재물을 가지고 교만하지 않고 겸손히 이웃과 나누는 삶을 산다. 존재를 위해 사용한다. 자신의 존재와 이웃의 존재다. 존재의 명예를 지키도록 사용한다.

> 5 패역한 자의 길에는 가시와 올무가 있거니와 영혼을 지키는 자는 이를 멀리 하느니라
>
> 6 마땅히 행할 길을 아이에게 가르치라 그리하면 늙어도 그것을 떠나지 아니하리라
>
> 7 부자는 가난한 자를 주관하고 빚진 자는 채주의 종이 되느니라
>
> 5 If you love your life, stay away from the traps that catch the wicked along the way.
>
> 6 Teach children how they should live, and they will remember it all their lives.
>
> 7 Poor people are slaves of the rich. Borrow money and you are the lender's slave.

22:7 부자는 가난한 자를 주관하고. 재물은 세상에서 권세가 된다. 대단한 일을 하는 것이 사실이다. 그러나 그렇다고 그것에 매이지는 말아야 한다. 재물이 주는 힘에 매료되지 말고 오히려 더욱더 겸손해야 한다. 하나님께서 주신 것이기 때문이다.

> 8 악을 뿌리는 자는 재앙을 거두리니 그 분노의 기세가 쇠하리라
>
> 9 선한 눈을 가진 자는 복을 받으리니 이는 양식을 가난한 자에게 줌이니라
>
> 8 If you sow the seeds of injustice, disaster will spring up, and your oppression of others will end.

9 Be generous and share your food with the poor. You will be blessed for it.

22:9 선한 눈을 가진 자는 복을 받으리니. '선한 눈'은 '베푸는 마음'을 상징하곤 한다. 사람을 선한 눈으로 볼 수 있어야 한다. 가난한 사람을 찡그린 눈으로 볼 것이 아니라 선한 마음과 눈으로 보아야 한다. 누군가를 도울 수 있으면 기뻐하라. **양식을 가난한 자에게 줌이니라.** 양식을 가지고 있을 때는 양식일 뿐이다. 그러나 그것을 나누어 주면 사랑이 된다. 복이 된다. 그것을 받는 사람이 사랑으로 받기 때문이다. 하나님께서 복을 주시기 때문이다. 사람들을 선한 눈으로 보며 나누기를 기뻐하는 사람은 참으로 복된 사람이다. 그들은 살면 살수록 더 많은 것을 주는 삶이 되고 그래서 더욱더 복을 쌓는 인생이 된다. 존재가 풍성 해진다.

10 거만한 자를 쫓아내면 다툼이 쉬고 싸움과 수욕이 그치느니라

10 Get rid of a conceited person, and then there will be no more arguments, quarrelling, or calling of names.

22:10 인생을 아등바등 살면서 마이너스 인생을 사는 사람들이 있다. **거만한 자를 쫓아내면 다툼이 쉬고.** 거만한 사람이 있으면 다툼이 일어난다는 것을 내포하고 있다. 거만한 마음 때문에 다른 사람을 무시한다. 무시 받은 사람이 가만히 있지 않을 것이다. 그래서 계속 다툼이 일어난다. 그렇게 다투는 사람은 어느 곳을 가든 마이너스 인생을 산다. 살면 살수록 더 많은 다툼의 연속일 것이기 때문이다.

11 마음의 정결을 사모하는 자의 입술에는 덕이 있으므로 임금이 그의 친구가 되느니라

11 If you love purity of heart and graciousness of speech, the king will be your friend.

22:11 덕. 1절의 '은총(히, 헨)'과 같은 단어다. 말을 할 때 은혜로운 말을 하는 사람이 있다. 그들은 말할 때마다 선이 확장된다. 마치 꽃향기와 같아서 말을 하면 향기가 더 풍기게 된다. 그런 사람은 말을 많이 할수록 더 덕스럽다. 그런데 어떤 사람들은 말을 하면 할수록 악취가 난다. 말을 하면 할수록 마이너스 인생이 된다.

12 여호와의 눈은 지식 있는 사람을 지키시나 사악한 사람의 말은 패하게 하시느니라

12 The Lord sees to it that truth is kept safe by disproving the words of liars.

22:12 여호와의 눈은 지식 있는 사람을 지키시나. 은혜의 말이 되기 위해서는 '지식'이 중요하다. 하나님의 이름을 아무 것에나 사용하는 신앙이 아니라 하나님의 인격적 임재가 있는 사람의 말을 하나님께서 지키신다. 그 말은 덕스러울 뿐만 아니라 진리의 말이기 때문이다. 그 말은 사람을 살리는 말이다. 하나님의 눈은 그러한 말을 하는 사람을 찾으신다. **사악한 사람의 말은 패하게 하시느니라.** 주의 말씀이 기준이 되지 못하고 세상이 기준이 되는 말들은 모두 사악한 말이다. 그러한 말은 듣기에는 좋을지 모르지만 실제로는 패망에 이르게 한다. 세상의 거짓에 빠른 말들만 하는 이들은 마이너스 인생을 사는 사람들이다.

13 게으른 자는 말하기를 사자가 밖에 있은즉 내가 나가면 거리에서 찢기겠다 하느니라

13 Lazy people stay at home; they say a lion might get them if they go outside.

22:13 사자가 밖에 있은즉. 게으른 자는 상상의 사자를 만들어낸다. 자신의 게으름을 합리화하기 위해 있지도 않은 사자를 만들어 낸다. 물론 사자가 밖에 있을 가능성은 있다. 그러나 지극히 적은 가능성이다. 지극히 적은 가능성으로 자신의 인생을 마이너스 인생으로 만들고 있는 사람이 많다. 선한 일을 하지 않을 핑계를 찾지 말고 선한 일을 할 이유를 찾아야 한다.

14 음녀의 입은 깊은 함정이라 여호와의 노를 당한 자는 거기 빠지리라

15 아이의 마음에는 미련한 것이 얽혔으나 징계하는 채찍이 이를 멀리 쫓아내리라

14 Adultery is a trap—it catches those with whom the Lord is angry.

15 Children just naturally do silly, careless things, but a good spanking will teach them how to behave.

22:15 아이의 마음에는 미련한 것이 얽혔으니. 아이들은 배워야할 것이 많다. 그래서

때로는 징계를 통해서라도 배워야 한다. 그런데 아이의 마음만 그럴까? 사실 세상의 모든 사람들의 마음은 아이와 같다. 미련한 것이 그 마음 안에 많이 섞여 있다. 그러한 것을 골라내야 한다. 평생 골라내야 한다. 그것을 골라내지 않으면 그 안에 있는 미련이 계속 미련한 일을 하면서 살 것이다. 산다는 것이 미련 떠는 일이 되고 말 것이다.

> **16** 이익을 얻으려고 가난한 자를 학대하는 자와 부자에게 주는 자는 가난하여질 뿐이니라
>
> **16** If you make gifts to rich people or oppress the poor to get rich, you will become poor yourself.

22:16 헛똑똑이는 가난한 자의 것을 빼앗아 부자에게 준다. 부자가 자신에게 더 좋은 것을 줄 것이라는 기대 때문이다. 그러나 그것은 완벽한 마이너스 인생이다. 가난한 자에게 만 원은 부자에게 100만 원보다 더 큰 돈이다. 그들에게 만 원은 생명줄일 수 있다. 그러기에 가난한 사람들이 힘이 없다고 그들의 돈을 빼앗아 부자에게 준다면 돈을 계속 마이너스로 만드는 사람이다. 만 원을 백 명에게 빼앗아 백 만원을 부자 한 사람에게 준다는 것은 1억을 100만원으로 축소시키는 것이나 마찬가지다. 부자에게 백 만원은 진짜 적은 돈이다. 오히려 가난한 자에게 나누어 줄 때 돈은 훨씬 더 가치 있는 돈이 된다. 진짜 필요한 가난한 자에게 주는 돈은 100배로 불리는 기적 같은 삶이 된다. '가난한 자의 것을 부자에게 주는 자'는 가난해진다. '자신의 것을 가난한 자에게 주는 자'는 부요해진다.

3부

30개 잠언

(22:17-24:34)

22:17-29은 1번-6번의 잠언이 나오고 하나님을 의지하는 것에 대한 잠언이다.

> **17** 너는 귀를 기울여 지혜 있는 자의 말씀을 들으며 내 지식에 마음을 둘지어다
>
> **17** Listen, and I will teach you what the wise have said. Study their teachings,

22:17 너는 귀를 기울여. 히브리어로 명령형이다. 세상은 복잡하고 많은 소리들이 있다. 어떤 소리를 듣고 있는가? 그 중에 우리가 꼭 들어야 하는 소리가 있다. **지혜 있는 자의 말씀을 들으며.** 이것도 명령형으로 되어 있다. '지혜 있는 자'는 이곳에 기록된 잠언을 말한 사람을 말할 수도 있고 아니면 그것을 모은 학자를 의미할 수도 있다. 여하튼 '이곳에 기록된 잠언을 들으라'는 말이다. **내 지식에 마음을 둘지어다.** 이 지식에 '마음을 두라'고 말한다. 우리의 마음을 헛된 곳에 두고 헛된 곳에서 웃고 울 것이 아니라 이 지식에 두고 웃고 웃어야 한다. 우리의 마음을 이 지식에 두고 이 지식이 말하는 것을 잘 생각하면서 적용하면서 살아야 한다.

> **18** 이것을 네 속에 보존하며 네 입술 위에 함께 있게 함이 아름다우니라
>
> **18** and you will be glad if you remember them and can quote them.

22:18 이것을 네 속에 보존하며...아름다우니라. 다시 해석하면 '이것을 마음에 간직하면 얼마나 행복할까'라고 할 수 있다. 엉뚱한 것에 마음을 두고 그곳에서 상처받고 아파한다. 그러나 하나님을 아는 지식과 인생을 바르게 사는 것의 가치에 대한 잠언을 알면 인생은 참으로 달콤하고 행복하다. **네 입술 위에 함께 있게.** 이러한 지식이 '우리의 입술에 있을 수 있도록 준비하라'고 말한다. 입술에 있다는 것은 그것을 마음에서 잘 소화하여 많이 익숙해졌다는 것을 의미한다. 그렇게 익숙하게 해야 한다. 공부는 '외우는 것'이기도 하다. 세상 공부는 열심히 하면서, 말씀을 익히고 익숙하게 하는 일에는 게으른 사람들이 많다. 그러나 말씀을 더욱더 그렇게 익숙하게 하는 사람이 복된 사람이고 행복하게 될 것이다.

> **19** 내가 네게 여호와를 의뢰하게 하려 하여 이것을 오늘 특별히 네게 알게 하였노니
>
> **19** I want you to put your trust in the Lord; that is why I am going to tell them to you now.

22:19 내가 네게 여호와를 의뢰하게 하려 하여. 직역하면 '너의 의지를 여호와께 두도록'이다. 이것은 잠언의 목적이요 주제이기도 하다. 자신의 생각을 따라 사는 것은 자신의 생각을 신뢰하는 것이고 의지하는 것이다. 하나님의 말씀을 따라 사는 것이 하나님을 신뢰하는 것이고 의지하는 것이다. 이것이 날마다 '오늘'이 되게 해야 한다. 우리는 자꾸 잊어버린다. 그리고 모르는 것이 많다. 그래서 우리는 오늘 이것을 배우고 있어야 한다. 날마다 배우는 오늘이 되어야 한다.

> **20** 내가 모략과 지식의 아름다운 것을 너를 위해 기록하여
>
> **20** I have written down thirty sayings for you. They contain knowledge and good advice,

22:20 아름다운 것. '30 잠언'으로 번역해도 된다. 아마 이것이 더 맞을 것 같다. 그래서 이 단락은 30개의 잠언으로 되어 있다. 때로는 두 절이 한 묶음의 잠언이고 때로는 한 절이 하나의 잠언이 되어 총 30개의 잠언이 나온다. 이 30개의 잠언을 통해 하나님을 의지하는 것을 더 배우기를 바라는 마음으로 기록하였다고 말한다.

> **21** 네가 진리의 확실한 말씀을 깨닫게 하며 또 너를 보내는 자에게 진리의 말씀으로 회답하게 하려 함이 아니냐
>
> **21** and will teach you what the truth really is. Then when you are sent to find it out, you will bring back the right answer.

22:21 진리의 말씀으로 회답하게 하려 함이 아니냐. '회답(히, 샤바브)'은 '회개하다'를 말할 때도 사용하는 단어다. 돌아서는 것이다. 말씀을 깨닫고 그것에 대해 반응하는 것이다. 말씀을 듣고 자신의 삶을 바꾸는 것이다. 잠언을 들으면 우리는 그것에 대답해야 한다. 우리의 삶으로 대답해야 한다. 회개해야 한다. 그것이 하나님께 귀를 기울이는 사람의 마땅한 반응일 것이다.

> **22** 약한 자를 그가 약하다고 탈취하지 말며 곤고한 자를 성문에서 압제하지 말라
>
> **22** Don't take advantage of the poor just because you can; don't take advantage of those who stand helpless in court.

22:22 약한 자를 그가 약하다고 탈취하지 말며. 약한자는 그의 것을 탈취당하여도 대응할 힘이 없다. 그래서 사람들은 약자의 것을 탈취한다. **성문에서 압제하지 말라.** 성문은 재판이 이루어지는 곳이다. 곧 재판을 통해 약한자의 것을 더 가로채는 것을 의미한다. 재판이라는 공식적인 방법을 사용하지만 그의 힘이 약하다는 약점을 이용하여 오히려 약자의 것을 빼앗는 나쁜 사람들이 있다. 재물을 의지하는 사람은 그렇게 하여라도 재물을 더 갖고자 한다. 그것 때문에 누가 피해를 당하는 것은 중요하지 않고 오직 자신의 재물이 늘어나는 것이 중요하기 때문이다. 그러나 재물이 아니라 하나님을 의지하는 사람은 그것이 하나님의 법을 어기는 것이라는 것을 안다. 그러기에 그렇게 하는 것을 두려워한다.

> **23** 대저 여호와께서 신원하여 주시고 또 그를 노략하는 자의 생명을 빼앗으시리라
>
> **23** The Lord will argue their case for them and threaten the life of anyone who threatens theirs.

22:23 여호와께서 신원하여 주시고. 하나님께서 그대로 갚아 주신다. 약한자의 생명을 빼앗은 사람에게는 생명을 빼앗음으로 갚아 주신다. 약한 자는 그렇게 할 힘이 없으나 전능하신 하나님께서 다 보시고 그대로 갚아 주신다.

> **24** 노를 품는 자와 사귀지 말며 울분한 자와 동행하지 말지니
>
> **25** 그의 행위를 본받아 네 영혼을 올무에 빠뜨릴까 두려움이니라
>
> **24** Don't make friends with people who have hot, violent tempers.
>
> **25** You might learn their habits and not be able to change.

22:25 그의 행위를 본받아. 성내는 사람과 함께하다 보면 그를 닮아서 자신도 성을 내는 사람이 될 수 있다. 성을 낸다는 것은 매우 교만한 것이다. 그것은 하나님의 감정을 의지하는 것이 아니라 자신의 감정을 의지하는 것이다.

> **26** 너는 사람과 더불어 손을 잡지 말며 남의 빚에 보증을 서지 말라
>
> **26** Don't promise to be responsible for someone else's debts.

22:26 남의 빚에 보증을 서지 말라. 사람은 누구의 의지가 될 수 있는 존재가 아니다.

> 27 만일 갚을 것이 네게 없으면 네 누운 침상도 빼앗길 것이라 네가 어찌 그리하겠느냐
>
> 28 네 선조가 세운 옛 지계석을 옮기지 말지니라
>
> 27 If you should be unable to pay, they will take away even your bed.
>
> 28 Never move an old boundary mark that your ancestors established.

22:28 힘을 가지고 다른 사람을 억압하지 않도록 해야함을 의미한다. 다른 사람을 억압하는 사람은 자신의 힘을 믿는 사람이다. '하나님의 힘'이라면 그것을 행할 것인지를 생각해 보아야 한다. 하나님께서 행하실 일이 아니면 우리가 아무리 힘이 있어도 그것을 행하면 안 된다.

> 29 네가 자기의 일에 능숙한 사람을 보았느냐 이러한 사람은 왕 앞에 설 것이요 천한 자 앞에 서지 아니하리라
>
> 29 Show me someone who does a good job, and I will show you someone who is better than most and worthy of the company of kings.

22:29 자기의 일에 능숙한 사람을 보았느냐. 자신의 일에 능숙한 사람이 되어야 한다는 말씀이다. 하나님을 의지한다는 것은 자신을 계발하지 않는 것이 아니라 더욱더 열심히 자신을 계발하는 사람이 된다는 것을 의미한다. 하나님께서 주신 능력이기에 그것을 더욱더 계발해야 한다. 열심히 수고하여 자신에게 주어진 능력을 잘 사용하는 것이 하나님을 신뢰하는 사람의 특징이다. 달란트를 땅에 묻어두는 사람은 결코 하나님의 사람이 아니다. 자신에게 주어진 달란트를 열심히 사용해야 한다. 자신의 일에 능숙한 사람이 되어야 한다. 자신의 일에 능숙한 사람이 되어야 하는데 그때 자기 자신의 마음이 아니라 하나님께 귀를 기울이면서 능숙한 사람이 되도록 힘써야 한다.

다른 사람과의 관계는 결국 하나님을 의지하는 훈련장이요 터전이다. 세상에서 살아갈 때 사람의 소리만 듣고 끝나는 경우가 많다. 그러나 우리는 그곳에서 늘 하나님의 말씀이 우리의 기준이 되게 해야 한다.

23장

재물과 지혜, 현재와 미래, 중독
(7번-19번)

> 1 네가 관원과 함께 앉아 음식을 먹게 되거든 삼가 네 앞에 있는 자가 누구인지를 생각하며
>
> 1 When you sit down to eat with someone important, keep in mind who he is.

23:1 네가 관원과 함께 앉아 음식을 먹게 되거든. 권세자가 베푸는 식사에 초대받았을 때 그것이 무엇을 의미하는지를 잘 살펴야 한다고 말한다. 재물은 세상에서 가장 중요한 것 중에 하나이다. 재물에는 사람들의 마음이 가득 담겨 있다. 그 마음을 볼 수 있어야 한다.

> 2 네가 만일 음식을 탐하는 자이거든 네 목에 칼을 둘 것이니라
>
> 2 If you have a big appetite, restrain yourself.

23:2 목에 칼을 둘 것이니라. 음식을 탐한다면 그가 먹은 것보다 훨씬 더 많은 것을 토해 내야 할 것이기 때문이다. 권세 잡은 자가 무엇인가를 베푸는 것은 무엇인가 더 많은 것을 얻고자 하기 때문이다. 그렇지 않으면 괜히 시간과 돈을 들여서 그렇게 대접하지 않을 것이다. 그러기에 먹는 것을 탐할 것이 아니라 지금 무엇이 일어나고 있는지를 잘 살펴야 한다. 세상의 돈이 그렇다. 세상에 공짜는 없다. 누군가에게 공짜로 무엇인가를 얻으려는 마음을 버려야 한다. 그런 마음에는 입구에 칼을 두어야 한다. 공짜는 없다. 공짜라고 받아 먹으면 훨씬 더 많이 토해내야 할 것이다. 그러니 대가가 무엇인지 생각없이 재물을 탐하지 말아야 한다.

> 3 그의 맛있는 음식을 탐하지 말라 그것은 속이는 음식이니라

> 4 부자 되기에 애쓰지 말고 네 사사로운 지혜를 버릴지어다
>
> 3 Don't be greedy for the fine food he serves; he may be trying to trick you.
>
> 4 Be wise enough not to wear yourself out trying to get rich.

23:4 부자 되기에 애쓰지 말고. 요즘 말로 하면 워커홀릭이다. 돈을 벌기 위해 기진맥진하는 것이다. 재물을 위해 그렇게 자신의 모든 인생을 투자하지 않도록 해야 한다. **네 사사로운 지혜를 버릴지어다.** 부자가 되어야 한다는 어리석은 집념을 단념하라는 말이다. 부자가 되어야만 하는 것이 아니다. 세상에는 부자가 되는 것보다 더 중요한 것이 많다.

> 5 네가 어찌 허무한 것에 주목하겠느냐 정녕히 재물은 스스로 날개를 내어 하늘을 나는 독수리처럼 날아가리라
>
> 5 Your money can be gone in a flash, as if it had grown wings and flown away like an eagle.

23:5 돈에 집착하고 있을 때는 그것이 대단해 보인다. **재물은 스스로 날개를 내어 하늘을 나는 독수리처럼 날아가리라.** 어느 날 사라질 때는 갑자기 날개가 나타나 멀리 날아가 버리는 독수리 같다고 말한다. 순식간에 날아가는 것이다. 그렇게 순식간에 날아가는 것을 위해 인생을 거는 것은 참으로 어리석은 사람이라는 말이다.

> 6 악한 눈이 있는 자의 음식을 먹지 말며 그의 맛있는 음식을 탐하지 말지어다
>
> 6 Don't eat at the table of a stingy person or be greedy for the fine food he serves.

23:6 악한 눈. '인색한, 이기적인' 등으로 번역할 수 있다. 인색한 사람이 갑자기 풍성한 식탁에 초대하였다. 그러한 경우에 조심하라는 말이다. 재물에 인색한 사람이 왜 갑자기 잔치에 초대하였을까? 그의 마음이 갑자기 넉넉해진 것일까? 아닐 것이다.

> 7 대저 그 마음의 생각이 어떠하면 그 위인도 그러한즉 그가 네게 먹고 마시라 할지라도 그의 마음은 너와 함께 하지 아니함이라

8 네가 조금 먹은 것도 토하겠고 네 아름다운 말도 헛된 데로 돌아가리라

7 "Come on and have some more," he says, but he doesn't mean it. What he thinks is what he really is.

8 You will vomit up what you have eaten, and all your flattery will be wasted.

23:8 네가 조금 먹은 것도 토하겠고. 그는 어쩌면 체면을 위해 초대하였을 수도 있다. 체면치레만 하려 했는데 초대에 응하여 많은 음식을 먹어버리면 인색한 사람은 마음이 많이 상할 것이다. 재물을 그렇게 중요하게 여기는 인색한 사람이 갑자기 초대를 하였다면 분명히 다른 목적이 있을 것이다. 그러니 그가 제안한 음식이나 재물을 덥석 잡으면 안 된다. 결국 다 토해 내게 될 것이기 때문이다. 모든 재물은 사람에게 소중하다. 재물을 더욱 소중히 여기는 인색한 사람의 재물은 더욱더 위험하다. 숨은 목적을 간파해야 한다. 세상의 재물을 쉽게 보지 말아야 한다. 그 안에는 수많은 사람의 애환과 인생이 담겨 있다. 그래서 위험하다. 그것에 우리의 인생까지 담지 않도록 해야 한다. 재물은 중요한 것 같으나 어느 순간 아무 가치도 없다.

9 미련한 자의 귀에 말하지 말지니 이는 그가 네 지혜로운 말을 업신여길 것임이니라

9 Don't try to talk sense to a fool; he can't appreciate it.

23:9 그가 네 지혜로운 말을 업신여길 것임이니라. 지혜는 매우 소중하지만 모든 사람이 그것의 가치를 아는 것은 아니다. 인생의 가치를 아는 사람은 지혜가 재물보다 훨씬 더 가치 있는 것이라는 것을 아는 사람이다.

10 옛 지계석을 옮기지 말며 고아들의 밭을 침범하지 말지어다

10 Never move an old boundary mark or take over land owned by orphans.

23:10 고아들의 밭을 침범하지 말지어다. 힘 없는 고아라고 그들의 재물을 탐하지 말아야 한다. 재물을 탐하여 고아들의 것을 빼앗는 자는 재물을 더 얻었으니 만족할 것이다. 그러나 하나님께서 고아들의 구속자가 되셔서 재물을 탐한자를 심판하실 것이다. 재물을 탐하는 자보다 고아를 돌보는 지혜가 더 소중하다. 그 사람을 하나님께서 복되다 하시기 때문이다.

11 대저 그들의 구속자는 강하시니 그가 너를 대적하여 그들의 원한을 풀어 주시리라

12 훈계에 착심하며 지식의 말씀에 귀를 기울이라

11 The Lord is their powerful defender, and he will argue their case against you.

12 Pay attention to your teacher and learn all you can.

23:12 훈계에 착심하며. 지혜의 가르침을 깨닫는 것에 마음을 두어야 한다. 재물을 얻는 것보다 훈계와 지식을 얻는 것이 더 귀하기 때문이다. 오늘 하루 일을 하여 돈을 얼마나 벌었나? 그런데 그보다 더 중요한 훈계와 말씀의 지식은 얼마나 더 쌓았는가? 중요한 것을 쌓아야 한다. 그것에 마음을 두어야 한다.

13 아이를 훈계하지 아니하려고 하지 말라 채찍으로 그를 때릴지라도 그가 죽지 아니하리라

13 Don't hesitate to discipline children. A good spanking won't kill them.

23:13 채찍으로 그를 때릴지라도 그가 죽지 아니하리라. 아이는 매우 귀하다. 그래서 지혜를 남겨주어야 한다. 재물이 없어도 죽지 않고, 어려움을 겪어도 죽지는 않지만 지혜가 없으면 죽기 때문이다.

14 네가 그를 채찍으로 때리면 그의 영혼을 스올에서 구원하리라

14 As a matter of fact, it may save their lives.

23:14 그의 영혼을 스올에서 구원하리라. 이러한 엄한 가르침은 부모의 분노나 성질 때문이 아니고 그 영혼의 가르침을 위한 것이어야 함을 의미한다. 오늘날은 채찍은 문화가 아니다. 이 본문을 가지고 채찍을 정당화해서는 안 된다. 대신 아이의 훈계를 위해 문화가 허용하는 한도 안에서는 엄해야 한다는 것은 분명히 해야 한다. 그만큼 지혜는 중요하기 때문이다.

15 내 아들아 만일 네 마음이 지혜로우면 나 곧 내 마음이 즐겁겠고

15 Son, if you become wise, I will be very happy.

23:15 네 마음이 지혜로우면 나 곧 내 마음이 즐겁겠고. 아이가 지혜로울 때 진정 즐거워하는가? 재물을 얻는 길이 되는 학교 성적이 좋을 때 기뻐하지는 않는가? 부모가 진정 무엇을 즐거워하는지를 아이들은 본능적으로 안다. 우리는 자녀들이 지혜로울 때 특히 지혜의 근본인 하나님을 경외하는 마음을 가지고 있을 때 즐거워해야 한다.

16 만일 네 입술이 정직을 말하면 내 속이 유쾌하리라

16 I will be proud when I hear you speaking words of wisdom.

23:16 정직을 말하면 내 속이 유쾌하리라. 아이의 인격이 지혜로 자라갈 때 진정 즐거워해야 한다. 아주 깊이 기뻐해야 한다. 부모가 그러한 것에 마음을 둘 때 아이는 더욱더 인격이 자라갈 것이다. 세상의 성적이나 재물에 속지 않고 바른 인격을 가지고 바르게 살아가는 것을 배울 것이다. 그런데 부모가 그런 마음을 가지고 있지 않다면 자녀도 그런 마음을 가지지 않게 되는 것은 당연하다.

17 네 마음으로 죄인의 형통을 부러워하지 말고 항상 여호와를 경외하라

17 Don't be envious of sinful people; let reverence for the Lord be the concern of your life.

23:17 죄인의 형통을 부러워하지 말고. 죄인은 지금 당장의 형통에 더 집중한다. 거짓된 방식으로 오늘 형통한다. 그러한 형통은 조금만 길게 보면 형통이 아니라 멸망이다. 그런데 믿음이 없는 이들은 그들을 부러워한다. 그래서 그들을 '부러워하지 말라'고 말한다. 중요한 것은 '여호와를 경외하는 것'이다. 여호와를 경외하면 영원한 인생이 보장된다.

18 정녕히 네 장래가 있겠고 네 소망이 끊어지지 아니하리라

18 If it is, you have a bright future.

23:18 네 장래가 있겠고. 하나님을 경외하는 사람은 장래가 보장된다. 하나님의 심판 때에 하나님을 경외한 것이 어느 것보다 더 찬란하고 영광스러운 삶이었다는 것을 알게 될 것이다. 미래와 장래가 보장된 소망을 가진 사람이 현재의 형통을 부러워하는 어리석은 길로 떨어지지 않도록 해야 한다.

> **19** 내 아들아 너는 듣고 지혜를 얻고 네 마음을 바른 길로 인도할지니라
>
> **20** 술을 즐겨 하는 자들과 고기를 탐하는 자들과도 더불어 사귀지 말라
>
> **19** Listen, my son, be wise and give serious thought to the way you live.
>
> **20** Don't associate with people who drink too much wine or stuff themselves with food.

23:20 고기를 탐하는 자들과도 더불어 사귀지 말라. 고기를 좋아하는 사람이 아니라 탐식하는 자에 대한 이야기다. 탐식은 '필요 이상으로 과하게 사용하는 것'이다. 음식이든 돈이든 무엇이든 마찬가지다. 그것으로 더 좋은 일에 사용할 수 있는데 자신이 과하게 사용하여서 오히려 손해가 되고 낭비가 되는 경우다. 명품 소비가 일정 부분은 건전한 소비가 될 수도 있으나 많은 경우는 탐식에 속하는 경우도 많을 것이다. 탐식하는 이들과 함께하면 자신도 그렇게 될 것이다. 그러니 그들과 사귀는 것을 조심해야 한다. 그들과 인간관계를 끊어야 한다는 것을 의미하지는 않는다. 그러나 그들과 어울리며 자연스럽게 탐식하는 자가 되어서는 안 된다는 것이다.

> **21** 술 취하고 음식을 탐하는 자는 가난하여질 것이요 잠 자기를 즐겨 하는 자는 해어진 옷을 입을 것임이니라
>
> **21** Drunkards and gluttons will be reduced to poverty. If all you do is eat and sleep, you will soon be wearing rags.

23:21 잠 자기를 즐겨 하는 자는 해어진 옷을 입을 것임이니라. '잠 자기를 즐겨하는 자'는 술취하고 과식한 결과로 잠자는 것을 말하는 것이다. 그러한 것에 취하면 잠이 오듯 또한 그러한 잠은 결국 해어진 옷을 입는 가난으로 이어지는 것을 의미한다. 탐식은 생산보다 소비가 더 많은 삶이다. 미래에 대한 준비는 더욱더 없다. 소비만 쌓이다 보니 이후에는 더이상 소비할 재산이 없어지게 되는 것을 말한다. 인생은 생산이 많아야 한다. 특별히 사랑을 생산해야 한다.

22 너를 낳은 아비에게 청종하고 네 늙은 어미를 경히 여기지 말지니라

23 진리를 사되 팔지는 말며 지혜와 훈계와 명철도 그리할지니라

22 Listen to your father; without him you would not exist. When your mother is old, show her your appreciation.

23 Truth, wisdom, learning, and good sense—these are worth paying for, but too valuable for you to sell.

23:23 진리를 사되 팔지는 말며. 진리는 어떤 재물이나 즐거운 일보다 더 가치 있는 일이다. 그러나 현재에 집착하면 진리를 팔아야 할 때가 있을 것이다. 그러나 그것은 속임수에 불과하다. 진리를 팔아야 하는 때는 결코 없다. 재물을 모으기만 한다면 그것은 탐욕이라고 말한다. 필요한 것보다 더 많이 소유하는 것이다. 그러나 진리를 더 소유하는 것은 탐욕이 아니다. 그것은 영광이다.

24 의인의 아비는 크게 즐거울 것이요 지혜로운 자식을 낳은 자는 그로 말미암아 즐거울 것이니라

25 네 부모를 즐겁게 하며 너를 낳은 어미를 기쁘게 하라

26 내 아들아 네 마음을 내게 주며 네 눈으로 내 길을 즐거워할지어다

24 A righteous man's father has good reason to be happy. You can take pride in a wise son.

25 Make your father and mother proud of you; give your mother that happiness.

26 Pay close attention, son, and let my life be your example.

23:26 마음을 내게 주며 네 눈으로 내 길을 즐거워할지어다. 음녀가 아니라 아비의 지식에 마음을 두고 그것을 즐거워해야 한다고 말한다. 음녀는 사람들의 마음을 빼앗고 눈길을 빼앗는다. 탐색(잘못된 사용. 오용)에 마음을 두지 말아야 한다. 즐거워하지 말아야 한다. 타락한 마음은 그것을 즐거워하는 경향이 많다. 그러나 음녀를 즐거워하지 말아야 하며 또한 다른 모든 잘못된 사용을 즐거워하지 않도록 해야 한다.

27 대저 음녀는 깊은 구덩이요 이방 여인은 좁은 함정이라

28 참으로 그는 강도 같이 매복하며 사람들 중에 사악한 자가 많아지게 하느니라

29 재앙이 뉘게 있느뇨 근심이 뉘게 있느뇨 분쟁이 뉘게 있느뇨 원망이 뉘게 있느뇨 까닭 없는 상처가 뉘게 있느뇨 붉은 눈이 뉘게 있느뇨

27 Prostitutes and immoral women are a deadly trap.

28 They wait for you like robbers and cause many men to be unfaithful.

29 Show me someone who drinks too much, who has to try out some new drink, and I will show you someone miserable and sorry for himself, always causing trouble and always complaining. His eyes are bloodshot, and he has bruises that could have been avoided.

23:29 '술 취함'은 탐식의 대표적인 것이다. 19번째 잠언(29절-35절)은 술 취함에 대해 길게 말한다. 그만큼 술 취함은 사람들에게 강력한 문제를 야기한다는 것을 의미할 것이다. 과거에도 그랬는데 오늘날도 그렇다. 술 취함은 또한 여러 종류의 중독을 대표한다. '재앙이 뉘게 있느뇨'라고 질문한다. 누구(히, 미)라는 단어가 여섯 번이나 나온다. 세상에 있는 모든 심각한 문제라고 할 수 있는 재앙, 근심, 분쟁, 원망, 상처, 붉은 눈이 누구에게 있느냐고 반문한다. 심각한 질문이다.

30 술에 잠긴 자에게 있고 혼합한 술을 구하러 다니는 자에게 있느니라

23:30 술에 잠긴 자에게 있고. 술에 취한 자를 의미한다. 세상 범죄의 종류는 다양하다. 그런데 그 원인을 보면 술 취함이 압도적으로 1위다. 술에 취해 폭력을 휘두르고, 교통사고를 일으키며, 살인을 저지른다. 요즘은 마약 중독이 심각한 사회 문제를 일으키고 있다. 마약 중독은 알코올 중독보다 더 강력한 중독이다. 노름 중독도 이에 포함된다. 그러한 중독은 개인과 사회에 심각한 문제를 일으킨다.

31 포도주는 붉고 잔에서 번쩍이며 순하게 내려가나니 너는 그것을 보지도 말지어다

31 Don't let wine tempt you, even though it is rich red, though it sparkles in the cup, and it goes down smoothly.

23:31 너는 그것을 보지도 말지어다. '보지도 말라'는 명령은 분명 술을 보지 말 것을 말하는 것이다. 그러나 이것이 금주를 지지하는 구절은 아니다. 이것의 조건이 있다. 30절에서 말하는 술에 중독된 자에 대한 이야기다. 술 취함이 적당히 취하는 것이

아니라 재앙을 일으키는 중독으로 취하는 것을 의미한다. 그리고 이 구절에서도 조건이 있다. **포도주는 붉고 잔에서 번쩍이며.** 직역하면 '포도주가 붉을 때, 잔 안에서 눈길을 줄 때'이다. 이것은 술에 중독된 사람을 향한 말이다. 술이 그렇게 매력적으로 다가오는 사람은 술에 중독된 사람이다. 그러면 그것을 피하기가 어렵다. 그런 경우에는 술을 보지도 말아야 한다, 그것을 보면 그것에 빠지게 되기 때문에 아예 접근을 하지 말아야 하는 것이다. 술중독자에게는 술이 보이지 않게 해야 한다.

> **32** 그것이 마침내 뱀 같이 물 것이요 독사 같이 쏠 것이며
>
> **32** The next morning you will feel as if you had been bitten by a poisonous snake.

23:32 술 중독에 빠진 현상에 대해 다양하게 설명한다. **독사 같이 쏠 것이며.** 술이 음식인 줄 알았는데 독이 된다. 중독자에게는 분명히 그렇다.

> **33** 또 네 눈에는 괴이한 것이 보일 것이요 네 마음은 구부러진 말을 할 것이며
>
> **34** 너는 바다 가운데에 누운 자 같을 것이요 돛대 위에 누운 자 같을 것이며
>
> **33** Weird sights will appear before your eyes, and you will not be able to think or speak clearly.
>
> **34** You will feel as if you were out on the ocean, sea-sick, swinging high up in the rigging of a tossing ship.

23:34 돛대 위에 누운 자 같을 것이며. '돛대'보다는 '돛을 매는 줄'로 번역하는 것이 나을 것 같다. 배 멀미로 배 위에 있는 돛 줄 위에 누운 자 같이 된다는 의미일 것이다. 나는 술 취함에 대해서는 모르지만 배 멀미에 대해서는 안다. 그것은 내가 체험할 수 있는 가장 강력한 지옥이다.

> **35** 네가 스스로 말하기를 사람이 나를 때려도 나는 아프지 아니하고 나를 상하게 하여도 내게 감각이 없도다 내가 언제나 깰까 다시 술을 찾겠다 하리라
>
> **35** "I must have been hit," you will say; "I must have been beaten up, but I don't remember it. Why can't I wake up? I need another drink."

23:35 사람이 나를 때려도 나는 아프지 아니하고. 술에 취하면 안 아프다. 그러나 그것이 안 아픈 것이 아니다. 술중독과 기운에 의해 아픔을 모르는 것일 뿐이다. 못 느끼는 아픔은 안으로 깊은 내상이 된다. 아픈 것보다 훨씬 더 안 좋은 것이다. **내가 언제나 깰까 다시 술을 찾겠다 하리라.** 술에서 깨면 현실이 보이니 너무 슬프고 아프다. 그러나 다시 술에 취하면 그것을 또 잊을 수 있으니 술을 먹겠다고 말한다. 그러나 그것은 아픔을 이기는 것이 아니라 지는 것이다. 아픔과 고통은 더욱더 깊이 그 사람 안에 자리잡게 된다. 최후의 순간에는 그것도 피할 수 없게 될 것이다. 현실은 계속 술에 취해 있을 수만은 없다.

중독으로 피하는 현실은 피한 것이 아니라 자신의 안으로 깊이 받아들이는 것이다. 이러한 중독은 현재에 취해 미래를 생각하지 않는 것과 비슷하다. 나는 영원한 나라를 생각하지 않고 현재에 안주하는 경우가 중독과 매우 비슷하다고 생각한다. 시간 길이만 조금 차이가 난다. 중독의 경우 시간이 매우 짧은데 현재나 지금의 세상에 집착하는 것은 시간이 조금 더 길다. 그러나 영원을 생각하면 실제로는 도토리 키 재기이다. 그래서 탐욕과 탐식과 탐색 등으로 빠져 현재에 빠져 있는 사람은 사실 철저히 중독된 사람과 비슷하다.

24장

지혜로 건축하는 인생
(1절-22절)

1 너는 악인의 형통함을 부러워하지 말며 그와 함께 있으려고 하지도 말지어다

1 Don't be envious of evil people, and don't try to make friends with them.

24:1 악인의 형통함을 부러워하지 말며. 잠언에서 아주 자주 나오는 구절이다. 그만큼 신앙인이 악인의 형통함을 보고 부러워하다 넘어지는 경우가 많다는 의미다. 인생은 무엇으로 세워질까? 인생은 형통으로 만들어가는 것이 아니다. 그들의 형통이 부러워 국물이라도 얻어 먹으려고 그들과 함께하는 경우가 있다. 그것은 멸망의 지름길이다. 그들과 함께 있으면 악을 배우게 되기 때문이다. 사람들의 롤 모델을 보면 성공한 사람들인 경우가 대부분이다. 사람마다 길이 있는데 화려한 업적을 남긴 사람을 롤 모델로 하면 결국 엉뚱한 길로 가게 된다.

2 그들의 마음은 강포를 품고 그들의 입술은 재앙을 말함이니라

3 집은 지혜로 말미암아 건축되고 명철로 말미암아 견고하게 되며

2 Causing trouble is all they ever think about; every time they open their mouth someone is going to be hurt.

3 Homes are built on the foundation of wisdom and understanding.

24:3 집은 지혜로 말미암아 건축되고. 지혜는 선택의 순간에 '잘 선택하는 것'이다. 인생은 선택에 의해 지어간다. 그래서 지혜로 말미암아 건축된다고 말할 수 있다. **명철로 말미암아 견고하게 되며.** '명철(히, 트부나)'은 전문지식이나 기술 또는 숙련도라고 할 수 있다. 잘 선택하여도 그것에 대해 훈련되어 있지 않으면 더 잘하지 못한다. 그러기에 훈련되어야 한다.

4 또 방들은 지식으로 말미암아 각종 귀하고 아름다운 보배로 채우게 되느니라

4 Where there is knowledge, the rooms are furnished with valuable, beautiful things.

24:4 방들은 지식으로 말미암아...보배로 채우게 되느니라. 지식은 지혜로 선택을 할 때 그것의 자원이 되는 지식이다. 하나님을 아는 지식이 으뜸되는 지식이다. 성경을 해석할 때도 팩트(객관적 지식)를 아는 것만큼 더 잘 해석할 수 있다. 아무리 지혜로워도 지식이 부족하면 풍성하게 선택할 수 없다. 하나님의 뜻을 아는데도 특별계시만이 아니라 다양한 일반계시를 아는 것이 필요하다. 지식 하나하나가 보배가 될 것이다. 그러한 것들이 모여 인생이라는 집을 형성한다. 채운다.

5 지혜 있는 자는 강하고 지식 있는 자는 힘을 더하나니

6 너는 전략으로 싸우라 승리는 지략이 많음에 있느니라

5 Being wise is better than being strong; yes, knowledge is more important than strength.

6 After all, you must make careful plans before you fight a battle, and the more good advice you get, the more likely you are to win.

24:6 승리는 지략이 많음에 있느니라. 사람들은 어쩌면 돈이 많거나 많은 사람에게 인정을 받아야 성공한 것으로 생각할 것이다. 그러나 세상 전쟁도 사람이나 무기의 많음에 달려 있지 않고 지략에 달려 있다. 인생의 성공도 그렇다. 하나님 앞에서 지혜와 지식이 많아서 아름다운 선택을 하는 사람이 성공한 사람이다. 아름다운 선택으로 풍성한 삶을 사는 사람이 성공한 사람이다.

7 지혜는 너무 높아서 미련한 자가 미치지 못할 것이므로 그는 성문에서 입을 열지 못하느니라

7 Wise sayings are too deep for stupid people to understand. They have nothing to say when important matters are being discussed.

24:7 미련한 자...성문에서 입을 열지 못하느니라. 미련한 자는 세상에서 많은 말을 한다. 자신이 잘난 줄 알기 때문이다. 그러나 정작 중요한 성문(재판하는 곳) 앞에서는

아무 말도 못한다. 자신의 인생을 평가하는 마지막 재판 앞에서는 더욱더 아무 자랑도 하지 못하게 될 것이다.

> **8** 악행하기를 꾀하는 자를 일컬어 사악한 자라 하느니라
>
> **8** If you are always planning evil, you will earn a reputation as a troublemaker.

24:8 일컬어 사악한 자라 하느니라. 형통하기는 한 것 같지만 사악한 사람이 있다. 사람들은 그들이 사악하다는 것을 안다. 그들은 사악하다는 평판을 받는다. 그렇다면 그 사람이 성공한 사람일까?

> **9** 미련한 자의 생각은 죄요 거만한 자는 사람에게 미움을 받느니라
>
> **9** Any scheme a fool thinks up is sinful. People hate a person who has nothing but scorn for others.

24:9 거만한 자는 사람에게 미움을 받느니라. 사람들에게 미움을 받는 사람이 어찌 성공한 인생이라고 말할 수 있겠는가? 모르는 사람에게는 존경을 받을지 모르지만 아는 사람들에게 미움을 받는 사람이라면 그는 결코 성공한 사람이 아니다.

> **10** 네가 만일 환난 날에 낙담하면 네 힘이 미약함을 보임이니라
>
> **10** If you are weak in a crisis, you are weak indeed.

24:10 환난 날에 낙담하면 네 힘이 미약함을 보임이니라. 형통할 때는 세상에서 최고인 것처럼 보이지만 환난 날이 닥치면 낙담하고 무너진다면 그 인생이 어찌 성공한 인생이라 할 수 있겠는가? 부끄럽지 않게 산 사람은 환난 날에도 낙담하지 않고 당당하다. 욥은 수많은 고난 속에서도 당당하였다.

> **11** 너는 사망으로 끌려가는 자를 건져 주며 살륙을 당하게 된 자를 구원하지 아니하려고 하지 말라
>
> **11** Don't hesitate to rescue someone who is about to be executed unjustly.

24:11 사망으로 끌려가는 자를 건져 주며. 다른 사람이 환난 날에 무너질 때 그를 도와줄 수 있는 사람을 진정 성공한 사람이라고 말한다. 잘난 사람들하고 잘난 체하며 사는 것이 아니라 사람을 사랑하여 어려움을 겪는 사람을 도울 수 있는 사람이 진정 성공한 사람이다.

> 12 네가 말하기를 나는 그것을 알지 못하였노라 할지라도 마음을 저울질 하시는 이가 어찌 통찰하지 못하시겠으며 네 영혼을 지키시는 이가 어찌 알지 못하시겠느냐 그가 각 사람의 행위대로 보응하시리라
>
> 13 내 아들아 꿀을 먹으라 이것이 좋으니라 송이꿀을 먹으라 이것이 네 입에 다니라
>
> 14 지혜가 네 영혼에게 이와 같은 줄을 알라 이것을 얻으면 정녕히 네 장래가 있겠고 네 소망이 끊어지지 아니하리라
>
> 12 You may say that it is none of your business, but God knows and judges your motives. He keeps watch on you; he knows. And he will reward you according to what you do.
>
> 13 Son, eat honey; it is good. And just as honey from the comb is sweet on your tongue,
>
> 14 you may be sure that wisdom is good for the soul. Get wisdom and you have a bright future.

24:14 지혜가 네 영혼에게 이와 같은 줄을 알라. 지혜가 꿀과 같다는 말씀이다. 건강에 좋고 맛도 좋다. 힘을 잃은 사람을 힘을 얻게 해 준다.

> 15 악한 자여 의인의 집을 엿보지 말며 그가 쉬는 처소를 헐지 말지니라
>
> 15 Don't be like the wicked who scheme to rob honest people or to take away their homes.

24:15 악한 자여 의인의 집을 엿보지 말며. 악인에게 의인을 넘어뜨리기 위해 엿보지 말라고 말씀한다. 악인은 의인의 상대가 되지 못한다. 게다가 넘어뜨리는 것은 더욱 나쁜 것이어서 더욱더 상대가 안 된다. 그러기에 의인을 넘어뜨리려 하는 것은 참으로 미련한 생각이다.

16 대저 의인은 일곱 번 넘어질지라도 다시 일어나려니와 악인은 재앙으로 말미암아 엎드러지느니라

16 No matter how often honest people fall, they always get up again; but disaster destroys the wicked.

24:16 의인은 일곱 번 넘어질지라도 다시 일어나려니와. 일곱은 완전수다. 아무리 넘어져도 다시 일어난다는 것이다. 악인이 의인을 넘어지게 할 수도 있다. 계속 넘어지게 할 수도 있다. 그러나 의인은 멸망하지 않는다. 다시 일어난다. 회복력이 강하다. 하나님께서 함께 하시기 때문이다. 하나님이 무너지지 않으시는 것처럼 의인은 결코 무너지지 않는다. 오직 악인이 넘어진다. 악인은 한 번에 넘어지고 멸망할 것이다.

17 네 원수가 넘어질 때에 즐거워하지 말며 그가 엎드러질 때에 마음에 기뻐하지 말라

17 Don't be glad when your enemies meet disaster, and don't rejoice when they stumble.

24:17 네 원수가 넘어질 때에 즐거워하지 말며. 모든 사람은 하나님의 형상 따라 창조되었다. 그래서 하나님의 마음은 모든 사람이 구원에 이르는 것이다. 한 사람이 넘어지는 것은 하나님께서 악인을 넘어지게 하신 것이라 할지라도 하나님의 마음은 아프시다. 그러니 사람이 넘어지는 것을 보고 기뻐하지 말아야 한다. 하나님의 사람은 사람이 세워지는 것을 기뻐해야 한다. 세워지는 지혜를 사용해야 한다.

18 여호와께서 이것을 보시고 기뻐하지 아니하사 그의 진노를 그에게서 옮기실까 두려우니라

19 너는 행악자들로 말미암아 분을 품지 말며 악인의 형통함을 부러워하지 말라

18 The Lord will know if you are gloating, and he will not like it; and then he might not punish them.

19 Don't let evil people worry you; don't be envious of them.

24:19 악인의 형통함을 부러워하지 말라. 악인의 형통은 하나님께서 기뻐하시는 세워

짐이 아니다. 사람의 형통은 하나님께서 기뻐하신다. 그러나 악으로 형통한 것은 진정한 형통이 아니기 때문에 하나님께서 기뻐하시는 형통이 아니다.

> **20** 대저 행악자는 장래가 없겠고 악인의 등불은 꺼지리라
>
> **21** 내 아들아 여호와와 왕을 경외하고 반역자와 더불어 사귀지 말라
>
> **20** A wicked person has no future—nothing to look forward to.
>
> **21** Have reverence for the Lord, my son, and honour the king. Have nothing to do with people who rebel against them;

24:21 왕을 경외하고 반역자와 더불어 사귀지 말라. 왕은 하나님께서 세우신 통치자이다. 그러기에 왕을 반역하여 무너뜨리기 보다는 세우는 것이 더 좋다. 왕이 거짓될 수도 있다. 거짓된 것에 동조할 수는 없다. 그러나 그렇다고 반역해야 하는 것은 아니다. 할 수만 있다면 무너뜨리는 것보다 세우는 것을 연구해야 한다. 찾아야 한다. 있는 자리에서 '무엇을 무너뜨릴까'가 아니라 '무엇을 세울까'를 생각해야 한다.

자신만이 아니라 이웃까지 부요하게 하는 사람이 되어야 한다. 하나님께서 이 세상과 사람을 사랑하시기 때문이다. 그래서 늘 세우는 방식을 찾아야 한다. 사람들이 하나님의 사람으로 세워질 길을 찾아야 한다. 말 한 마디를 하더라도 미워하는 말이 아니라 사랑하는 말을 하고 세워주는 지혜를 발휘하는 우리가 되기를 기도한다.

> **22** 대저 그들의 재앙은 속히 임하리니 그 둘의 멸망을 누가 알랴
>
> **22** such people could be ruined in a moment. Do you realize the disaster that God or the king can cause?

24:23-34은 30개 잠언의 부록이다.

> **23** 이것도 지혜로운 자들의 말씀이라 재판할 때에 낯을 보아 주는 것이 옳지 못하니라
>
> **23** The wise have also said these things: It is wrong for judges to be prejudiced.

24:23 이것도 지혜로운 자들의 말씀이라. 잠언 30개를 시작하며 앞에서(22:17) 이와 같은 어구가 있었다. 그래서 이것은 앞의 잠언 30의 부록이라고 할 수 있다. **재판할 때에 낯을 보아 주는 것이 옳지 못하니라.** 재판할 때 사람의 재산이나 권세를 보고 공평하지 못하게 해서는 안 된다는 말씀이다. 아주 당연한 잠언이다. 그런데 실제로는 이런 불공평한 재판이 많이 일어난다.

> 24 악인에게 네가 옳다 하는 자는 백성에게 저주를 받을 것이요 국민에게 미움을 받으려니와
>
> 24 If they pronounce a guilty person innocent, they will be cursed and hated by everyone.

24:24 악인에게 네가 옳다 하는 자는 백성에게 저주를 받을 것이요. 악인의 죄를 그의 힘 때문에 벌 주지 않으면 다른 사람들이 안다. 그래서 사람들의 미움을 받고 저주를 받을 것이다.

> 25 오직 그를 견책하는 자는 기쁨을 얻을 것이요 또 좋은 복을 받으리라
>
> 25 Judges who punish the guilty, however, will be prosperous and enjoy a good reputation.

24:25 그를 견책하는 자...복을 받으리라. 권세를 가진 사람의 죗값을 물으면 어떻게 될까? 그것이 당연한 것이기에 사람들은 특별하게 생각하지 않을 것이다. 그렇게 공평하게 판결한 사람은 권세 가진이의 협박을 받을 수도 있다. 그러나 그 자신은 의를 따라 판결했기 때문에 기쁠 것이다. 그리고 하나님께서 그에게 복을 주실 것이다. 하나님은 '의'의 수호자가 되시기 때문이다.

> 26 적당한 말로 대답함은 입맞춤과 같으니라
>
> 27 네 일을 밖에서 다스리며 너를 위하여 밭에서 준비하고 그 후에 네 집을 세울지니라
>
> 26 An honest answer is a sign of true friendship.
>
> 27 Don't build your house and establish a home until your fields are ready, and you are

sure that you can earn a living.

24:27 네 일을 밖에서 다스리며 너를 위하여 밭에서 준비하고. '성 밖에 땅을 준비하고 나무를 심는 것'을 의미한다. 그렇게 준비한 이후 '네 집을 세울지니라'고 말한다. 경제적인 자립과 뒷받침이 된 이후에 집을 건축하거나 결혼을 하는 등의 일을 하라는 말이다. 이렇게 준비되지 않으면 가정을 위해 불의와 타협할 수 있다. 꼭 그런 것은 아니지만 그럴 가능성이 높다. 그래서 정의를 위하는 사람은 남의 힘을 빌릴 것이 아니라 자신의 집을 세울 준비를 먼저 하는 것이 중요하다. 그래야 세상을 향하여 비굴하지 않고 당당하게 정의를 외칠 수 있기 때문이다.

> 28 너는 까닭 없이 네 이웃을 쳐서 증인이 되지 말며 네 입술로 속이지 말지니라
>
> 28 Don't give evidence against someone else without good reason, or say misleading things about him.

24:28 까닭 없이 네 이웃을 쳐서 증인이 되지 말며. 이웃을 향하여 거짓 증인이 되지 말아야 한다는 말씀이다. 왜 거짓 증인이 될까? 거짓 증인이 되면 위험하다. 그럼에도 불구하고 거짓 증인이 되는 경우는 주로 경제적인 이유 때문이다.

> 29 너는 그가 내게 행함 같이 나도 그에게 행하여 그가 행한 대로 그 사람에게 갚겠다 말하지 말지니라
>
> 29 Don't say, "I'll do to him just what he did to me! I'll get even with him!"

24:29 그가 행한 대로 그 사람에게 갚겠다 말하지 말지니라. 거짓증언을 하는 사람이 자신을 합리화할 것을 찾다가 과거에 그가 자신에게 잘못한 것을 생각해 낸다. 그리고 그때 잘못했기 때문에 지금 그가 그를 대항하여 거짓증인을 서도 된다고 스스로 합리화하지 말라는 말씀이다. 그것은 정당한 것이 아니다. 혹시 진짜 과거에 그가 잘못한 것이 있어도 그것은 사실 하나님께 잘못한 것이다. 하나님께서 심판하실 것이다. 그가 잘못하였다고 이번에 자신이 잘못하면 서로의 잘못이 없어지는 것이 아니라 서로의 잘못이 남는 것이다. 하나님 앞에 죄로 남는 것이다. 그러기에 어떤 경우라도 거짓 증인은 합리화될 수 없다.

30 내가 게으른 자의 밭과 지혜 없는 자의 포도원을 지나며 본즉

31 가시덤불이 그 전부에 퍼졌으며 그 지면이 거친 풀로 덮였고 돌담이 무너져 있기로

30 I walked through the fields and vineyards of a lazy, stupid person.

31 They were full of thorn bushes and overgrown with weeds. The stone wall round them had fallen down.

24:30-31 게으른 자의 밭...거친 풀로 덮였고 돌담이 무너져 있기로. 그는 밭과 포도원이 있다. 그런데 그곳은 생산적인 밭이 되지 못하였다. 게으름 때문이다. 게으름 때문에 밭을 가꾸지 않았고 밭은 생산적이지 못하였다.

32 내가 보고 생각이 깊었고 내가 보고 훈계를 받았노라

32 I looked at this, thought about it, and learned a lesson from it:

24:32 내가 보고 생각이 깊었고. 지혜자는 게으른 자의 밭이 풀이 가득한 것을 보고 깊이 생각하였다. 풀은 단순한 풀이 아니다. 그 밭을 망쳤다. 풀은 밭만 망친 것이 아니다. 그 사람을 망쳤다.

33 네가 좀더 자자, 좀더 졸자, 손을 모으고 좀더 누워 있자 하니

33 have a nap and sleep if you want to. Fold your hands and rest awhile,

24:33 네가 좀더 자자. 게으른 사람은 '조금'이라고 생각한다. 조금 게으를 뿐이라고 생각한다. 그러나 그것이 쌓여서 큰 게으름이 된다. 결국 게으름 때문에 어느 순간 가난하게 되고 가난은 그를 거짓과 불공평으로 이끌었다.

부지런히 살아서 기본적인 경제적 필요를 채우는 것은 정의로운 삶을 위해서 매우 필요하다. 기본적인 필요가 채워져야 끝까지 정의를 외칠 수 있다. 이웃을 향하여 거짓 증인이 되는 것이 아니라 오히려 그들의 필요를 채워주며 돕는 사람이 될 수 있다.

34 네 빈궁이 강도 같이 오며 네 곤핍이 군사 같이 이르리라

34 but while you are asleep, poverty will attack you like an armed robber.

4부

솔로몬의 잠언 부록

(25:1-29:27)

25장-29장은 앞에 나왔던 솔로몬의 잠언(10:1-22:16)의 부록 역할을 한다.

말과 제어

1 이것도 솔로몬의 잠언이요 유다 왕 히스기야의 신하들이 편집한 것이니라

1 Here are more of Solomon's proverbs, copied by men at the court of King Hezekiah of Judah.

25:1 히스기야의 신하들이 편집한 것. 잠언은 여러 묶음으로 구성되어 있다. 25장-29장은 앞에 나왔던 솔로몬의 잠언 부록과 같은 것으로 히스기야 때 편집한 것이다.

2 일을 숨기는 것은 하나님의 영화요 일을 살피는 것은 왕의 영화니라

2 We honour God for what he conceals; we honour kings for what they explain.

25:2 일을 숨기는 것은 하나님의 영화. 우주와 자연질서를 보면 참으로 경외스럽다. 하나님을 영광하고 있다. 그러한 광대함을 마주하여 우리는 신비를 알고 겸손하게 받아들임이 필요하다. **일을 살피는 것은 왕의 영화니라.** 자연이 광대하고 신비하지만 왕은 그 앞에서 무지 가운데 있을 것이 아니라 겸손히 탐구하는 자세가 필요하다. 열심히 탐구하여 자연의 질서를 깨달아야 한다. 그래야 백성들이 농사를 지을 때 도움이 될 수 있다. 오늘날 과학의 탐구는 매우 필요하다. 그래야 사람들에게 도움이 될 수 있다. 그러나 교만하고 무질서한 탐구가 아니라 겸손한 탐구가 필요하다.

3 하늘의 높음과 땅의 깊음 같이 왕의 마음은 헤아릴 수 없느니라

3 You never know what a king is thinking; his thoughts are beyond us, like the heights of the sky or the depths of the ocean.

25:3 왕의 마음은 헤아릴 수 없느니라. 우리는 멀리 있는 우주나 자연을 다 아는 것이 불가능하다. 사실 가까이에 있는 왕의 마음조차도 알기 쉽지 않다. 왕의 마음만이 아

니라 우리 주변 사람들의 마음도 알기 쉽지 않다. 다 아는 것처럼 행동하지 말아야 한다.

> 4 은에서 찌꺼기를 제하라 그리하면 장색의 쓸 만한 그릇이 나올 것이요
>
> 5 왕 앞에서 악한 자를 제하라 그리하면 그의 왕위가 의로 말미암아 견고히 서리라
>
> 4 Take the impurities out of silver and the artist can produce a thing of beauty.
>
> 5 Keep evil advisers away from the king and his government will be known for its justice.

25:5 왕 앞에서 악한 자를 제하라. 은에서 찌꺼기를 제거해야 잘 사용할 수 있듯이 왕 앞에 모여든 수많은 사람 중에 나라를 위한 것이 아니라 자신의 출세에 눈이 먼 찌꺼기 같은 사람을 제거해야 나라가 든든히 선다고 말하고 있다. 개인의 인생에서도 마찬가지다. 우리는 주변에서 많은 사람을 만난다. 그 속에는 악한 사람도 있다. 그들을 구분해야 우리의 인생이 더욱더 바른 길을 갈 수 있게 될 것이다.

> 6 왕 앞에서 스스로 높은 체하지 말며 대인들의 자리에 서지 말라
>
> 6 When you stand before the king, don't try to impress him and pretend to be important.

25:6 대인들의 자리에 서지 말라. 왕 앞에서 신하들은 아마 직급에 맞게 자리가 최소한 암묵적으로라도 정해져 있었을 것이다. 자신의 직급을 어기고 앞으로 나가 다른 신하의 자리에 서지 말라는 것이다. 일반 사람들도 자신의 자리가 아닌데 욕심으로 더 높은 자리로 올라가는 경우가 있다. 올라갈 수 있어도 조금 늦게 가는 것이 더 좋다. 교만은 사람들의 미움을 받을 것이다. 공공의 적이 된다. 그러기에 한두 칸 늦게 올라가는 것이 좋다. 세상에서는 조금 낮은 자리가 좋다. 그래야 느긋하게 하나님의 일을 할 수 있기 때문이다.

> 7 이는 사람이 네게 이리로 올라오라고 말하는 것이 네 눈에 보이는 귀인 앞에서 저리로 내려가라고 말하는 것보다 나음이니라

8 너는 서둘러 나가서 다투지 말라 마침내 네가 이웃에게서 욕을 보게 될 때에 네가 어찌할 줄을 알지 못할까 두려우니라

7 It is better to be asked to take a higher position than to be told to give your place to someone more important.

8 Don't be too quick to go to court about something you have seen. If another witness later proves you wrong, what will you do then?

25:8 너는 서둘러 나가서 다투지 말라. 문제가 생겼을 때 그것을 서둘러 소송으로 가져 가지 말라는 말일 수 있다. 아니면 소송까지는 아니어도 그것으로 문제를 확대시키지 말라는 말이다. 문제를 더 크게 만들지 말아야 한다. 문제가 커지면 서로 고통만 가중된다. 내가 옳은 것 같아도 그렇지 않은 경우가 많다.

9 너는 이웃과 다투거든 변론만 하고 남의 은밀한 일은 누설하지 말라

9 If you and your neighbour have a difference of opinion, settle it between yourselves and do not reveal any secrets.

25:9 이웃과 다투거든 변론만 하고. 이것은 소송으로 번지기 전에 둘이 서로 해결하는 것을 의미할 수도 있고, 소송이 되어도 확전 되지 않도록 해야 한다는 의미일 수도 있다. **남의 은밀한 일은 누설하지 말라.** '남'은 싸우는 대상일 수도 있고 제 삼 자일 수도 있다. 싸우는 대상이든 삼 자이든 서로의 은밀한 일을 누설하는 것은 좋지 않다. 그것은 싸움을 더 크게 만들 것이다. 싸울 때도 말을 가려서 해야 한다.

10 듣는 자가 너를 꾸짖을 터이요 또 네게 대한 악평이 네게서 떠나지 아니할까 두려우니라

11 경우에 합당한 말은 아로새긴 은 쟁반에 금 사과니라

10 Otherwise everyone will learn that you can't keep a secret, and you will never live down the shame.

11 An idea well expressed is like a design of gold, set in silver.

25:11 경우에 합당한 말. 지혜로운 말을 상황에 맞게 하는 경우를 말한다. 지혜로운

말이지만 상황에 맞지 않거나 상황에 맞지만 지혜롭지 않은 말은 반쪽 자리 진리다. 온전한 지식이 되어야 아름답다. **은 쟁반에 금 사과니라.** 은 쟁반에 테두리를 금 사과 모양의 장식을 구슬처럼 박은 것을 의미하는 것 같다. 은 쟁반도 귀한데 금 장식품까지 있으니 얼마나 아름다운 쟁반이 되겠는가? 경우에 합당한 말이 그렇다. 그런데 그만큼 희귀하다. 더욱더 조심하면서 그런 말이 되도록 해야 한다.

> **12** 슬기로운 자의 책망은 청종하는 귀에 금 고리와 정금 장식이니라
>
> 12 A warning given by an experienced person to someone willing to listen is more valuable than gold rings or jewellery made of the finest gold.

25:12 청종하는 귀에 금 고리와 정금 장식이니라. '청종하는 귀'가 중요하다. 청종하는 귀를 가진 사람은 귀에 금 고리를 한 사람보다 더 아름다운 귀를 가진 사람이다. 하나님을 경외하는 사람은 청종하는 귀를 가져야 한다. 하나님께서 다양한 것을 통해 우리에게 말씀하시기 때문이다.

> **13** 충성된 사자는 그를 보낸 이에게 마치 추수하는 날에 얼음 냉수 같아서 능히 그 주인의 마음을 시원하게 하느니라
>
> 13 A reliable messenger is refreshing to the one who sends him, like cold water in the heat of harvest time.

25:13 충성된 사자. '신실한 메신저'를 의미한다. 전쟁터의 소식을 가져오는 사자나 왕의 메시지를 가진 전령은 그에게 맡겨진 일을 신실하게 감당해야 한다. 그것에 따라한 나라의 존폐가 달려 있기도 하다. 승리와 패배가 전쟁과 평화가 나뉘어지기도 한다. **얼음 냉수.** 직역하면 '눈꽃 빙수'가 더 나을 것 같다. 추수하는 날에 눈이 있지 않을 것이다. 그러나 헤르몬 산 정상에는 눈이 있었다. 그곳의 눈을 가져다가 집에 보관하는 사람들이 있었다. 그 '눈 물'을 의미한다. 땀 흘리고 아주 귀한 시원한 눈 물을 먹으면 아주 시원할 것이다. 마음과 몸이 다 시원하고 행복할 것이다. 목회자는 하나님의 '사자'다. 하나님의 말씀을 오역하지 말고 하나님의 뜻과 마음을 그대로 전할 때 하나님께서 매우 시원해하실 것이다. 하나님의 백성은 또한 세상 사람들을 향하여 하나님의 '사자'(메신저)다. 신앙인은 주변의 모든 사람들에게 하나님을 영광하는 사람

이 되어야 한다. 하나님의 사랑을 보여주고 전하는 사람이 되어야 한다. 우리의 마음과 입과 귀와 손과 발이 모두 하나님의 메신저가 되어야 한다. 그때마다 하나님께서 매우 시원해하실 것이다.

> **14** 선물한다고 거짓 자랑하는 자는 비 없는 구름과 바람 같으니라
>
> **15** 오래 참으면 관원도 설득할 수 있나니 부드러운 혀는 뼈를 꺾느니라
>
> **14** People who promise things that they never give are like clouds and wind that bring no rain.
>
> **15** Patient persuasion can break down the strongest resistance and can even convince rulers.

25:15 오래 참으면 관원도 설득할 수 있나니. 통치자는 수많은 말을 듣기 때문에 잘 설득되지 않는다. 그러나 인내를 가지고 오랫동안 이야기하면 설득할 수 있다. 어떤 일이든지 당장은 어려워도 시간을 두고 노력하면 이룰 수 있는 것이 많다. 그래서 무엇인가를 하고자 한다면 당장 어렵다고 포기할 것이 아니라 시간을 투자해야 한다. **부드러운 혀는 뼈를 꺾느니라.** 시간을 가진 사람은 부드럽게 말한다. 오늘 안 되면 내일 하면 되기 때문이다. 시간이 없는 사람은 촉박하여 과격한 말이 된다. '뼈'는 가장 안쪽에 있고 강하다. 그러나 그 강한 것조차도 부드러운 혀에 꺾인다. 굳은 의지도 시간을 가지고 설득하는 사람 앞에서는 추풍낙엽이다. 꿈이 있다면 그것에 평생을 투자해도 아깝지 않은지를 생각해 보아야 한다. 그리고 진심으로 시간을 투자해야 한다.

> **16** 너는 꿀을 보거든 족하리만큼 먹으라 과식함으로 토할까 두려우니라
>
> **16** Never eat more honey than you need; too much may make you vomit.

25:16 꿀을 보거든 족하리만큼 먹으라. 꿀은 몸에 좋고 에너지를 주기 때문에 필요한 만큼 먹는 것이 좋다. 그러나 그렇게 좋은 것도 과식은 좋지 못하다. 시간 설정을 잘 해야 한다. 좋은 것도 시간이 과하면 좋은 것이 되지 못하는 수가 있다. 시간 설정을 잘 해야 자신의 욕심을 통제할 수 있다. 꿀도 먹어야 할 때가 있고 먹지 말아야 할 때가 있다.

17 너는 이웃집에 자주 다니지 말라 그가 너를 싫어하며 미워할까 두려우니라

18 자기의 이웃을 쳐서 거짓 증거하는 사람은 방망이요 칼이요 뾰족한 화살이니라

17 Don't visit your neighbours too often; they may get tired of you and come to hate you.

18 A false accusation is as deadly as a sword, a club, or a sharp arrow.

25:18 이웃을 쳐서 거짓 증거하는 사람은 방망이요 칼이요. 이웃에 대해 거짓 증언하는 사람이 내 편일 때는 도움이 되는 것 같다. 그래서 그런 사람과 함께 하는 것을 즐거워할 수 있다. 그러나 그가 내 반대편이 되면 몽둥이가 되고 칼이 될 것이다. 진리는 늘 한결 같다는 것을 기억해야 한다. 진리 편에 있지 않은 사람은 그가 나에게 도움이 되는 것 같은 때도 사실은 내 편이 아니다. 그와 동행하지 말아야 한다.

19 환난 날에 진실하지 못한 자를 의뢰하는 것은 부러진 이와 위골된 발 같으니라

19 Depending on an unreliable person in a crisis is like trying to chew with a loose tooth or walk with a crippled foot.

25:19 환난 날에 진실하지 못한 자...위골된 발. 어려움에 처했을 때 신실하지 못한 사람을 의지해서는 안 된다. 그것은 부러진 발을 의지하는 것과 같다고 말한다. 그들은 신실하지 않기 때문에 어려운 사람의 환난을 결코 긍휼히 여기지 않는다. 자신의 이익을 좇아 떠나갈 것이다.

20 마음이 상한 자에게 노래하는 것은 추운 날에 옷을 벗음 같고 소다 위에 식초를 부음 같으니라

20 Singing to a person who is depressed is like taking off his clothes on a cold day or like rubbing salt in a wound.

25:20 마음이 상한 자. 슬프거나 우울한 상태의 사람을 의미한다. **소다 위에 식초를 부음.** 칠십인역을 따라서 '상처 난 곳에 식초를 붓는 것'으로 해석하는 것이 나을 것 같다. 건강한 몸이라도 추운 날에 옷을 벗고 드러내면 안 된다. 약함이 더 도드라질 것이다. 상처에 식초를 부으면 더욱더 그러하다. 상처 위에 식초를 붓지 말아야 한다. 추

운 날에는 옷을 더 입어야 하고, 상처 난 곳에는 식초를 붓는 대신 감싸주어야 한다.

21 네 원수가 배고파하거든 음식을 먹이고 목말라하거든 물을 마시게 하라

21 If your enemies are hungry, feed them; if they are thirsty, give them a drink.

25:21 원수가 배고파하거든 음식을 먹이고. 원수가 배고플 때는 음식을 주지 않음으로 원수를 갚는 것이 일반적인 것 같다. 그러나 그것은 하나님을 경외하는 원수 갚음이 아니다. 원수는 악으로 갚는 것이 아니라 사랑으로 갚아야 한다. 원수가 배고플 때는 사랑할 수 있는 절호의 기회다. 그 때를 결코 놓치지 말아야 한다.

22 그리 하는 것은 핀 숯을 그의 머리에 놓는 것과 일반이요 여호와께서 네게 갚
아 주시리라

22 You will make them burn with shame, and the Lord will reward you.

25:22 그리 하는 것은 핀 숯을 그의 머리에 놓는 것과 일반이요. 이것은 이집트의 속죄 의식 문화를 인용한 것일 수 있다. 뻘건 숯을 담은 냄비를 머리에 이고 거리를 지나갔다. 머리에 뜨거운 숯을 이고 있으니 얼굴이 뻘겋게 될 것이다. 부끄러움을 상징한다. 원수를 사랑으로 갚으면 상대방은 부끄러움으로 얼굴이 빨개질 것이다. 회개의 마음이 가득할 것이다. **여호와께서 네게 갚아 주시리라.** 신앙인의 지혜는 늘 사람이 아니라 하나님 앞에 서는 것이다. 원수에게 재앙을 내리면 속이 시원할 수 있으나 하나님께서 기뻐하시지 않는다. 원수에게 사랑을 베풀면 하나님께서 기뻐하시고 갚아 주신다. 만약 원수가 회개하지 않으면 그는 더욱더 큰 심판을 받을 것이다. 그러니 원수가 환난을 당할 때 내가 도울 가장 좋은 때다. 원수 갚기에 가장 좋은 때다. 원수는 오직 사랑으로 갚아야 한다.

23 북풍이 비를 일으킴 같이 참소하는 혀는 사람의 얼굴에 분을 일으키느니라

23 Gossip brings anger just as surely as the north wind brings rain.

25:23 참소하는 혀는 사람의 얼굴에 분을 일으키느니라. '참소하는 혀'는 '뒤에서 욕하

는 혀'다. 사람이 없는 곳에서 욕을 했으니 괜찮을 것 같다. 그러나 그렇지 않다. **북풍이 비를 일으킴 같이.** 이스라엘에서 농사용 비는 주로 서쪽 지중해에서 부는 바람이다. 북쪽에서 오는 바람은 찬 바람이다. 기습적인 바람이다. 험담하고 다니면 어느 날 갑작스러운 분노를 대하게 될 것이다. 그러니 험담하고 싶은 마음이 들어도 험담하지 말아야 한다. 자리에 없는 사람의 말을 하려면 그 사람이 그 자리에 있다고 생각하고 말해야 한다. 그 사람이 자리에 있어도 할 수 있는 말만 해야 한다.

> **24** 다투는 여인과 함께 큰 집에서 사는 것보다 움막에서 혼자 사는 것이 나으니라
>
> 24 Better to live on the roof than share the house with a nagging wife.

25:24 아내가 남편을 '옥상 한쪽 구석(움막)'에 올라가 있는 것을 더 선호하게 만든다면 그것은 자신의 마음을 다스리는데 실패한 것이다. 사람을 만날 때 가까운 사람일수록 다툼의 말이 되지 않도록 해야 한다. 늦게 와서 걱정스러워도 다툼의 말부터 하지는 마라.

> **25** 먼 땅에서 오는 좋은 기별은 목마른 사람에게 냉수와 같으니라
>
> 25 Finally, hearing good news from a distant land is like a drink of cold water when you are dry and thirsty.

25:25 먼 땅에서 오는 좋은 기별. 먼 땅이기 때문에 소식이 오는 동안 시간이 많이 걸렸다는 것을 의미한다. 오랫동안 기다린 소식일 수도 있다. 먼 길을 오는 사람은 힘들었을 것이다. 기다림도 힘들었을 것이다. 그러나 좋은 소식은 모든 힘듦을 한꺼번에 해소시켜 준다. 사람의 관계에서도 좋은 소식을 주는 것처럼 조금 더 말을 삼가 보면 좋을 것 같다. 마음 속에서 이리저리 움직여서 결국 좋은 말을 만들어 내서 말해 보라. 말은 생각나는 대로 하는 것이 아니라 좋은 소식이 되게 만들어서 전해야 한다. 조금 시간이 걸려도 그렇게 해야 한다. 그러할 때 사랑스럽고 시원한 말이 될 것이다.

> **26** 의인이 악인 앞에 굴복하는 것은 우물이 흐려짐과 샘이 더러워짐과 같으니라
>
> 26 A good person who gives in to someone who is evil reminds you of a polluted spring

or a poisoned well.

25:26 의인이 악인 앞에 굴복하는 것. 그것은 '샘이 더러워짐과 같다'고 말한다. 의인은 세상에 샘과 같은 존재다. 세상이 악해졌다고 의인이 함께 타락하면 세상에 물을 공급할 사람이 없어지는 것이다. 의인이 세상에서 자신의 마음을 잃으면 안 된다. 의인은 세상에 자신의 선한 마음을 전달하는 사람이 되어야 한다. 샘처럼 말이다. 세상에 계속 물을 공급하느라 때로는 힘든 것처럼 느낄 때가 있다. 대체 언제까지 물을 공급해야 하는지 하는 마음이 들 수 있다. 그러나 그것은 악한 영의 속임수다. 세상에 악이 많은 것은 의인이 잘못된 것이 아니라 악인이 잘못된 것이다. 그것에 넘어지지 말아야 한다. 그러나 세상에 사랑이 없는 것은 악인이 잘못된 것이 아니라 의인이 잘못된 것이다. 의인이 계속 물을 공급해야 한다. 사랑을 공급해야 한다.

27 꿀을 많이 먹는 것이 좋지 못하고 자기의 영예를 구하는 것이 헛되니라

27 Too much honey is bad for you, and so is trying to win too much praise.

25:27 꿀이 아무리 좋고 영예가 아무리 좋아도 과하면 안 된다. 자신의 마음을 지키지 않으면 과하게 될 것이다. 과하면 꿀도 몸에 좋지 못한 것이 된다. 영예도 교만이 된다.

28 자기의 마음을 제어하지 아니하는 자는 성읍이 무너지고 성벽이 없는 것과 같으니라

28 If you cannot control your anger, you are as helpless as a city without walls, open to attack.

25:28 자기의 마음을 제어하지 아니하는 자는 성읍이 무너지고. 자기 자신을 제어해야 한다. 자신의 마음을 제어하지 못하면 세상의 수많은 공격에 맥없이 무너질 것이다. 마음이 강하면 세상의 가장 강한 공격도 막을 수 있다. 그러나 마음이 약하면 세상에서 가장 약한 공격에도 무너질 것이다. 신앙인이 무너지는 것은 세상 때문이 아니라 자기 자신 때문이다. 통제되지 않는 세상 때문에 절망할 필요가 없다. 오직 자신을 돌보고 통제하는 것이 가장 중요하다.

26장

무지, 게으름, 다툼, 거짓

> 1 미련한 자에게는 영예가 적당하지 아니하니 마치 여름에 눈 오는 것과 추수 때에
> 비 오는 것 같으니라
>
> 1 Praise for a fool is out of place, like snow in summer or rain at harvest time.

26:1 미련한 자에게는 영예가 적당하지 아니하니. 세상의 어리석은 영예를 진짜 영예로 착각하지 말아야 한다. 세상이 잘못되는 이유 중에 하나는 어리석은 자가 영예를 얻는 것이다. 어리석은 자가 정치인이 되고 재벌이 되면 국민이 고생한다. 그것은 '여름에 눈이 오는 것'처럼 참으로 이상한 일이지만 이상한 일이 많이 벌어진다. **추수 때에 비 오는 것 같으니라.** 이스라엘은 본래 추수 때에 비가 오지 않는다. 만약 추수 때문에 비가 오면 많은 피해를 입게 된다. 세상은 그런 위험한 일도 많이 일어난다. 그 속에서 신앙인은 세상의 어리석은 출세를 존경하거나 부러워하지 말아야 한다. 그것은 무지일 뿐이다.

> 2 까닭 없는 저주는 참새가 떠도는 것과 제비가 날아가는 것 같이 이루어지지 아니하느니라
>
> 2 Curses cannot hurt you unless you deserve them. They are like birds that fly by and never settle.

26:2 참새가 떠도는 것과 제비가 날아가는 것 같이. 이것은 참새와 제비가 날아다니며 어느 곳에 앉는 것 같으나 이내 떠나는 모습을 말한 것이다. 앉는 것 같으나 실제로 그곳에 멈추지 않는 것처럼 세상의 무지한 비난과 저주도 그 대상에게 안착하는 것이 아니어서 무의미한 것이라는 말이다. **까닭 없는 저주는...이루어지지 아니하느니라.** 세상의 어리석은 비난과 저주는 결코 이루어지지 않는다. 정의로우신 하나님께서 통치하시기 때문이다. 그러기에 세상의 비난과 저주를 두려워하지 말아야 한다. 세상의 무지에 무지로 반응하지 말아야 한다. 그들이 명예롭게 여기는 것을 명예롭게

여기지 말고, 그들이 비난하고 저주하는 것을 두려워하지 말아야 한다. 하나님을 두려워하지 않는 사람들의 환호와 비난에 일희일비 하면 신앙인도 같은 사람이 된다. 세상의 무지에 동조하지 말라. 세상의 거짓과 혼란스러움과 무가치에서 자신을 지켜라.

> **3** 말에게는 채찍이요 나귀에게는 재갈이요 미련한 자의 등에는 막대기니라
>
> **4** 미련한 자의 어리석은 것을 따라 대답하지 말라 두렵건대 너도 그와 같을까 하노라
>
> 3 You have to whip a horse, you have to bridle a donkey, and you have to beat a fool.
>
> 4 If you answer a silly question, you are just as silly as the person who asked it.

26:4 4절과 5절의 앞 부분이 조금 다르게 번역되고 있지만 히브리어로는 완전히 똑같다. 대신 4절에서는 '마라'는 부정 단어가 하나 더 추가되어 있을 뿐이다. 4절은 '미련한 자의 어리석은 것을 따라 대답하지 말라'이고 5절은 '미련한 자에게는 그의 어리석은 것을 따라 대답하라'이다. 이 구절은 단순히 보면 서로 완전히 상반되는 명령 같다. 그것도 바로 이어서 그렇게 말하니 당황할 수 있다. 그러나 이것은 우리에게 성경을 볼 때 문맥을 잘 보아야 한다는 것을 깨닫게 해 주는 구절이다. 뒷부분을 보면 언제 '무지한 자의 어리석은 것을 따라 대답하지 말아야' 하고 또 언제 '대답해야 하는지'를 볼 수 있다. 먼저 대답하지 말아야 하는 것에 대해 살펴보자. **너도 그와 같을까 하노라.** 어리석은 자의 말에 어리석음으로 대답하면 함께 같은 사람이 된다. 함께 유치한 사람이 되는 것이다. 악을 악으로 갚는 것을 말한다. 그렇게 세상의 무지에 무지로 대답하지 말아야 한다.

> **5** 미련한 자에게는 그의 어리석음을 따라 대답하라 두렵건대 그가 스스로 지혜롭게 여길까 하노라
>
> 5 Give a silly answer to a silly question, and the one who asked it will realize that he's not as clever as he thinks.

26:5 대답하라 두렵건대 그가 스스로 지혜롭게 여길까 하노라. 어리석은 사람이 무지한데 무지를 모르고 스스로 지혜롭다고 생각하고 그곳에서 안주하게 되면 안 되기 때문이다. 멸망에 안주하면 안 되기 때문이다. 우리는 세상에 복음을 전하는 사람이다. 복음 없는 세상은 정상이 아니다. 세상은 무너지게 되어 있다. 무너지는 세상에서 우

리는 계속 복음을 말해야 한다. 무지에 지혜로 대답해야 한다.

> **6** 미련한 자 편에 기별하는 것은 자기의 발을 베어 버림과 해를 받음과 같으니라
>
> 6 If you let a fool deliver a message, you might as well cut off your own feet; you are asking for trouble.

26:6 미련한 자 편에 기별하는 것. 중요한 일에 사신을 보내는 것을 말한다. 그런데 어리석은 사람을 보내면 '자기의 발을 베어 버림'과 같다고 말한다. '자기의 발을 베어 버림'과 같다는 것은 자기의 뜻이 영영 전달되지 못한다는 것을 의미한다. **해를 받음과 같다.** 직역하면 '포악을 마신다'는 것으로 결국 서로 간에 싸움이 일어나는 것을 말한다. 같은 말도 뉘앙스가 다르면 다른 뜻이 된다. 그래서 무지한 사람은 평화롭게 될 일도 싸우게 만든다. 이 잠언은 중요한 일에는 무지한 자를 믿으면 안 된다는 말이다. 세상은 믿음의 진리를 알지 못한다. 이해하지 못한다.

> **7** 저는 자의 다리는 힘 없이 달렸나니 미련한 자의 입의 잠언도 그러하니라
>
> **8** 미련한 자에게 영예를 주는 것은 돌을 물매에 매는 것과 같으니라
>
> 7 A fool can use a proverb about as well as crippled people can use their legs.
>
> 8 Praising someone who is stupid makes as much sense as tying a stone in a sling.

26:8 돌을 물매에 매는 것. 물매를 사용하는 법을 몰라 무용지물이 되게 만드는 것이다. 물매 돌은 매는 것이 아니라 끼어 던져야 한다. 그런데 '맨다'는 것은 그가 그것을 다룰 줄 모른다는 것을 의미한다. 아주 이상하다. 지혜자는 세상이 무지하다는 것을 이해하고 있어야 한다. 무지를 지혜로 착각하지 말아야 한다. 무지를 지혜로 착각하여 영예를 주지 않도록 해야 한다. 하나님을 알지 못하면 지금 아무리 잘 살고 있어도 잘 살고 있는 것이 아니다. 아주 비정상이고 이상한 것이다.

> **9** 미련한 자의 입의 잠언은 술 취한 자가 손에 든 가시나무 같으니라
>
> **10** 장인이 온갖 것을 만들지라도 미련한 자를 고용하는 것은 지나가는 행인을 고용함과 같으니라

9 A fool quoting a wise saying reminds you of a drunk trying to pick a thorn out of his hand.

10 An employer who hires any fool that comes along is only hurting everybody concerned.

26:10 이 구절은 해석이 다양하게 되는데 '궁수가 아무 곳에나 활을 쏘는 것과 같다. 어리석은 자를 고용하는 것과 지나가는 행인을 고용하는 것은'이라고 번역하는 것이 나을 것 같다. 무지한 자가 만들어 내는 위험에 대한 말이다. 무지한 자와 함께 일하는 것의 위험에 대해 말한다. 하나님을 경외하지 않기 때문에 갑자기 어떤 행동을 할지 모른다. 하나님을 경외하는 사람은 변하지 않는 진리가 있다. 그러나 하나님을 경외하지 않는 사람은 절대 진리가 없다. 언제든 변한다. 그래서 위험하다.

> 11 개가 그 토한 것을 도로 먹는 것 같이 미련한 자는 그 미련한 것을 거듭 행하느니라
>
> 11 A fool doing some stupid thing a second time is like a dog going back to its vomit.

26:11 내 집에서 기르는 개는 자주 토한다. 개가 토한다는 것은 그에게 맞지 않는 음식을 먹었다는 뜻이다. 그런데 또 그 음식을 먹는다. 본문은 안 맞아서 토했는데 그 토한 음식에 탐이 나 자기가 토한 것을 또 먹는 것을 말한다. **미련한 자는 그 미련한 것을 거듭 행하느니라.** 안 바뀐다. 실수에서 배우지 못한다. 그래서 어리석은 사람인 것이다. 그러기에 너무 기대를 많이 해서는 안 된다. 그리고 그렇게 안 바뀌어도 여전히 사랑해야 한다. 여전히 바꾸기 위해 노력해야 한다.

> 12 네가 스스로 지혜롭게 여기는 자를 보느냐 그보다 미련한 자에게 오히려 희망이 있느니라
>
> 12 The most stupid fool is better off than someone who thinks he is wise when he is not.

26:12 그렇게 무지한데도 여전히 노력해야 할까? 그렇다. 사실 더 바뀌지 않는 사람이 있다. 교만한 사람이다. 지혜를 가진 사람은 겸손한 지혜를 가져야 하는데 교만한 지혜를 가진 사람이 있다. 그러니 차라리 세상에서 무지한 사람에게는 조금 더 희망

이 있다. 그러니 희망을 버리지 말고 사랑을 전하면서 살아야 한다.

세상 나라는 여전히 어리석은 일로 가득하다. 그 속에서 정신 바짝 차려 복음의 세상을 살아가야 한다. 세상의 무지에 무지로 반응하지 마라. 세상의 무지에 지혜와 사랑으로 반응하는 사람이 되라.

---

13 게으른 자는 길에 사자가 있다 거리에 사자가 있다 하느니라

13 Why don't lazy people ever get out of the house? What are they afraid of? Lions?

26:13 게으른 자는 길에 사자가 있다. 사자는 숲에 있다. 거리에 있지 않다. 그런데 아주 적은 확률로 거리에 나타날 수 있다. 음식이 없는 경우 거리에 나타날 수도 있다. 그러나 그것 걱정하면 아무것도 못한다. 여기에서 중요한 것은 '왜 그런 말을 하였는가'이다. 게으른 자가 그런 말을 하였다. 자신의 게으름을 합리화하기 위해 그런 말을 하였을 것이다. 그리고 어쩌면 스스로를 속였을 수도 있다. 진짜 그런 위험이 있으니 거리에 나가지 말아야 한다고 생각하였을 수도 있다. 그러나 그것은 자기 합리화에 불과하다. 이런저런 핑계를 대면서 게으름을 피우는 사람들이 있다. 특별히 하나님을 경외하지 않음에서 오는 게으름들이 더욱더 그러하다. 영적 게으름은 게으름인 줄 모르고 넘어가는 심각한 게으름이다. 핑계대지 말아야 한다. 하나님께서 기뻐하실 일을 안 할 이유를 찾지 말고 할 이유를 찾아야 한다.

---

14 문짝이 돌쩌귀를 따라서 도는 것 같이 게으른 자는 침상에서 도느니라

14 Lazy people turn over in bed. They get no farther than a door swinging on its hinges.

26:14 게으른 자는 침상에서 도느니라. 게으른 자가 하는 행동은 오직 침상에서 뒹구는 것이다. 자신의 핑계가 게으름에서 나온 핑계인지 아니면 정당한 핑계인지를 살펴보는 방법은 결국 '어떤 결과를 낳았는지'이다. 영적 일에 대해 특별히 '어떤 성장이 있었는지'이다. 다른 일들에 대해서는 성장하지 못한 것을 마음 아파하면서 영적인 일에는 성장하지 않았는데도 마음 아파하지 않는 사람들을 본다. '문짝의 돌쩌귀'처럼 그 자리에서만 빙글빙글 돌았는데 영적 게으름 속에 있다는 것을 모르고 있으면 안 된다. 영적 성장이 없었다면 심각한 게으름이다.

15 게으른 자는 그 손을 그릇에 넣고도 입으로 올리기를 괴로워하느니라

16 게으른 자는 사리에 맞게 대답하는 사람 일곱보다 자기를 지혜롭게 여기느니라

15 Some people are too lazy to put food in their own mouths.

16 A lazy person will think he is more intelligent than seven people who can give good reasons for their opinions.

26:16 일곱보다 자기를 지혜롭게 여기느니라. 왕의 자문관으로 보통 일곱 명을 두었다. 그런 자문관의 조언을 듣지 않고 자기 마음대로 하는 것에 대한 것을 생각할 수 있다. 일곱 명의 똑똑한 사람이 '당신은 게으르다'라고 말을 하여도 스스로를 '게으르지 않다'고 판단하는 경우가 많다. 자신의 게으름을 인정하지 않는 경향이 강하다는 것을 볼 수 있다.

17 길로 지나가다가 자기와 상관 없는 다툼을 간섭하는 자는 개의 귀를 잡는 자와 같으니라

17 Getting involved in an argument that is none of your business is like going down the street and grabbing a dog by the ears.

26:17 길을 지나가다가 자기와 상관 없는 다툼을 간섭하는 자. 사랑하는 마음으로 오지 랖이 넓은 것을 말하는 것이 아니다. 여기에서 말하는 것은 다툼을 좋아하는 사람을 말한다. **개의 귀를 잡는 자와 같으니라.** 지나가는 개의 귀를 잡아서 개 싸움하는 사람 이다. 얼마나 우스운가? 왜 개 귀를 잡아서 결국 개와 싸우고 있는지? 그냥 놔두면 되 는데 괜히 싸움만 하는 것이다. 인생을 그렇게 낭비하는 사람들이 있다. 영적 성장에 전혀 도움도 안 되는 일에 인생을 낭비하는 것도 '개 싸움'이나 마찬가지다. 인생을 개 싸움처럼 낭비하지 말아야 한다. 진정 그것이 인생을 존귀하게 사는 것이며 영적 성 장을 이루는 것인지 잘 살펴야 한다. 인생은 그냥 아무 삶이나 살아도 되는 것이 아니 다.

18 횃불을 던지며 화살을 쏘아서 사람을 죽이는 미친 사람이 있나니

18 Someone who misleads someone else and then claims that he was only joking is like a mad person playing with a deadly weapon.

26:18 화살을 쏘아서 사람을 죽이는 미친 사람. 적군과 싸우는 것이 아니라 아무에게나 화살을 쏘는 사람에 대한 말이다. 진짜 미친 사람이다. 그런데 그런 미친 사람과 같은 인생을 사는 사람들이 많다. 그들은 진리와 화평을 좋아하는 것이 아니라 다툼을 좋아하는 사람들이다. 다른 사람들을 세워주려 하지 않고 넘어뜨리는 것을 좋아하는 거짓의 사람이다.

> 19 자기의 이웃을 속이고 말하기를 내가 희롱하였노라 하는 자도 그러하니라
>
> 19

26:19 '이웃을 속이고 내가 희롱하였노라'고 말하는 사람도 미친 사람이라고 말한다. 험담을 하고, 나쁜 짓을 해놓고 '농담이다'고 말하는 사람을 의미한다. 그것 때문에 죽을 뻔하였고 속이 문드러졌는데 농담이라니? 진짜 미친 사람이다. 세상을 그렇게 미친 사람처럼 사는 사람들이 있다. 이것은 농담에 대한 이야기가 아니라 거짓에 대한 이야기다.

> 20 나무가 다하면 불이 꺼지고 말쟁이가 없어지면 다툼이 쉬느니라
>
> 20 Without wood, a fire goes out; without gossip, quarrelling stops.

26:20 나무가 다하면 불이 꺼지고. 불이 계속 타는 것은 나무가 있기 때문이다. 불을 끄는 제일 좋은 방법은 나무를 더 넣지 않는 것이다. 악한 것에는 나무를 더 넣지 말아야 한다. 괜한 관심이 나무만 넣어주어 불이 더 일어나게 만드는 경우가 많다. 아이들이 떼를 쓰면 때로는 무관심해야 한다. 관심을 주면 더 떼를 쓴다. 세상의 악한 것과 거짓의 것에 대해서는 관심을 꺼 버려야 한다. 그래야 뗄 나무가 없어지면 불이 꺼지듯이 꺼진다.

> 21 숯불 위에 숯을 더하는 것과 타는 불에 나무를 더하는 것 같이 다툼을 좋아하는 자는 시비를 일으키느니라
>
> 22 남의 말 하기를 좋아하는 자의 말은 별식과 같아서 뱃속 깊은 데로 내려가느니라

23 온유한 입술에 악한 마음은 낮은 은을 입힌 토기니라

21 Charcoal keeps the embers glowing, wood keeps the fire burning, and troublemakers keep arguments alive.

22 Gossip is so tasty! How we love to swallow it!

23 Insincere talk that hides what you are really thinking is like a fine glaze on a cheap clay pot.

26:23 온유한 입술에 악한 마음. 겉으로는 위하는 척 화려한 말을 하지만 속으로는 악한 마음이 가득한 경우를 말한다. 세상은 그런 거짓이 많다. 그런 거짓에 속아서 인생을 낭비하지 말아야 한다. **낮은 은을 입힌 토기니라.** '낮은 은'은 은을 정제하는 과정에 나온 은 찌꺼기를 말한다. 은이 아니고 은 같은 것이다. 그것으로 토기를 코팅하면 마치 은그릇처럼 보인다. 은도 가짜요 그 안에 있는 토기도 가짜다. 그런데 그냥 보면 은 그릇 같다. 세상에 거짓이 참 많다는 생각을 한다. 그러한 것에 속는 것도 어리석은 것이다. 인생은 그러한 것에 속아서 살 정도로 하찮지 않다. 그러한 것에 속아서 귀한 인생을 낭비하지 말아야 한다.

24 원수는 입술로는 꾸미고 속으로는 속임을 품나니

25 그 말이 좋을지라도 믿지 말 것은 그 마음에 일곱 가지 가증한 것이 있음이니라

26 속임으로 그 미움을 감출지라도 그의 악이 회중 앞에 드러나리라

27 함정을 파는 자는 그것에 빠질 것이요 돌을 굴리는 자는 도리어 그것에 치이리라

24 A hypocrite hides hatred behind flattering words.

25 They may sound fine, but don't believe him, because his heart is filled to the brim with hate.

26 He may disguise his hatred, but everyone will see the evil things he does.

27 People who set traps for others get caught themselves. People who start landslides get crushed.

26:27 함정을 파는 자는 그것에 빠질 것이요. 세상에 거짓을 행하는 사람은 필연코 자신이 그 거짓에 의해 망할 것이다. 그러니 거짓으로 사람들을 속이거나 넘어지게 하면 안 된다. 모든 거짓과 악한 일에 대해 하나님께서 반드시 심판하실 것이다. 거짓으로 남긴 이익보다 하나님의 심판은 더 크다.

> **28** 거짓말 하는 자는 자기가 해한 자를 미워하고 아첨하는 입은 패망을 일으키느니라
>
> **28** You have to hate someone to want to hurt him with lies. Insincere talk brings nothing but ruin.

26:28 거짓말 하는 자는 자기가 해한 자를 미워하고. 거짓말은 단순한 거짓말이 아니다. 그것은 거짓말의 대상을 미워한 것이다. 미워하는 것은 참으로 악한 것이다. 그러니 거짓말하지 말아야 한다. **아첨하는 입은 패망을 일으키느니라.** 아첨하는 입은 아첨하는 자신과 그 대상과 그것을 듣는 사람까지 패망에 이르게 한다. 아첨이 효과가 있는 것 같지만 실상은 그와 관련된 모든 이들을 패망에 이르게 한다. 살면서 수없이 많은 아첨을 본다. 나는 '존경하는'이라는 단어를 진짜 아낀다. 그런데 어떤 사람은 수없이 말한다. 그 마음이 진짜 존경인지 아첨인지 모르겠다. 거짓을 행하는 사람을 돈이 많다고 존경한다고 말하면 그것은 아첨이다. 아첨이 역사하는 힘이 있고 진실이 힘이 없어도 진실해야 한다. 오직 진실이 인생을 세우는 것이기 때문이다.

우정, 청지기

1 너는 내일 일을 자랑하지 말라 하루 동안에 무슨 일이 일어날는지 네가 알 수 없음이니라

1 Never boast about tomorrow. You don't know what will happen between now and then.

27:1 너는 내일 일을 자랑하지 말라. 사람들이 헛된 꿈을 가지고 있는 경우가 많다. 아직 이루어지지도 않은 꿈을 기반으로 하여 자신을 다른 사람과 급이 다른 사람이라고 착각하는 경우가 많다. 이웃을 함께 더불어 사는 친구로 보지 않고 자신만을 내세우며 사는 사람은 외로운 사람이 될 것이다. **하루 동안에 무슨 일이 일어날는지 네가 알 수 없음이니라.** 지금은 내가 잘나가고 있지만 하루 지나서 그가 더 잘나가는 사람이 될 수도 있다. 사실 세상에서 잘 나간다는 것 자체가 의미 없는 것이다. 또한 내일은 아무도 모른다. 오직 하나님만이 아시는 일이다. 그러기에 우리는 모두 하나님 앞에서 겸손하게 함께 살아야 한다. 하나님 앞에서 잘난 사람이 어디 있겠는가? 다 같다.

2 타인이 너를 칭찬하게 하고 네 입으로는 하지 말며 외인이 너를 칭찬하게 하고 네 입술로는 하지 말지니라

2 Let other people praise you—even strangers; never do it yourself.

27:2 타인이 너를 칭찬하게 하고. '타인이 칭찬한다'는 것은 더불어 산다는 것을 의미한다. 더불어 살지 않으면 잘 하였어도 다른 사람이 칭찬하지 않을 것이다. 이웃을 부요하게 하는 사람이 되었을 때 칭찬이 있다. 그렇게 이웃을 부요하게 하는 사람이 되어야 한다. 이러한 모든 것의 기반은 이웃과 더불어 사는 것이다. 친구가 있어야 한다.

3 돌은 무겁고 모래도 가볍지 아니하거니와 미련한 자의 분노는 이 둘보다 무거우

니라

3 The weight of stone and sand is nothing compared to the trouble that stupidity can cause.

27:3 미련한 자의 분노는 이 둘보다 무거우니라. 무지한 친구는 큰 돌보다 더 무거운 존재가 될 수 있다. 없는 것보다 더 못할 수도 있다. 하나님을 경외하지 않기에 거짓을 함께 도모하려고 하는 친구다. 함께 있으면 악행을 하게 되는 친구는 없는 것이 낫다. 친구를 사귈 때는 진정 하나님을 두려워하는 마음이 있는 친구이어야 한다.

4 분은 잔인하고 노는 창수 같거니와 투기 앞에야 누가 서리요

4 Anger is cruel and destructive, but it is nothing compared to jealousy.

27:4 투기 앞에야 누가 서리요. 가장 안 좋은 친구는 시기하는 친구다. 친구는 함께 공부하여 비슷한 배경을 가진 경우가 많다. 같은 대학을 나왔는데 어떤 친구는 세상적으로 더 성공한 것처럼 보일 수 있다. 그것을 시기하면 결코 좋은 친구가 될 수 없다. 친구는 좋은 경쟁자는 될 수 있다. 그 친구가 있어 내가 더 노력하게 되는 경우다. 그러나 내가 앞으로 나가는 것이 아니라 친구를 내림으로 내가 더 앞에 있으려고 하는 시기의 마음을 가지고 있으면 최악의 친구다. 친구는 나이가 비슷한 경우만을 말하는 것이 아니다. 함께 교류하는 사람을 말한다. 이웃의 경우도 좋은 친구다. 이웃을 시기하여 문제가 되는 경우를 많이 본다. 이웃이 잘 될 때 마음이 기쁘면 좋은 친구다. 그러나 마음이 답답하면 시기하는 경우다. 그것은 악한 친구다. 멀리해야 한다.

5 면책은 숨은 사랑보다 나으니라

6 친구의 아픈 책망은 충직으로 말미암는 것이나 원수의 잦은 입맞춤은 거짓에서 난 것이니라

5 Better to correct someone openly than to let him think you don't care for him at all.

6 Friends mean well, even when they hurt you. But when an enemy puts an arm round your shoulder—watch out!

27:6 친구의 아픈 책망은 충직으로 말미암는 것이니. 직역하면 '친구의 상처는 신실한

것이다'이다. 친구가 주는 상처를 말한다. 이것이 큰 상처가 된다면 안 된다. 그러나 친구라면 조금은 상처를 줄 수 있는 관계이어야 한다. 좋은 말만 하는 관계가 아니라 필요한 것을 지혜롭게 작은 상처로 줄 수 있는 친구가 되어야 한다. 친구를 통해 발전할 수 있을 때 가장 좋은 친구 관계가 되기 때문이다.

> 7 배부른 자는 꿀이라도 싫어하고 주린 자에게는 쓴 것이라도 다니라
>
> 7 When you are full, you will refuse honey, but when you are hungry, even bitter food tastes sweet.

27:7 7-8절은 친구 중에 가장 좋은 친구가 할 수 있는 부부에 대한 잠언으로 보아도 좋을 것 같다. **배부른 자는 꿀이라도 싫어하고.** 이 부분을 긍정적인 경우와 부정적인 경우로 볼 수 있다. 긍정적인 해석이라면 참된 친구가 되는 부부는 외부의 '꿀' 같은 미남이나 미녀가 유혹해도 거절할 수 있다고 볼 수 있다. 부정적으로 볼 때는 배우자는 '꿀'같은 존재인데 외부에서 만족을 찾는 사람은 배우자에 대해 싫어한다고 해석할 수도 있다. **주린 자에게는 쓴 것이라도 다니라.** 남편이 아내를 만족하지 못하면 밖에서 아무리 못생긴 여자라도 예쁘게 보일 수 있다고 해석할 수 있다. 본래 부부는 서로에게 꿀 같은 존재다. 그런데 그 관계가 깨지고 좋은 친구가 되지 못하면 밖으로만 돌게 될 것이다. 밖이 좋아서가 아니다. 안에서 좋은 친구가 되지 못하기 때문에 밖으로 친구를 찾아 나서는 것이다.

> 8 고향을 떠나 유리하는 사람은 보금자리를 떠나 떠도는 새와 같으니라
>
> 8 Anyone away from home is like a bird away from its nest.

27:8 보금자리를 떠나 떠도는 새와 같으니라. 부부가 서로를 떠났을 때 결국 떠도는 새와 같다. 부부는 서로에게 고향 같아야 한다. 편한 친구이어야 한다. 부부가 서로 떠나지 말아야 한다. 마음도 떠나면 안 된다. 조강지처가 좋다는 말을 하기도 한다. 밖이 좋은 것 같지만 그것은 떠돌이다.

> 9 기름과 향이 사람의 마음을 즐겁게 하나니 친구의 충성된 권고가 이와 같이 아

름다우니라

9 Perfume and fragrant oils make you feel happier, but trouble shatters your peace of mind.

27:9 기름과 향이 사람의 마음을 즐겁게 하고. 기름과 향은 잔치에 나오는 것이다. 잔치가 사람을 즐겁게 하는 것처럼 '친구의 충성된 권고'가 즐겁게 한다고 말한다. 잔치에 기름과 향이 필요한 것처럼 친구도 그러하다. 섣부른 충고는 친구를 멀어지게 할 것이다. 그러나 충성된 권고는 친구 사이를 더욱더 즐겁고 유익하게 할 것이다.

10 네 친구와 네 아비의 친구를 버리지 말며 네 환난 날에 형제의 집에 들어가지 말지어다 가까운 이웃이 먼 형제보다 나으니라

10 Do not forget your friends or your father's friends. If you are in trouble, don't ask a relative for help; a neighbour near by can help you more than relatives who are far away.

27:10 환난 날에 형제의 집에 들어가지 말지어다. 본래 이스라엘 지역에서는 친척이 중요하다. 그래서 환난 날에 도움을 요청하였다. 그런데 왜 여기에서는 상반되는 이야기를 할까? **가까운 이웃이 먼 형제보다 나으니라.** 10절에서 말하는 형제는 멀리 있는 형제다. 멀리 있는데 형제라는 이유로 찾아가는 것을 말한다. 그러나 그렇게 찾아갔을 때 오히려 냉대받을 수 있다. 멀리 있어 잘 모르기 때문이다. 그러기에 환난 날에 형제라는 이유로 멀리 찾아가기 보다는 가까운 이웃(친구)의 도움을 받는 것이 더 낫다는 말이다. 그런데 이때 중요한 것은 가까운 이웃이 참된 친구일 때 가능할 것이다. 그러기에 가까운 이웃과의 바른 관계를 맺는 것이 중요하다.

11 내 아들아 지혜를 얻고 내 마음을 기쁘게 하라 그리하면 나를 비방하는 자에게 내가 대답할 수 있으리라

12 슬기로운 자는 재앙을 보면 숨어 피하여도 어리석은 자들은 나가다가 해를 받느니라

13 타인을 위하여 보증 선 자의 옷을 취하라 외인들을 위하여 보증 선 자는 그의 몸을 볼모 잡을지니라

11 Be wise, my son, and I will be happy; I will have an answer for anyone who criticizes me.

12 Sensible people will see trouble coming and avoid it, but an unthinking person will walk right into it and regret it later.

13 Anyone stupid enough to promise to be responsible for a stranger's debts deserves to have his own property held to guarantee payment.

27:13 타인을 위하여 보증 선 자의 옷을 취하라. '타인'은 오랜 시간 함께 한 사람이 아니라 낯선 사람이다. 그가 어떤 사람인지 모르는데 그 사람을 친구로 여겨 보증을 서는 것은 매우 위험하다. 그러기에 그런 어리석은 사람에 대해서는 옷을 보증으로 잡아야 한다고 말한다. **외인들을 위하여 보증 선 자는 그의 몸을 볼모 잡을지니라.** '외인 (히, 노크리)'은 '외부 여인'으로 아마 매춘부를 의미할 수도 있다. 또는 낯선 여자로 보는 것이 좋을 것 같다. 남자는 여인에게 약하다. 그래서 잘 알지도 못하고 함부로 믿고 보증을 서기도 한다. 그런 경우는 더욱더 위험하다. 낯선 사람은 친구가 아니다. 낯선 여인은 더욱더 친구가 아니다.

14 이른 아침에 큰 소리로 자기 이웃을 축복하면 도리어 저주 같이 여기게 되리라

14 You might as well curse your friends as wake them up early in the morning with a loud greeting.

27:14 이른 아침에 큰 소리로 자기 이웃을 축복하면. 좋은 현상인 것처럼 보일 수도 있지만 사실 부담이 될 수 있다. 이것은 아마 위선을 의미할 것이다. 수고가 안 드는 경우에는 그렇게 축복하고 수고가 들어가는 일에는 모른 체하는 사람을 말하는 것으로 보인다. 수고하지 않고 말로만 친한 척하는 사람은 바른 친구가 아니다. 친구는 수고를 할 줄 알아야 한다.

15 다투는 여자는 비 오는 날에 이어 떨어지는 물방울이라

15 A nagging wife is like water going drip-drip-drip on a rainy day.

27:15 다투는 여자. 부부는 많은 일상을 함께 공유한다. 그래서 의견 차이가 더욱더 많다. 그것이 다툼의 이유가 되지 말아야 한다. 그것이 다툼의 이유가 되면 늘 다투게 될 것이다. 늘 다투는 것은 '비 오는 날에 이어 떨어지는 물방울'이라고 말한다. 비 오

는 날 천정에서 물이 떨어지고 있으면 매우 괴롭다.

> **16** 그를 제어하기가 바람을 제어하는 것 같고 오른손으로 기름을 움키는 것 같으니라
>
> **16** How can you keep her quiet? Have you ever tried to stop the wind or ever tried to hold a handful of oil?

27:16 바람을 제어하는 것'과 '손으로 기름을 움켜잡는 것'은 거의 불가능한 일이다. 그것처럼 계속 싸우려는 여인을 말리는 것은 거의 불가능에 가깝다고 말한다. 그러기에 남자는 결혼을 하기 전에 그것을 잘 살펴야 한다. 만나면 늘 싸우는 사람이라면 다시 생각해 보아야 한다. 부부는 서로의 다름이 다툼이 아니라 지혜가 되어야 한다.

> **17** 철이 철을 날카롭게 하는 것 같이 사람이 그의 친구의 얼굴을 빛나게 하느니라
>
> **17** People learn from one another, just as iron sharpens iron.

27:17 사람이 그의 친구의 얼굴을 빛나게 하느니라. 유명한 친구를 의미하는 것이 아니다. 친구의 현명한 조언을 말하는 것이다. 철과 철이 서로 부딪혀 날카롭게 되는 것처럼 친구 사이에 현명한 조언이 친구를 더 현명한 사람으로 만든다는 말이다. 친구는 서로를 빛나게 해야 한다. 오랜 만에 만난 옛 친구가 자극이 되면 좋다.

> **18** 무화과나무를 지키는 자는 그 과실을 먹고 자기 주인에게 시중드는 자는 영화를 얻느니라
>
> **19** 물에 비치면 얼굴이 서로 같은 것 같이 사람의 마음도 서로 비치느니라
>
> **18** Take care of a fig tree and you will have figs to eat. Servants who take care of their master will be honoured.
>
> **19** It is your own face that you see reflected in the water and it is your own self that you see in your heart.

27:19 얼굴은 물에 비친 것을 보고 안다. 그러면 마음은 어떻게 알까? 두 가지가 가능하다. 그 사람이 하는 말과 행동을 통해 그 마음을 알 수 있다. 또 하나의 방법은

친구를 통해 알 수 있다. 친구는 결국 서로 조금은 닮아간다. 그러기에 어떤 친구를 사귀는지를 보면 그 사람을 알 수 있다. 또한 친구의 평판을 통해 자신의 마음을 돌아볼 수도 있다.

> **20** 스올과 아바돈은 만족함이 없고 사람의 눈도 만족함이 없느니라
>
> **20** Human desires are like the world of the dead—there is always room for more.

27:20 스올과 아바돈. 죽음의 세계를 말한다. 그렇게 많은 사람이 죽었어도 여전히 매일 죽는 사람이 있다. 그것을 두고 비유적으로 말하는 것이다. '사람의 눈'도 만족함이 없다. 무엇인가를 보면 그것에 대해 탐하게 된다. 탐하는 것이 나쁜 것은 아니다. 나쁜 것을 탐할 때는 악하게 사용된다. 그러나 선한 것을 욕심 낼 때는 좋은 것이 된다. 그러니 좋은 것을 욕심 내는데 사용되도록 욕심의 방향을 잘 잡아야 한다.

> **21** 도가니로 은을, 풀무로 금을, 칭찬으로 사람을 단련하느니라
>
> **21** Fire tests gold and silver; a person's reputation can also be tested.

27:21 칭찬으로 사람을 단련하느니라. 사람은 칭찬으로 단련하기도 한다. 어린아이를 칭찬하면 그것이 계기가 되어 더욱더 잘하게 되기도 하는 것과 같다. 그러기에 칭찬을 통해 선한 것을 더욱더 욕심 내게 하여야 한다. 잘하는 것을 시기하는 것이 아니라 칭찬하여 더 잘하게 하는 친구가 있다면 아주 좋을 것이다.

> **22** 미련한 자를 곡물과 함께 절구에 넣고 공이로 찧을지라도 그의 미련은 벗겨지지 아니하느니라
>
> **22** Even if you beat fools until they're half dead, you still can't beat their foolishness out of them.

27:22 미련은 벗겨지지 아니하느니라. 미련한 사람은 끝내 바뀌지 않는 경우가 많다. 그러기에 그런 사람에게 선한 충고를 하는 것은 결국 시간 낭비가 될 것이다. 어리석은 사람과의 관계는 친한 친구보다는 일정한 거리를 두고 사귀는 것이 좋다. 나의 지

혜는 전달되지 않고 그의 어리석음만 전달되기 쉽다. 그러면 그 관계는 선한 열매를 맺지 못한다. 선한 열매가 없는데 인생을 낭비할 필요는 없다.

> **23** 네 양 떼의 형편을 부지런히 살피며 네 소 떼에게 마음을 두라
>
> 23 Look after your sheep and cattle as carefully as you can,

27:23 네 소 떼에게 마음을 두라. 친구 관계는 결국 친구일 뿐이다. 나의 인생은 나만 책임질 수 있다. 나의 책임은 나의 인생이다. 그러기에 내가 청지기로 맡아 관리하는 것에 나의 마음을 두고 살펴야 한다. 내 인생을 잘 살아야 친구에게 좋은 친구가 될 수 있다.

> **24** 대저 재물은 영원히 있지 못하나니 면류관이 어찌 대대에 있으랴
>
> 24 because wealth is not permanent. Not even nations last for ever.

27:24 재물은 영원히 있지 못하나니. 지금 내가 관리하고 있는 재물은 계속 있는 것이 아니다. 지금 관리하고 있을 때 잘 사용해야 한다. 재물이 없어져도 후회하지 않도록 잘 사용해야 한다. '면류관'도 그러하다. 지금 있는 직위가 계속 있지 않다. 그 직위에 있을 때 잘 해야 한다. 그것을 영원한 친구처럼 착각하지 말아야 한다. 재물을 가지고 있을 때 잘 관리해야 한다. 사랑하고 섬기면서 사용해야 한다. 돈을 잃어도 영원히 남을 사랑과 섬김으로 환전을 잘 해야 한다.

> **25** 풀을 벤 후에는 새로 움이 돋나니 산에서 꼴을 거둘 것이니라
>
> **26** 어린 양의 털은 네 옷이 되며 염소는 밭을 사는 값이 되며
>
> 25 You cut the hay and then cut the grass on the hillsides while the next crop of hay is growing.
>
> 26 You can make clothes from the wool of your sheep and buy land with the money you get from selling some of your goats.

27:26 어린 양의 털은 네 옷이 되며. 재산을 잘 관리하여 양을 샀으면 그것이 옷이 된

다. 그러기에 자신의 재물을 어찌 관리해야 하는지 잘 살펴야 한다. 돈을 장롱에 넣어 두면 계속 마이너스가 된다. 인플레이션이 있기 때문이다. 은행에 두면 이자는 조금 붙지만 이자보다 인플레이션이 더 높은 경우가 많기 때문에 이 또한 마이너스가 된다. 그것으로 생산적인 곳에 사용해야 한다. 돈이 양이 되고 털이 되고 옷이 되도록 움직이게 만들어야 한다.

27 염소의 젖은 넉넉하여 너와 네 집의 음식이 되며 네 여종의 먹을 것이 되느니라

27 The rest of the goats will provide milk for you and your family, and for your servant women as well.

28장

리더

1 악인은 쫓아오는 자가 없어도 도망하나 의인은 사자 같이 담대하니라

1 The wicked run when no one is chasing them, but an honest person is as brave as a lion.

28:1 악인은 쫓아오는 자가 없어도 도망하나. 악인은 지은 죄가 있기 때문에 늘 불안하다. 자신이 지은 죄가 언제 발각될지 모르기 때문이다. 자신의 과거에 발목이 잡혀 그가 맡은 직무의 일을 제대로 할 수 없다. **의인은 사자 같이 담대하니라.** 바른 리더는 당당하다. 누구의 거짓 도움으로 그 자리에 있는 것이 아니기 때문이다. 그래서 누구의 눈치도 보지 않고 당당하게 일할 수 있다. 그래서 바른 리더를 뽑아야 한다. 그래야 백성을 위해 사자 같이 담대하게 일할 수 있다.

2 나라는 죄가 있으면 주관자가 많아져도 명철과 지식 있는 사람으로 말미암아 장구하게 되느니라

2 When a nation sins, it will have one ruler after another. But a nation will be strong and endure when it has intelligent, sensible leaders.

28:2 나라는 죄가 있으면 주관자가 많아져도. 나라가 문제가 많아 관리를 자주 바꾼 것이거나 아니면 더 많은 관리를 세운 것을 의미한다. 그러나 리더가 문제인 경우가 많아서 바른 리더로 바뀌지 않고 사람만 바꾼다고 되는 것이 아니다. 정신이 바뀌어야 한다.

3 가난한 자를 학대하는 가난한 자는 곡식을 남기지 아니하는 폭우 같으니라

3 Someone in authority who oppresses poor people is like a driving rain that destroys the crops.

28:3 가난한 자를 학대하는 가난한 자. 아마 하급관리를 의미하는 것 같다. 예수님의 비유에서 만 데나리온 빚진 자가 백 데나리온 빚진 자를 호되게 구는 것을 말씀한다. 백 데나리온을 빌려준 사람과 같은 경우다. **곡식을 남기지 아니하는 폭우 같으니라.** 비는 본래 농사에 매우 중요하다. 관리자가 사람들에게 중요한 것과 같다. 그러나 가난한 백성의 사정을 생각하지 않는 하급관리는 폭우와 같다. 가난한 사람의 조금 있는 것까지도 다 쓸어간다. 가난한 자가 더 가난해지면 문제다. 먹을 것이 없기 때문이다.

4 율법을 버린 자는 악인을 칭찬하나 율법을 지키는 자는 악인을 대적하느니라

4 If you have no regard for the law, you are on the side of the wicked; but if you obey it, you are against them.

28:4 율법을 버린 자는 악인을 칭찬하나. 말씀을 기준으로 살지 않는 사람은 자신에게 이익이 되면 그가 악인이라도 좋아한다. 그러나 하나님을 경외하는 사람은 말씀에 따라 사람을 평가한다. 자신에게 이익이 되어도 거짓된 리더를 대적한다.

5 악인은 정의를 깨닫지 못하나 여호와를 찾는 자는 모든 것을 깨닫느니라

5 Evil people do not know what justice is, but those who worship the Lord understand it well.

28:5 악인은 정의를 깨닫지 못하나. 악인은 왜 진리를 따라 살아야 하고 백성을 위하는 삶을 살아야 하는지를 모른다. 오직 하나님의 법을 사랑하고 두려워하는 사람만이 정의가 바른 것이며 그것이 진정한 복이라는 것을 안다.

6 가난하여도 성실하게 행하는 자는 부유하면서 굽게 행하는 자보다 나으니라

6 Better to be poor and honest than rich and dishonest.

28:6 '가난하여도 성실하게 행하는 자가 부유하면서 굽게 행하는 자보다 나은 것'은 왜 그럴까? 지금 보이는 가난과 부요가 전부가 아니기 때문이다. 어떤 직책을 준 것은 그것으로 자신을 부유하게 하라는 것이 아니다. 그 직책으로 부유하게 되는 것이 아

니라 백성을 잘 다스리라고 주어진 것이다. 그러기에 그 직책의 임무에 따라 백성을 잘 다스리는 것이 더 좋은 것이다.

> **7** 율법을 지키는 자는 지혜로운 아들이요 음식을 탐하는 자와 사귀는 자는 아비를 욕되게 하는 자니라
>
> 7 A young man who obeys the law is intelligent. One who makes friends with good-for-nothings is a disgrace to his father.

28:7 율법을 지키는 자는 지혜로운 아들이요. 자신의 권력을 주신 분은 하나님이기 때문에 하나님의 뜻을 따라 권력을 사용하기 위해 율법을 따라가야 한다. 그것이 지혜로운 길이다. 권력을 가지고 율법을 따라가는 것이 아니라 '음식'을 따라간다면 그것은 참으로 거짓된 삶이다.

> **8** 중한 변리로 자기 재산을 늘리는 것은 가난한 사람을 불쌍히 여기는 자를 위해 그 재산을 저축하는 것이니라
>
> 8 If you get rich by charging interest and taking advantage of people, your wealth will go to someone who is kind to the poor.

28:8 비싼 이자로 재산을 증식하는 사람에 대해 말한다. 재산이 많다는 것은 그것으로 하나님께서 기뻐하시는 일을 하도록 하기 위함이다. 그런데 그것으로 가난한 백성들을 더 괴롭게만 한다면 그것은 참으로 잘못 사용하는 것이다. **가난한 사람을 불쌍히 여기는 자를 위해 그 재산을 저축하는 것이니라.** 이것은 하나님께서 특별한 섭리로 어리석은 사람의 재산을 빼앗아 가난한 사람들에게 나누어 줄 마음을 가진 사람에게 주신다는 뜻이다. 어리석은 사람은 재산을 모으기만 하고 결국은 자신이 쓰지 못하고 다 잃어버리게 될 것이다.

> **9** 사람이 귀를 돌려 율법을 듣지 아니하면 그의 기도도 가증하니라
>
> 9 If you do not obey the law, God will find your prayers too hateful to hear.

28:9 율법을 듣지 아니하면 그의 기도도 가증하니라. 말씀은 하나님의 음성이다. 하나

님의 음성을 듣지 않고 자신의 음성만 하나님께 들려주는 사람은 자기말만 주장하는 사람으로서 가증한 사람이라는 말씀이다. 하나님께 귀 기울이지 않고 하나님께만 '귀 기울이시라'고 말하는 것은 가증한 사람이다. 그러기에 진정한 기도를 하고 싶은 사람은 말씀을 많이 읽어야 한다. 말씀을 통해 하나님의 음성을 더 많이 들어야 한다. 그래야 기도로 하나님께 자신의 말을 많이 하는 것이 합당하다. 하나님의 말씀을 듣지 않는 사람이 어찌 하나님의 사람이 될 수 있겠는가? 하나님의 사람이 되고자 한다면 하나님의 말씀을 많이 들어야 한다. 늘 들으며 살아야 한다.

> 10 정직한 자를 악한 길로 유인하는 자는 스스로 자기 함정에 빠져도 성실한 자는 복을 받느니라
>
> 11 부자는 자기를 지혜롭게 여기나 가난해도 명철한 자는 자기를 살펴 아느니라
>
> 10 If you trick an honest person into doing evil, you will fall into your own trap. The innocent will be well rewarded.
>
> 11 Rich people always think they are wise, but a poor person who has insight into character knows better.

28:11 부자는 자기를 지혜롭게 여기나. 부자가 되면 다른 사람의 말을 듣지 않는 경향이 있다. 스스로 잘나서 부자가 되었다고 생각한다. 부자가 되어 그렇게 귀가 닫힌 사람이 된다면 그의 부는 복이 아니라 재앙이다.

> 12 의인이 득의하면 큰 영화가 있고 악인이 일어나면 사람이 숨느니라
>
> 13 자기의 죄를 숨기는 자는 형통하지 못하나 죄를 자복하고 버리는 자는 불쌍히 여김을 받으리라
>
> 12 When good people come to power, everybody celebrates, but when bad people rule, people stay in hiding.
>
> 13 You will never succeed in life if you try to hide your sins. Confess them and give them up; then God will show mercy to you.

28:13 자기의 죄를 숨기는 자는 형통하지 못하나. 우리가 들어야 할 가장 중요한 것 중에 하나는 자신의 허물과 죄다. 자신의 부족함을 들어야 한다. 그래야 그것을 고칠 수 있기 때문이다. 우리는 평생 고쳐야 한다.

14 항상 경외하는 자는 복되거니와 마음을 완악하게 하는 자는 재앙에 빠지리라

14 Always obey the Lord and you will be happy. If you are stubborn, you will be ruined.

28:14 항상 경외하는 자는 복되거니와. 여기에서의 '경외(히, 파하드)'라는 단어는 '떨림'이라는 뜻이다. 인생은 떨림이 있어야 한다. 자기 잘난 맛에 사는 것이 아니라 피조물로서 창조주 앞에서 떨림이 있어야 한다. 그래서 늘 창조주의 말씀을 들어야 한다. 하나님의 백성으로 사는 것에 대한 떨림이 있어야 한다. 막 사는 것이 아니라 어찌 살아야 하나님께 영광이 될지를 생각하는 떨림이 있어야 한다. 세상 사람들을 사랑하는 것에 대한 떨림이 있어야 한다. 사람을 아무렇게나 대하는 것이 아니라 한 사람을 천하보다 더 소중하게 여기는 떨림이 있어야 한다. **마음을 완악하게 하는 자는 재앙에 빠지리라.** 그러한 떨림이 없으면 인생은 재앙이 될 것이다.

15 가난한 백성을 압제하는 악한 관원은 부르짖는 사자와 주린 곰 같으니라

15 Poor people are helpless against a wicked ruler; he is as dangerous as a growling lion or a prowling bear.

28:15 가난한 백성을 압제하는 악한 관원. 그들은 부르짖는 사자와 주린 곰 같다고 말한다. 사자와 곰은 엄청 힘이 세다. 게다가 주린 상태이니 더욱 힘이 강하다. 그러나 그렇게 자신들의 배를 채우는 힘은 악하다. 관원이 자신들에게 주어진 힘으로 백성을 압제한다면 그것은 망하는 길이다.

16 무지한 치리자는 포학을 크게 행하거니와 탐욕을 미워하는 자는 장수하리라

16 A ruler without good sense will be a cruel tyrant. One who hates dishonesty will rule a long time.

28:16 무지한 치리자는 포학을 크게 행하거니와. 무지한 리더는 강하게 압제하여야 더 많은 것을 얻을 것으로 생각한다. 그러나 그들의 정당하지 못한 압제는 그들의 권력이 길게 가지 못하게 한다. 권력자가 탐욕을 가지면 그 권력마저 무너질 것이다.

17 사람의 피를 흘린 자는 함정으로 달려갈 것이니 그를 막지 말지니라

17 Someone guilty of murder is digging his own grave as fast as he can. Don't try to stop him.

28:17 사람의 피를 흘린 자는 함정으로 달려갈 것이니. 사람의 피는 존귀하다. 그러기에 사람의 피를 흘린 사람은 멸망과 죽음의 길로 가게 된다. 그들이 흘린 사람의 피에 대해 회개하지 않는 한 그들이 멸망의 길로 가는 것은 당연하다. **그를 막지 말지니라.** 피를 흘리고 거짓의 길을 가는 사람과 함께 하거나 그를 돕는 것은 함께 멸망하는 길이 될 것이다. 그러기에 악한 사람을 돕지 말아야 한다. 악한 사람을 도우면 함께 멸망하게 된다.

18 성실하게 행하는 자는 구원을 받을 것이나 굽은 길로 행하는 자는 곧 넘어지리라

18 Be honest and you will be safe. If you are dishonest, you will suddenly fall.

28:18 성실하게 행하는 자. '완전한 자' '흠 없는 자'라는 의미다. 말씀을 따라 옳은 길을 걷는 사람을 의미한다. 옳은 길을 걸어가도 때로는 어려움을 만날 수 있다. 그러나 결국 구원받을 것이다. 의로우신 하나님께서 세상을 다스리고 심판하시기 때문이다. **굽은 길로 행하는 자는 곧 넘어지리라.** 말씀을 어기고 거짓된 길을 가는 사람은 결국은 넘어지게 될 것이다. 지금은 넘어지지 않았어도 그는 넘어진 사람이나 마찬가지다. 거짓된 것에 대해 하나님께서 반드시 심판하시기 때문이다. 그래서 거짓된 길을 가는 사람은 망하는 길을 걷고 있는 것이다.

19 자기의 토지를 경작하는 자는 먹을 것이 많으려니와 방탕을 따르는 자는 궁핍함이 많으리라

19 A hard-working farmer has plenty to eat. People who waste time will always be poor.

28:19 자기의 토지를 경작하는 자는 먹을 것이 많으려니와. 땅에 먹을 것을 심지 않았는데 먹을 것이 나오지는 않는다. 많이 먹고 싶으면 많이 심어야 한다. 많이 심는 것이 부자 되는 길이요 비결이다. **방탕을 따르는 자는 궁핍함이 많으리라.** '방탕(히, 레크)'은

'빈 것' '무가치한 것'을 의미하는 것으로 헛된 것을 추구하는 것을 의미한다. 심지 않고 거두려는 마음을 의미한다. 부를 위하여 수고하는 것이 아니라 한탕주의처럼 헛된 것을 바라면 결코 부에 이르지 못할 것이다.

> 20 충성된 자는 복이 많아도 속히 부하고자 하는 자는 형벌을 면하지 못하리라
>
> 21 사람의 낯을 보아 주는 것이 좋지 못하고 한 조각 떡으로 말미암아 사람이 범법하는 것도 그러하니라
>
> 20 Honest people will lead a full, happy life. But if you are in a hurry to get rich, you are going to be punished.
>
> 21 Prejudice is wrong. But some judges will do wrong to get even the smallest bribe.

28:21 사람의 낯을 보아 주는 것이 좋지 못하고. 재판하는 곳에서 뇌물 때문에 거짓판결을 하는 경우가 있다. 그것은 부에 이르는 길이 아니라 망하는 길이다. **한 조각 떡으로 말미암아 사람이 범법하는 것도 그러하니라.** 사람은 참으로 나약하다. 돈을 위해서는 때로는 아주 적은 돈을 위해서도 죄를 범한다. 돈에 눈이 멀기 때문이다. 돈에 눈이 멀면 결코 부자가 될 수 없다.

> 22 악한 눈이 있는 자는 재물을 얻기에만 급하고 빈궁이 자기에게로 임할 줄은 알지 못하느니라
>
> 22 Selfish people are in such a hurry to get rich that they do not know when poverty is about to strike.

28:22 악한 눈이 있는 자. '인색한 사람'을 의미한다. 인색한 사람은 재물을 얻기에만 급급한다. 그렇게 돈을 사용하지 않고 모으면 부자가 될 것이라고 생각한다. **빈궁이 자기에게로 임할 줄은 알지 못하느니라.** 분명히 돈을 사용하지 않고 모으기만 하였는데 어느 날 생각지도 못한 곳에서 돈이 쑥 빠질 것이다. 오히려 가난한 자들에게 나누어 주면 생각지도 못한 곳에서 돈이 쑥 들어온다.

> 23 사람을 경책하는 자는 혀로 아첨하는 자보다 나중에 더욱 사랑을 받느니라

24 부모의 물건을 도둑질하고서도 죄가 아니라 하는 자는 멸망 받게 하는 자의 동류니라

23 Correct someone, and afterwards he will appreciate it more than flattery.

24 Anyone who thinks it isn't wrong to steal from his parents is no better than a common thief.

28:24 부모의 물건을 도둑질하고서. 부모를 속여서 자신의 부를 채우는 사람이 있다. 부모의 돈이니 결국 자신의 것이라 생각하고 합리화한다. 그러나 그렇지 않다. 부모를 속여서 도둑질하는 자는 오히려 더 큰 죄다. 부에 이르는 길이 아니라 멸망에 이르는 길이다.

25 욕심이 많은 자는 다툼을 일으키나 여호와를 의지하는 자는 풍족하게 되느니라

25 Selfishness only causes trouble. You are much better off to trust the Lord.

28:25 욕심이 많은 자는 다툼을 일으키나. 사람들은 지금의 돈보다 더 많은 돈을 가져야 한다고 생각하는 경향이 많다. 그래서 늘 전투적으로 살아간다. 더 많이 가지기 위해 누군가와 싸우고 다투어야 하기 때문이다. 그러나 부는 그러한 욕심으로 되는 것이 아니다. **여호와를 의지하는 자는 풍족하게 되느니라.** 여호와를 의지하는 사람은 혹 지금 부자가 아니어도 기다릴 줄 안다. 기다리는 능력을 가지고 있다. 또한 오늘 가난하여도 그것에 만족한다. 오늘 많이 가지고 있어 풍족한 것이 아니라 만족하기 때문에 풍족하다. 그리고 하나님을 의지하는 자는 결국 영원한 나라에 들어가기 때문에 그곳에서 더욱더 풍성한 만족을 누리게 될 것이다.

26 자기의 마음을 믿는 자는 미련한 자요 지혜롭게 행하는 자는 구원을 얻을 자니라

27 가난한 자를 구제하는 자는 궁핍하지 아니하려니와 못 본 체하는 자에게는 저주가 크리라

26 It is foolish to follow your own opinions. Be safe, and follow the teachings of wiser people.

27 Give to the poor and you will never be in need. If you close your eyes to the poor, many people will curse you.

28:27 가난한 자를 구제하는 자는 궁핍하지 아니하려니와. 사실 '부'는 남는 것이 아니라 '부족한 것(궁핍)이 없는 것'이다. 가난한 자를 구제하면 내 것을 줬기 때문에 부족할 것 같다. 그러나 가난한 자를 구제하고 궁핍해지는 경우는 없다. 하나님께서 채워 주시기 때문이다. **못 본 체하는 자에게는 저주가 크리라.** '못 본체'는 직역하면 '그의 눈을 닫다'이다. '악한 눈'과 일맥 상통한다. 가난한 자를 못 본 체하는 사람은 분명 돈이 나가지 않았다. 그러나 '저주'가 임할 것이다. 하나님께서 내리시는 재앙이 있을 것이다. 전혀 생각하지 못했던 곳에서 무너질 것이다. 그래서 빈곤하게 된다. 궁핍하게 된다.

28 악인이 일어나면 사람이 숨고 그가 멸망하면 의인이 많아지느니라

28 People stay in hiding when the wicked come to power. But when they fall from power, the righteous will rule again.

1 자주 책망을 받으면서도 목이 곧은 사람은 갑자기 패망을 당하고 피하지 못하리라

1 If you get more stubborn every time you are corrected, one day you will be crushed and never recover.

29:1 목이 곧은 사람은 갑자기 패망을 당하고. '목이 곧은 사람'은 교만한 사람을 의미한다. 자신의 허물에 대해 고치지 않는 사람이다. 자신의 허물을 들으면 고쳐야 한다. 그것을 고치지 않아도 지금까지는 잘 살아왔을 수 있다. 그러나 그렇게 계속 고치지 않으면 그것은 무너짐을 예약한 것과 같다. 지금은 고치지 않아도 괜찮았지만 언젠가 순식간에 무너질 것이다. 그러기에 자신의 삶이나 자신이 리더로 있는 조직에서 잘못이 있을 때 고쳐야 한다. 잘못된 것을 방치해서는 안 된다.

2 의인이 많아지면 백성이 즐거워하고 악인이 권세를 잡으면 백성이 탄식하느니라

2 Show me a righteous ruler and I will show you a happy people. Show me a wicked ruler and I will show you a miserable people.

29:2 의인과 악인의 구분은 쉬우면서도 때로는 어렵다. 그때 주변 사람들의 얼굴을 보라. 그들이 즐거워하고 있으면 내가 잘 살고 있는 것이고, 탄식하고 있으면 잘 살지 못하고 있는 것일 수 있다. 의인은 자신이 즐거워하고 그 주변을 즐겁게 한다. 악인은 자신이 탄식하고 있고 그 주변을 탄식하게 한다.

3 지혜를 사모하는 자는 아비를 즐겁게 하여도 창기와 사귀는 자는 재물을 잃느니라

3 If you appreciate wisdom, your father will be proud of you. It is a foolish waste to spend money on prostitutes.

29:3 즐거움에도 여러 성질이 있다. '창기와 사귀는 자'가 나온다. 그는 즐거워할 것이다. 그러나 그것은 악한 즐거움이다. 그것은 아비를 슬프게 하는 것이다. 그러기에 자신이 즐거워하여도 선한 즐거움이어야 한다. 특별히 자신을 아끼는 사람들이 함께 즐거워하는지를 살펴보아야 한다. 선한 즐거움이어야 지속 가능하다.

> 4 왕은 정의로 나라를 견고하게 하나 뇌물을 억지로 내게 하는 자는 나라를 멸망시키느니라
>
> 4 When the king is concerned with justice, the nation will be strong, but when he is only concerned with money, he will ruin his country.

29:4 정의로 나라를 견고하게 하나. 나라는 법을 잘 지키고 적용하는 것으로 견고하다. 인생도 그러하다. 인생은 말씀을 자신의 삶에 잘 적용함으로 안전하다. **뇌물을 억지로 내게 하는 자는 나라를 멸망시키느니라.** 왕이 뇌물을 받는 것은 자신만 만족시키는 것이다. '뇌물'을 '과한 세금'으로 번역하는 것도 가능하다. 나는 이것이 더 가능성이 있는 해석으로 생각한다. 세금을 많이 내게 하면 당장 나라가 부요한 것 같다. 그러나 그것은 나라를 견고하게 하는 것이 아니라 멸망시키는 일이 될 것이다. 백성이 가난해지기 때문이다.

> 5 이웃에게 아첨하는 것은 그의 발 앞에 그물을 치는 것이니라
>
> 6 악인이 범죄하는 것은 스스로 올무가 되게 하는 것이나 의인은 노래하고 기뻐하느니라
>
> 5 If you flatter your friends, you set a trap for yourself.
>
> 6 Evil people are trapped in their own sins, while honest people are happy and free.

29:6 악인이 범죄하는 것은 스스로 올무가 되게 하는 것이나. 죄는 결국 지뢰를 묻는 것과 같다. 지금은 죄가 드러나지 않기 때문에 문제가 되지 않는 것 같지만 드러날 때마다 지뢰가 하나씩 터질 것이다. 죄를 범하는 것은 자신의 주변에 지뢰를 매설하는 것과 같다. **의인은 노래하고 기뻐하느니라.** 의인은 말씀을 따라 살고 있기 때문에 당당하다. 노래하면서 살 수 있다. 기뻐하면서 살 수 있다. 그는 의를 심었다. 지금 당장은 열매가 없을 수 있다. 그러나 땅 속에서 자라서 이후에 열매가 드러나게 될 것이다. 이

쪽저쪽에서 열매가 드러난다. 그러니 씨를 뿌린 농부처럼 노래하면서 기뻐하면서 살
수 있다. 그의 미래는 든든하다.

> **7** 의인은 가난한 자의 사정을 알아 주나 악인은 알아 줄 지식이 없느니라
>
> **7** A good person knows the rights of the poor, but wicked people cannot understand
> such things.

29:7 의인은 가난한 자의 사정을 알아 주나. 가난한 자는 세상에서 살아가기 힘들다.
사람들은 그런 가난한 사람을 무시한다. 그러나 의인은 가난한 자를 무시하지 않고
그 사정을 알아준다고 말한다. 가난한 사람이라고 무시하지 않고 존중하고 도울 수
있는 것이 있으면 도움을 준다. 의인은 하나님께서 사람을 존귀하게 창조하셨음을 안
다. 통치하고 계심을 안다. 그러기에 가난한 자라고 함부로 대하지 않는다. **악인은 알**
아 줄 지식이 없느니라. 악인은 가난한 사람을 존중할 마음을 전혀 가지고 있지 않다.
하나님을 두려워하지 않기 때문에 힘 없는 가난한 사람을 전혀 배려하지 않는다.

> **8** 거만한 자는 성읍을 요란하게 하여도 슬기로운 자는 노를 그치게 하느니라
>
> **8** People with no regard for others can throw whole cities into turmoil. Those who are
> wise keep things calm.

29:8 거만한 자는 성읍을 요란하게 하여도. '요란하게'는 마치 '숯불을 입으로 불어서
불씨를 살리는 모습'을 연상하게 한다. 없는 싸움도 다시 하게 만든다. 악한 리더는 없
는 싸움도 만들어 낸다. **슬기로운 자는 노를 그치게 하느니라.** 의인은 노를 그치게 만
든다. 세상에는 다양한 사람들이 있다. 다양한 삶의 배경과 생각을 가지고 있다. 그들
을 이해해야 한다. 그들의 노를 이해하고 품어줄 때 평화가 있다.

> **9** 지혜로운 자와 미련한 자가 다투면 지혜로운 자가 노하든지 웃든지 그 다툼은 그
> 침이 없느니라
>
> **10** 피 흘리기를 좋아하는 자는 온전한 자를 미워하고 정직한 자의 생명을 찾느니라
>
> **9** When an intelligent person brings a lawsuit against a fool, the fool only laughs and
> becomes loud and abusive.

10 Bloodthirsty people hate anyone who's honest, but righteous people will protect the life of such a person.

29:10 피 흘리기를 좋아하는 자. 자신이 힘이 강하다고 힘 없는 사람들을 피눈물 흘리게 하는 사람이 있다. 그들은 악한 사람이다. 남의 가슴이든 육체이든 피를 흘리게 하는 사람은 결국 자신이 피 흘리는 날이 올 것이다.

11 어리석은 자는 자기의 노를 다 드러내어도 지혜로운 자는 그것을 억제하느니라

11 Stupid people express their anger openly, but sensible people are patient and hold it back.

29:11 어리석은 자는 자기의 노를 다 드러내어도. 화가 나지 않는 사람은 없지만 모든 사람이 화를 내는 것은 아니다. 어리석은 사람은 더욱더 많이 화를 낼 것이다. 그러나 지혜로운 사람은 그것을 억제할 수 있어야 한다. 자신의 화를 억제하고 다른 이들의 화도 억제할 수 있어야 한다.

12 관원이 거짓말을 들으면 그의 하인들은 다 악하게 되느니라
13 가난한 자와 포학한 자가 섞여 살거니와 여호와께서는 그 모두의 눈에 빛을 주시느니라

12 If a ruler pays attention to false information, all his officials will be liars.
13 A poor person and his oppressor have this in common—the Lord gave eyes to both of them.

29:13 눈에 빛을 주신다. 생명을 주셨다는 의미다. 세상에 가난한 자가 있고 그를 압제하는 자도 있다. 그들은 살아 있다는 사실에는 똑같은데 그들이 살아 있을 수 있는 것은 하나님께서 생명을 주셨기 때문이다. 그래서 서로 존중해야 한다. 겉으로는 보통 가난한 자가 존중받지 못한다. 그런데 속으로는 압제자가 존중받지 못한다. 그러나 사실 둘 다 존중해야 한다. 하나님께서 생명을 주신 것에는 이유가 있기 때문이다.

14 왕이 가난한 자를 성실히 신원하면 그의 왕위가 영원히 견고하리라

14 If a king defends the rights of the poor, he will rule for a long time.

29:14 왕이 가난한 자를 성실히 신원하면. 왕이 가난한 사람의 마음을 알아주고 잘 재판해 주면 그의 왕위가 견고하게 될 것이라고 말한다. 왕에게 가난한 자는 전혀 도움이 되지 못할 것 같다. 그러나 가난한 자도 하나님께 귀한 사람이다. 그러기에 그가 가난한 사람이 억울한 일을 당하지 않게 잘 돌봐 주면 하나님께서 그를 돌봐 주실 것이다. 그래서 그의 왕위가 견고할 것이다. 우리는 모든 사람과 평화해야 한다. 그들은 모두 하나님의 소중한 사람들이기 때문이다. 사람을 볼 때 그가 높은 사람이든 낮은 사람이든 그를 창조하시고 사랑하시는 하나님을 볼 수 있어야 한다. 그들을 존중하고 사랑할 때 하나님께서 그를 존중하고 사랑해 주실 것이다. 사람을 함부로 대하지 말아야 한다. 모든 이와 평화해야 한다.

> 15 채찍과 꾸지람이 지혜를 주거늘 임의로 행하게 버려 둔 자식은 어미를 욕되게 하느니라
>
> 15 Correction and discipline are good for children. If they have their own way, they will make their mothers ashamed of them.

29:15 채찍과 꾸지람이 지혜를 주거늘. '채찍(히, 쉐베트)'은 과한 번역이고 기본 의미는 '막대기'로서 크고 작은 육체적인 형벌을 의미한다. '꾸지람'은 형벌에 대한 이유를 설명하는 것으로 보인다. 특별히 아이들에게는 이것이 더욱더 필요할 것이다. 지혜를 계속 배워야 하기 때문이다.

> 16 악인이 많아지면 죄도 많아지나니 의인은 그들의 망함을 보리라
>
> 17 네 자식을 징계하라 그리하면 그가 너를 평안하게 하겠고 또 네 마음에 기쁨을 주리라
>
> 16 When evil people are in power, crime increases. But the righteous will live to see the downfall of such people.
>
> 17 Discipline your children and you can always be proud of them. They will never give you reason to be ashamed.

29:17 자식을 징계할 때 이후에 평안과 기쁨이 있을 것임을 말한다. 징계하지 않음으로 방종하게 된다면 자녀는 이후에 결코 부모에게 평안이나 기쁨을 주지 못할 것

다. 훈련되지 못한 성품이 그대로 나와 문제를 일으키며 살게 될 것이기 때문이다.

> **18 묵시가 없으면 백성이 방자히 행하거니와 율법을 지키는 자는 복이 있느니라**
>
> 18 A nation without God's guidance is a nation without order. Happy are those who keep God's law!

29:18 묵시가 없으면 백성이 방자히 행하거니와. 말씀이 없으면 사람은 거짓되게 산다. 그래서 매일 말씀을 읽고 묵상해야 한다. 매일 말씀을 읽지 않아도 잘 사는 것 같을 수 있다. 그러나 매일 말씀으로 자기 자신을 훈계하지 않는 사람은 결국 정욕과 탐욕이 이끄는 삶을 살게 될 것이다. 그러면 복과 거리가 먼 멸망의 길이 된다. 오직 말씀을 따라 자기 자신을 훈계할 때 복된 삶이 된다.

> **19 종은 말로만 하면 고치지 아니하나니 이는 그가 알고도 따르지 아니함이니라**
>
> 19 You cannot correct servants just by talking to them. They may understand you, but they will pay no attention.

29:19 그가 알고도 따르지 아니함이니라. 종은 일을 많이 한다고 많은 돈을 버는 것이 아니다. 그냥 하루만 무사히 보내면 된다. 그러기에 나서서 일하는 경우가 드물 것이다. 그런 경우 더 열심히 일해야 한다고 말하는 것이 아니라 훈계가 필요할 것이다. 훈계는 긍정적 훈계와 부정적 훈계가 있을 수 있다. 부정적 훈계보다 긍정적 훈계가 더 효과적이기도 하다.

> **20 네가 말이 조급한 사람을 보느냐 그보다 미련한 자에게 오히려 희망이 있느니라**
>
> 20 There is more hope for a stupid fool than for someone who speaks without thinking.

29:20 '말이 조급한 사람'과 '미련한 자'가 비교되고 있다. '말이 조급한 자'는 교만한 자를 말하는 것으로 보인다. 그는 자기가 똑똑하다고 생각하기 때문에 바로 말한다. 함부로 말한다. 그렇게 교만한 사람은 훈계도 통하지 않는다. 그래서 더욱더 훈계가 필요하다. 가장 훈계가 필요한데 가장 훈계가 되지 않는다는 사실이 비극이다. 혼자

똑똑한 사람이 되지 말아야 한다. 사람은 늘 훈계 되어야 한다. 훈계 되지 않아도 될 정도로 지혜로운 사람은 세상에 없다.

> 21 종을 어렸을 때부터 곱게 양육하면 그가 나중에는 자식인 체하리라
>
> 22 노하는 자는 다툼을 일으키고 성내는 자는 범죄함이 많으니라
>
> 21 If you give your servants everything they want from childhood on, some day they will take over everything you own.
>
> 22 People with quick tempers cause a lot of quarrelling and trouble.

29:22 노하는 자는 다툼을 일으키고. 그렇게 노함으로 훈계하는 것은 오직 다툼만 일으킬 뿐이다. 훈계가 아니라 범죄로 끝나는 경우가 많다.

> 23 사람이 교만하면 낮아지게 되겠고 마음이 겸손하면 영예를 얻으리라
>
> 23 Arrogance will bring your downfall, but if you are humble, you will be respected.

29:23 교만하면 낮아지게 되겠고. 훈계할 때 교만한 자리에 서서 훈계하면 안 된다. 훈계는 겸손하게 해야 한다. 모든 것에 있어 자신이 옳고 상대방이 틀린 것이 아니다. 그 문제만 그런 것이다. 그러니 자신이 훈계한다 하여 마치 높은 자에 있는 것처럼 생각하면 안 된다. 오직 겸손의 마음을 놓치지 말아야 한다.

> 24 도둑과 짝하는 자는 자기의 영혼을 미워하는 자라 그는 저주를 들어도 진술하지 아니하느니라
>
> 24 A thief's partner is his own worst enemy. He will be punished if he tells the truth in court, and God will curse him if he doesn't.

29:24 그는 저주를 들어도 진술하지 아니하느니라. 이것은 법정에서 거짓 진술을 할 경우 저주를 받을 것이라는 선언에 대한 말이다. 거짓된 사람은 도둑과 한 편이 되어 그의 편을 들어주느라 거짓 증언을 한다. 거짓 증언에 대한 저주를 듣고도 거짓 증언을 한다. 저주는 주로 하나님의 이름과 관련되어 있다. 그는 하나님을 두려워하지 않는 것이다. 훈계를 받지 않으려는 사람은 하나님을 두려워하지 않는 사람이다.

25 사람을 두려워하면 올무에 걸리게 되거니와 여호와를 의지하는 자는 안전하리라

25 It is dangerous to be concerned with what others think of you, but if you trust the Lord, you are safe.

29:25 사람을 두려워하면 올무에 걸리게 되거니와. 사람을 두려워하는 마음으로 훈계를 받으면 보이지 않는 곳에서 훈계를 무시할 것이다. 그러나 결국 그런 이중성이 발각될 때가 있다. 그러면 올무에 걸린 것처럼 될 것이다. **여호와를 의지하는 자는 안전하리라.** 훈계를 하는 자나 훈계를 받는 자가 모두 그러하다. 훈계를 할 때 자신의 생각과 감정으로 하면 결국 훈계는 효과가 없다. 오히려 그것이 올무가 될 수 있다. 오직 여호와의 교훈과 마음으로 해야 한다. 그러면 훈계를 받는 사람이 기분이 상하여도 그것 때문에 문제가 되지 않을 것이다.

26 주권자에게 은혜를 구하는 자가 많으나 사람의 일의 작정은 여호와께로 말미암느니라

26 Everybody wants the good will of the ruler, but only from the Lord can you get justice.

29:26 주권자에게 은혜를 구하는 자가 많으나. '주권자'는 판단하는 사람을 말한다. 사람들은 판단하는 사람에게 잘 보이려고 한다. **사람의 일의 작정은 여호와께로 말미암으니라.** '작정(히, 미쉬파트)'은 '평가' '재판' '정의'라는 단어다. 사람에 대한 정확한 심판은 오직 하나님께서 하신다. 인간의 훈계가 잘못되었을 때 그것 때문에 또 다툼이 나기 쉽다. 그러나 모든 것의 최종 심판자는 하나님이신 것을 기억하고 조심히 훈계하며 조심히 훈계를 받고 억울한 것에 대해서는 하나님 앞에 호소해야 한다. 세상의 일은 결국 억울한 일이 많다. 정확한 훈계도 사실 불가능하다. 그러나 하나님께서 공평한 판단을 하실 것이다. 그러니 하나님 앞에 서는 마음으로 세상의 억울함을 이길 수 있어야 한다.

27 불의한 자는 의인에게 미움을 받고 바르게 행하는 자는 악인에게 미움을 받느니라

27 The righteous hate the wicked, and the wicked hate the righteous.

아굴과 르무엘의 잠언

(30:1-31:31)

30장

아굴의 잠언

> 1 이 말씀은 야게의 아들 아굴의 잠언이니 그가 이디엘 곧 이디엘과 우갈에게 이른 것이니라
>
> 1 These are the solemn words of Agur son of Jakeh: "God is not with me, God is not with me, and I am helpless.

30:1 아굴. 성경이나 다른 곳에서 전혀 알려지지 않은 인물이다.

> 2 나는 다른 사람에게 비하면 짐승이라 내게는 사람의 총명이 있지 아니하니라
>
> 2 I am more like an animal than a human being; I do not have the sense a human being should have.

30:2 나는 다른 사람에게 비하면 짐승이라. 아굴은 자신의 무지함을 철저히 고백하고 있다. 물론 이 말은 논리적인 말은 아니다. 수사적 표현이다. 그는 사실 어떤 누구보다 더 현명하였다. 그러나 그는 자신의 무지를 인정하였기에 다른 사람을 향해서도 그런 자세로 살았음을 볼 수 있다.

> 3 나는 지혜를 배우지 못하였고 또 거룩하신 자를 아는 지식이 없거니와
>
> 4 하늘에 올라갔다가 내려온 자가 누구인지, 바람을 그 장중에 모은 자가 누구인지, 물을 옷에 싼 자가 누구인지, 땅의 모든 끝을 정한 자가 누구인지, 그의 이름이 무엇인지, 그의 아들의 이름이 무엇인지 너는 아느냐
>
> 3 I have never learned any wisdom, and I know nothing at all about God.
>
> 4 Who has ever mastered heavenly knowledge? Who has ever caught the wind in his hand? Or wrapped up water in a piece of cloth? Or fixed the boundaries of the earth? Who is he, if you know? Who is his son?

30:4 하늘에 올라갔다가 내려온 자가 누구인지. 하늘에 올라가서 하나님을 뵙고 온 자가 아무도 없다는 말이다. 그래서 모름을 말한다. **물을 옷에 싼 자가 누구인지.** 비를 내리는 과정의 것을 모른다는 말이다. **그의 이름이 무엇인지.** 이름은 존재를 말한다. 그 존재에 대해 잘 알지 못한다는 말이다. 사람들은 질문하지 않는 경향이 있다. 안다고 생각한다. 사물의 본질에 대해 질문하지 않는다. 그래서 안다고 생각한다. 그러나 아굴은 질문하였다. 그리고 자신이 모른다고 고백하고 있다. 우리는 질문해야 한다. 그리고 모른다는 것을 알아야 한다. 눈에 보이는 것에 대해 어떤 것이든지 질문해 보라. 아는 것이 있는가? 모르는 것으로 가득하다.

> 5 하나님의 말씀은 다 순전하며 하나님은 그를 의지하는 자의 방패시니라
>
> 5 "God keeps every promise he makes. He is like a shield for all who seek his protection.

30:5 순전하며. '제련하다'라는 단어다. 그래서 순전한 또는 흠이 없는 등으로 해석한다. 하나님의 말씀은 순전하다. 세상의 지식은 거짓이 섞여 있다. 온전히 알 수 없다. 그러나 하나님의 말씀은 순전하다. 어찌 3000년 전의 말씀이 오늘날에도 합리성을 가질 수 있을까? 성경 전체가 그렇다. 아무리 훌륭한 사람의 글이라도 전체적으로 보면 말도 안 되는 말이 많이 있다. 그런데 성경은 그런 흠이 없다. 그래서 말씀은 우리가 이 땅을 살아가는 유일한 지식이 된다.

> 6 너는 그의 말씀에 더하지 말라 그가 너를 책망하시겠고 너는 거짓말하는 자가 될까 두려우니라
>
> 6 If you claim that he said something that he never said, he will reprimand you and show that you are a liar."

30:6 너는 그의 말씀에 더하지 말라. 말씀이 흠이 없는데 그것에 무엇을 더하면 흠이 있는 것이 되기 때문이다. 말씀을 겸손히 받아들임이 필요하다.

> 7 내가 두 가지 일을 주께 구하였사오니 내가 죽기 전에 내게 거절하지 마시옵소서

> 8 곧 헛된 것과 거짓말을 내게서 멀리 하옵시며 나를 가난하게도 마옵시고 부하게
> 도 마옵시고 오직 필요한 양식으로 나를 먹이시옵소서
>
> 7 I ask you, God, to let me have two things before I die:
>
> 8 keep me from lying, and let me be neither rich nor poor. So give me only as much
> food as I need.

30:7-8 아굴은 말씀이 이끄는 삶에서 특별히 두 가지를 요청하였다. 잠언에서 나오는 유일한 기도. **내가 죽기 전에.** 이것은 죽기 전의 어떤 시점을 말하는 것이 아니라 죽기 전의 모든 시기로서 '내 생애에'라는 뜻이다. **헛된 것과 거짓말을 내게서 멀리 하옵시며.** 그는 가치 없는 일과 거짓말을 자신이 하거나 다른 사람의 그러한 것에 속지 않도록 기도하였다. **나를 가난하게도 마옵시고 부하게도 마옵시고 필요한 양식으로 나를 먹이시옵소서.** 이러한 기도가 우리에게 얼마나 필요한지 모른다. 사람들은 주로 현재 자신이 가진 것을 만족하지 못하는 경향이 있다. 그래서 조금만 더 가지면 필요한 양식이 채워질 것으로 생각한다. 그러나 그것은 가난한 사람만이 아니라 부자인 사람도 그렇게 생각한다. 그것은 탐욕이다.

> 9 혹 내가 배불러서 하나님을 모른다 여호와가 누구냐 할까 하오며 혹 내가 가난
> 하여 도둑질하고 내 하나님의 이름을 욕되게 할까 두려워함이니이다
>
> 9 If I have more, I might say that I do not need you. But if I am poor, I might steal and
> bring disgrace on my God.

30:9 두 번째의 기도에 대해 더 자세히 말한다. **혹 내가 배불러서 하나님을 모른다 여호와가 누구냐 할까 하오며.** 아굴이 '부하게도 마옵시고'라고 기도한 이유는 하나님 때문이다. 교만하여 혹여나 '하나님을 찾지 않게 될까'하는 염려 때문이다. 이 말을 들으면 혹자는 '아니 믿음이 그렇게 없나'라고 말할지 모르겠다. 그러나 이것은 그만큼 자신을 의지하지 않고 하나님을 의지하는 절대의존의 모습이다. 자신에 대한 절대 부정이다. 우리는 참으로 나약하다. 그런데 부요함의 위험을 모르는 사람이 너무 많다. 자신의 믿음을 너무 의지한다. 우리는 자신의 믿음마저도 의지하지 말아야 한다. 우리가 얼마나 나약한지를 알아서 오직 하나님을 의지해야 한다. 두렵고 떨림으로 신앙의 길을 가야 한다.

10 너는 종을 그의 상전에게 비방하지 말라 그가 너를 저주하겠고 너는 죄책을 당할까 두려우니라

10 Never criticize servants to their master. You will be cursed and suffer for it.

30:10 너는 종을 그의 상전에게 비방하지 말라. 아무것도 아닌 종의 문제이니 자신의 마음에 들지 않는 것이 보이면 그의 상전에 비방하면서 말할 수 있다. 그러나 그것이 종에게는 엄청난 해가 된다. 종이 억울할 수도 있다. 자신의 생각에 따라 그냥 지나가면서 한 비방인데 그 비방은 누군가를 죽이기도 하고 결국 자신에게 돌아올 것이다.

11 아비를 저주하며 어미를 축복하지 아니하는 무리가 있느니라

11 There are people who curse their fathers and do not show their appreciation for their mothers.

30:11 아비를 저주하며. 부모는 자신에게 모든 것을 준 사람이다. 그런데 어느 하나 자신의 마음에 들지 않는 것이 있으면 아비를 저주하는 데까지 이르게 되기도 한다. 결코 그러면 안 되는데 사람의 악한 마음은 그렇게 한다. 그러니 그런 마음을 어찌 제 멋대로 놔두면 되겠는가?

12 스스로 깨끗한 자로 여기면서도 자기의 더러운 것을 씻지 아니하는 무리가 있느니라

12 There are people who think they are pure when they are as filthy as they can be.

30:12 스스로 깨끗한 자로 여기면서도. 스스로 깨끗하다고 생각하는 것이 문제다. 자신이 옳다고 생각하기 때문에 비방도 하고 저주도 한다. 그러나 자신의 마음과 생각이 얼마나 오염되어 있는지를 알아야 한다. 그래서 스스로 깨끗한 자로 여기지 말고 조심하고 또 조심해야 한다.

13 눈이 심히 높으며 눈꺼풀이 높이 들린 무리가 있느니라

13 There are people who think they are so good—oh, how good they think they are!

30:13 눈이 심히 높으며. 사람들은 교만하다. 타락한 이후 아주 교만하게 되었다. **눈꺼풀이 높이 들린.** 이것은 경멸하는 마음으로 눈꺼풀을 들어올린 모습을 말한다. 사람이 사람을 경멸해서는 안 된다. 물론 이상한 사람도 많다. 그러나 그래도 경멸해서는 안 된다. 어떤 사람도 경멸 받아야 할 만큼 존귀하지 않은 사람은 없다. 어떤 사람도 경멸할 자격 있는 깨끗한 사람도 없다.

> **14** 앞니는 장검 같고 어금니는 군도 같아서 가난한 자를 땅에서 삼키며 궁핍한 자를 사람 중에서 삼키는 무리가 있느니라
>
> **14** There are people who take cruel advantage of the poor and needy; that is the way they make their living.

30:14 가난한 자를 땅에서 삼키며. 가난한 자를 돕는 것은 전혀 하지 않고 오직 말로 깊은 상처를 입히는 사람들이 있다. 말이 칼이 되어 사람에게 상처를 준다. 자신의 입이기 때문에 함부로 말한다. 자신이 생각하기에 가난한 사람이 그런 말을 들어도 마땅하다고 생각하기 때문에 그렇게 말한다. 그러나 그렇게 옳고 마땅하다고 생각한 그것이 사실 결코 옳은 것이 아니다. 자신의 생각에 옳은 것 같지만 실상은 아주 악한 것이다. 자신이 언제부터 부자였고 언제까지 부자로 있을까? 상대가 방어하지 못한다고 칼로 그렇게 휘두르면 안 된다.

> **15** 거머리에게는 두 딸이 있어 다오 다오 하느니라 족한 줄을 알지 못하여 족하다 하지 아니하는 것 서넛이 있나니
>
> **15** A leech has two daughters, and both are named "Give me!" There are four things that are never satisfied:

30:15 거머리에게는 두 딸이 있어. 거머리는 앞 뒤로 두 개의 빨대를 가지고 있다. 두 개의 빨대를 두 딸이라고 표현하고 있는 것 같다. **다오 다오 하느니라.** 두 딸의 이름이 같은데 모두 '다오'라는 이름을 가지고 있음을 말하는 것일 수 있고, 아니면 두 딸이 같이 '다오'라고 외치는 것일 수도 있다. 어쩌면 둘 다를 의미하는 것일 수도 있다. 거머리는 한 번 피를 빨 때 엄청난 양의 피를 빨아들인다. 그래서 '족한 줄을 알지 못한 것'의 대표격으로 말하고 있다.

16 곧 스올과 아이 배지 못하는 태와 물로 채울 수 없는 땅과 족하다 하지 아니하는 불이니라

16 the world of the dead, a woman without children, dry ground that needs rain, and a fire burning out of control.

30:16 스올...불. 파괴적인 만족하지 못하는 것이다. 사람이 아무리 죽어도 죽음은 계속 죽는 사람을 요구한다. 불은 아무리 많은 나무를 태워도 만족하지 않고 태우면 태울수록 불이 죽는 것이 아니라 불이 더 활활 타오른다. **태...땅.** 생산적인 만족하지 못하는 것이다. 태는 아기를 낳고 싶어한다. 특히 아이를 배지 못한 태라면 더욱더 그럴 것이다. 땅은 작물을 생산해야 하기에 계속 물을 요구한다. 그러한 요구는 생산적이다. '파괴적인 만족하지 못함'이나 심지어는 '생산적인 만족하지 못함'조차도 실제로는 세상의 모습을 반영한다. 아무리 파괴되어도 더 파괴되고 있고 아무리 생산해도 더 생산을 요구하고 있다. 어느 곳에도 만족함이 없다.

17 아비를 조롱하며 어미 순종하기를 싫어하는 자의 눈은 골짜기의 까마귀에게 쪼이고 독수리 새끼에게 먹히리라

17 Those who make fun of their father or despise their mother in her old age ought to be eaten by vultures or have their eyes picked out by wild ravens.

30:17 아비를 조롱하며. 더 많은 것을 요구하는 세상의 진짜 뒷모습은 어떨까? 아비를 조롱하는 데까지 이르게 된다. 자신에게 재산을 많이 주는 아비에게는 순종하면서 물려줄 재산이 없으면 부모를 조롱한다. 오직 자신의 이익에 눈이 멀어 있다. 그런 사람은 '눈은 골짜기의 까마귀에게 쪼이고'라고 말한다. 제대로 매장되지 못하고 죽어서 까마귀에게 시체가 쪼이는 그런 신세가 된다. 부모에게 순종하지 않고 조롱하는 것은 그렇게 악한 죄다. 그럼에도 불구하고 그런 것을 개의치 않고 오직 자신의 이익에 따라 부모를 조롱하는 이들이 있는 것이 세상의 현실이다. 오늘날은 더욱더 그런 것 같다.

18 내가 심히 기이히 여기고도 깨닫지 못하는 것 서넛이 있나니
19 곧 공중에 날아다니는 독수리의 자취와 반석 위로 기어 다니는 뱀의 자취와 바

다로 지나다니는 배의 자취와 남자가 여자와 함께 한 자취며

20 음녀의 자취도 그러하니라 그가 먹고 그의 입을 씻음 같이 말하기를 내가 악을 행하지 아니하였다 하느니라

18 There are four things that are too mysterious for me to understand:

19 an eagle flying in the sky, a snake moving on a rock, a ship finding its way over the sea, and a man and a woman falling in love.

20 This is how an unfaithful wife acts: she commits adultery, has a bath, and says, "But I haven't done anything wrong!"

30:19-20 독수리와 뱀과 배와 남녀 사이의 사랑의 길. 흔적이 없음을 말한다. 지나가고 나면 과거가 보이지 않는다. **음녀의 자취도 그러하니라...내가 악을 행하지 아니하였다 하느니라.** 음녀도 간음을 저지르고도 밤에 남몰래 일어난 일이기 때문에 악한 일을 하지 않았다고 발뺌을 한다. 세상 사람들이 그러하다. 악을 행하고도 보이지 않으면 발뺌을 한다. 악인들이 그러하다. 악인이 더 뻔뻔하다. 보이지 않으면 그렇다. 갈수록 완전범죄가 늘어나는 것 같다. 그래서 더욱더 뻔뻔해지고 있다.

21 세상을 진동시키며 세상이 견딜 수 없게 하는 것 서넛이 있나니

22 곧 종이 임금된 것과 미련한 자가 음식으로 배부른 것과

23 미움 받는 여자가 시집 간 것과 여종이 주모를 이은 것이니라

21 There are four things that the earth itself cannot tolerate:

22 a slave who becomes a king, a fool who has all he wants to eat,

23 a hateful woman who gets married, and a servant woman who takes the place of her mistress.

30:22-23 뒤바뀐 세상에 대해 말한다. '종이 임금된 것'을 말한다. 실력이나 합당한 이유가 아니라 권모술수로 자격 없는 사람이 득세한다. 어찌 그렇게 되었을까? 진리가 실종된 모습이다. 거짓을 행하여야 원하는 자리에 더 설 수 있다. 힘들게 수고하지 않고 돈을 벌 수 있다. 그래서 사람들은 더욱 거짓의 길을 간다. 세상은 더욱더 뒤죽박죽이 된다. 그렇게 세상은 악순환을 거듭하고 있다.

24 땅에 작고도 가장 지혜로운 것 넷이 있나니

24 There are four animals in the world that are small, but very, very clever:

30:24 온 세상이 엉터리가 된 것 같지만 진리는 오히려 아주 가까운 곳에 있다. 작지만 지혜로운 동물 넷을 말한다. 개미, 너구리(사반), 메뚜기, 도마뱀이다. 개미는 미래에 먹을 것을 준비하는 것으로, 너구리는 접근하기 어려운 바위 사이에 거처를 삼는 것으로, 메뚜기는 서로 협력하는 것으로 하나님께서 주신 나름의 생존전략을 가지고 있어 살아갈 수 있다. 도마뱀은 12cm되는 아주 작은 동물이지만 독성이 없기 때문에 사람들이 그것을 잡으려고 혈안이 되지 않아 왕궁에도 산다. 사람들은 도마뱀이 나오면 그냥 그러려니 한다. 어떤 특별한 강한 힘이 있어야 하는 것이 아니다. 하나님께서 주신 특성에 따라 그들은 약하지만 강하다.

25 곧 힘이 없는 종류로되 먹을 것을 여름에 준비하는 개미와

26 약한 종류로되 집을 바위 사이에 짓는 사반과

27 임금이 없으되 다 떼를 지어 나아가는 메뚜기와

28 손에 잡힐 만하여도 왕궁에 있는 도마뱀이니라

29 잘 걸으며 위풍 있게 다니는 것 서넛이 있나니

30 곧 짐승 중에 가장 강하여 아무 짐승 앞에서도 물러가지 아니하는 사자와

31 사냥개와 숫염소와 및 당할 수 없는 왕이니라

25 Ants: they are weak, but they store up their food in the summer.

26 Rock-badgers: they are not strong either, but they make their homes among the rocks.

27 Locusts: they have no king, but they move in formation.

28 Lizards: you can hold one in your hand, but you can find them in palaces.

29 There are four things that are impressive to watch as they walk:

30 lions, strongest of all animals and afraid of none;

31 goats, strutting cocks, and kings in front of their people.

30:30-31 '사자와 우두머리 수탉(사냥개)과 양떼를 이끄는 숫염소'를 말한다. 사자

는 동물의 왕 답게 당당하고, 다른 짐승들(수탉과 숫염소)은 거느리는 무리가 있어 당당하다. **당할 수 없는 왕이니.** '당할 수 없는'은 '왕과 함께 하는 군대 또는 왕 앞에 있는 백성'을 의미한다. 많은 무리가 왕과 함께 있으니 왕은 그들로 인해 강하고 위풍당당할 수 있다. 그러나 왕은 기억해야 하는 것이 있다.

> **32** 만일 네가 미련하여 스스로 높은 체하였거나 혹 악한 일을 도모하였거든 네 손으로 입을 막으라
>
> 32 If you have been foolish enough to be arrogant and plan evil, stop and think!

30:32 미련하여 스스로 높은 체하였거나. 왕이 지금 당장은 많은 사람이 함께 하기에 강한 것 같지만 만약 그가 무지하거나 악한 일을 도모하면 순간 권력을 잃을 수 있다. **네 손으로 입을 막으라.** 악한 일을 하는 자신을 발견하면 재빨리 손으로 입을 막듯이 그러한 교만을 막아야 한다. 악한 일을 막아야 한다. 그렇지 않고 놔두면 왕과 함께 있던 사람들이 떠날 것이다. 그들이 떠나면 왕의 권력도 함께 떠난다. 그러기에 하나님의 말씀을 따라 철저히 겸손하고 선을 추구하면서 살아야 한다.

> **33** 대저 젖을 저으면 엉긴 젖이 되고 코를 비틀면 피가 나는 것 같이 노를 격동하면 다툼이 남이니라
>
> 33 If you churn milk, you get butter. If you hit someone's nose, it bleeds. If you stir up anger, you get into trouble.

30:33 코를 비틀면 피가 나는 것 같이 노를 격동하면 다툼이 남이니라. 코를 비틀면 피가 나는 것이 정상이다. 그것처럼 왕이 자신의 권력을 믿고 백성을 억누르면 다툼과 전쟁이 일어날 것이다. 그러기에 노를 격동할 것이 아니라 백성이 왜 노를 일으키는지 잘 살펴야 한다. 그에게 권력을 주신 분은 하나님이다. 그러기에 자신의 권력처럼 생각할 것이 아니라 하나님께서 맡기신 권력임을 알고 늘 말씀에 따라 백성을 이끌어야 한다. 백성의 아픔과 분노를 이해할 수 있어야 한다.

31장

르무엘의 잠언
(르무엘에게 그의 어머니가 가르친 잠언)

> **1** 르무엘 왕이 말씀한 바 곧 그의 어머니가 그를 훈계한 잠언이라
>
> **1** These are the solemn words which King Lemuel's mother said to him:

31:1 르무엘의 잠언은 르무엘의 어머니가 르무엘을 양육하면서 가르친 내용이다. 아들에게 이런 여인을 얻어야 한다고 말한 내용이다. 여성에게는 이런 여인이 되어야 한다고 말하는 잠언이다. 이 구절의 형식은 '시'다. 아주 멋있는 시로 되어 있다. 22절의 모든 구절이 히브리어 알파벳의 순서를 따라 시작된다. **르무엘.** 이스라엘 주변의 다른 나라의 왕이었던 것으로 보인다. 그의 어머니는 아마 하나님을 믿는 신앙으로 개종한 여인으로 보인다. 르무엘의 이름은 '하나님께 속한 자'라는 뜻으로 '엘'이라는 이름이 '지고의 신'을 나타내는 보통 명사이지만 그의 어머니는 여호와 하나님을 생각하면서 이 이름을 붙였을 수 있다.

> **2** 내 아들아 내가 무엇을 말하랴 내 태에서 난 아들아 내가 무엇을 말하랴 서원대로 얻은 아들아 내가 무엇을 말하랴
>
> **2** "You are my own dear son, the answer to my prayers. What shall I tell you?

31:2 내 아들아 내가 무엇을 말하랴. '무엇'이라는 단어가 반복하여 들어가 있다. 어머니는 아들에게 무엇을 가르쳐야 하는지 생각하였다. 아들은 어머니로부터 '무엇'에 대한 가르침을 배우고, 해야 하는 일을 바로 분별하면서 사는 것이 중요하다. 분별되지 않은 삶은 거짓된 삶이 된다. 그래서 지금 내가 하고 있는 것이 무엇을 위한 것인지를 분별하면서 사는 것이 매우 중요하다. 오늘 하는 것의 가치를 분별하고 가치 있다고 여기는 일을 해야 진정 가치 있는 인생이 된다. 사람이 아무리 존귀한 존재라 할지라도 '무엇'을 생각하지 않고 살면 그의 삶은 무가치하게 된다. 그러기에 늘 내가 무엇을

해야 가치 있는 일인지를 질문하면서 살아야 한다.

> 3 네 힘을 여자들에게 쓰지 말며 왕들을 멸망시키는 일을 행하지 말지어다
>
> 3 Don't spend all your energy on sex and all your money on women; they have destroyed kings.

31:3 르무엘의 어머니가 르무엘에게 가르친 가장 중요한 것은 힘의 사용에 대한 것이다. 르무엘은 왕자로서 이후에 왕이 될 것이다. 그래서 그의 어머니는 힘의 사용에 대해 강조하면서 가르친 것으로 보인다. **네 힘을 여자들에게 쓰지 말며.** '여자'를 사랑하는데 사용한다면 그것은 긍정적이다. 그러나 '여자들'에게 사용하는 것은 사랑이기 보다는 '탐색'일 것이다. 그러면 그것은 성의 오용이다. 힘의 오용이다. 그는 왕이기 때문에 많은 여자를 아내로 맞아들이고 자기 마음대로 여색을 즐겨도 누구도 금하지 않을 것이다. 그래서 더욱더 여색에 빠질 수 있다. **왕들을 멸망시키는 일을 행하지 말지어다.** 여색을 즐기는 것이 왕을 멸망시키는 일이라고 말한다. 지금까지 왕들이 그랬다. 만약 르무엘이 그 길을 걸어간다면 멸망에 이르게 될 것이다. '왕들'이라고 말한다. 많은 왕들이 여색으로 멸망의 길을 갔다는 것을 의미한다. 그들이 힘을 가지고 있기 때문에 그 힘을 자신의 정욕 채우는 일에 사용한 왕들이 있었다. 그들은 멸망하였다. 왕만이 아니다. 어떤 사람이라도 그러할 것이다. 자신들이 가지고 있는 힘을 정욕을 위하여 사용한다면 그의 인생은 멸망의 길이 될 것이다.

> 4 르무엘아 포도주를 마시는 것이 왕들에게 마땅하지 아니하고 왕들에게 마땅하지 아니하며 독주를 찾는 것이 주권자들에게 마땅하지 않도다
>
> 4 Listen, Lemuel. Kings should not drink wine or have a craving for alcohol.

31:4 르무엘아 포도주를 마시는 것이 왕들에게 마땅하지 아니하고. 이것을 강조하여 말한다. 이것은 금주를 의미하는 것이기 보다는 절주를 의미하는 것이다. 포도주는 기분 좋게 할 수 있다. 그러다 보니 그것을 계속 찾을 수 있고 더 많이 찾을 수 있다. 그러다 보면 탐식이 될 것이다. 좋은 것도 많이 먹는 것은 좋지 못하다. 술만이 아니라 음식도 그렇다. 술은 특히 잔치가 동반되어 많은 시간이 소용되고 술에 취함으로 잘못된 행동을 하는 경우도 많다.

> 5 술을 마시다가 법을 잊어버리고 모든 곤고한 자들의 송사를 굽게 할까 두려우니라
>
> 5 When they drink, they forget the laws and ignore the rights of people in need.

31:5 술을 즐기지 말아야 하는 것에 대한 이유다. 술을 마시다가 법을 잊어버리고. 술을 마셔 술에 취하면 법을 잊어버린다. 아마 상징적인 의미일 것이다. 술을 즐기면 그것에 정신을 빼앗겨서 평상시에도 법을 잊을 수 있다. **곤고한 자들의 송사를 굽게 할까 두려우니라.** 술을 마시기 위해서는 많은 시간이 필요하다. 그러면 곤고한 자의 재판을 자세히 살펴볼 수 없게 된다. 시간이 없으니 '송사를 굽게'할 수밖에 없다. 왕 대리인으로 송사하는 사람도 왕이 모르는 일이니 뇌물을 받고 송사를 굽게 하는 경우가 생길 것이다. 술을 즐기다 보면 결국 힘을 가진 자가 가지 말아야 할 최악의 길을 가기 쉽다.

> 6 독주는 죽게 된 자에게, 포도주는 마음에 근심하는 자에게 줄지어다
> 7 그는 마시고 자기의 빈궁한 것을 잊어버리겠고 다시 자기의 고통을 기억하지 아니하리라
>
> 6 Alcohol is for people who are dying, for those who are in misery.
>
> 7 Let them drink and forget their poverty and unhappiness.

31:6 독주는 죽게 된 자에게. 이것은 죽게 된 고통을 잊도록 술을 주어야 한다는 의미일 수도 있지만 그것보다는 풍자적인 표현으로 보는 것이 더 맞을 것 같다. 술을 즐길 때 결국 마음에 근심하는 자가 되고 빈궁하고 고통 가운데 처하게 된다는 것을 의미할 것이다. 술로 고통을 잊는 것은 바른 방법이 아니다. 그것은 상황을 조금도 개선하지 못하고 마음으로만 잠시 잊을 뿐이다. 그것은 왕의 길이 아니다. 의인의 길이 아니다.

> 8 너는 말 못하는 자와 모든 고독한 자의 송사를 위하여 입을 열지니라
>
> 8 "Speak up for people who cannot speak for themselves. Protect the rights of all who are helpless.

31:8 너는 말 못하는 자...입을 열지니라. 힘 있는 사람이 향해야 하는 대상에 대한 이야기다. 세상에는 수많은 말 못할 사연을 가진 사람들이 많다. 힘이 없어 말을 못한

다. 누구 하나 방어해 줄 사람이 없는 사람이 많다. 왕이 힘을 가진 이유는 그들을 위해 일을 하라고 주어진 것이다. 왕은 자신 혼자 사용하기에는 너무 많은 힘을 가지고 있다. 먹을 것도 그러하고 권력도 그러하다. 그것을 자신만을 위해 사용하면 세상에서는 그것을 당연하게 여길지 모르지만 실상은 아니다. 그가 많은 힘을 가진 것은 자신만을 위해 사용하라는 것이 아니라 다른 사람을 위해 사용하라는 뜻이다. 힘을 더 많이 가진 것은 힘 없는 이들을 위해 사용하라는 하나님의 뜻이다. 만약 자신이 가진 힘을 자기만을 위해 사용하다 탐색이 되고 탐식이 된다면 참으로 어리석은 것이다. 그것은 하나님의 것을 도둑질한 것이 된다. 그러면 힘을 많이 가지고 있으면 많이 가지고 있을수록 그의 죄는 더욱더 커질 것이다.

> **9** 너는 입을 열어 공의로 재판하여 곤고한 자와 궁핍한 자를 신원할지니라
>
> **9** Speak for them and be a righteous judge. Protect the rights of the poor and needy."

31:9 너는 입을 열어 공의로 재판하여. 힘 있는 이가 해야 하는 일에 대한 이야기다. 왕이 재판을 하려면 그것만도 수없이 많을 것이다. 수없이 많은 일을 앞에 두고 '왜 이렇게 할 일이 많냐'고 불평하지 말아야 한다. 그것을 위해 왕이 된 것이다. 그것을 복인 줄 알고 열심히 공의로 재판을 해야 한다. 신앙인은 자신이 가지고 있는 것을 열어 하나님께서 맡기신 일을 해야 한다. 그것을 하지 않고 있으면 참으로 악한 것이다. 선한 일을 할 수 있으면서 하지 않는 것은 죄악이다. **곤고한 자와 궁핍한 자를 신원할지니라.** 세상에 곤고한 자와 궁핍한 자가 얼마나 많은가. 왕이 아무리 재산이 많아도 그들의 필요를 다 채울 수 없을 것이다. 그러나 채울 수 없다 하여 멈추어서는 안 된다. 우리가 하려고 하면 할 수 있는 선한 일이 세상에 굉장히 많다. 그 일을 힘을 다해 해야 한다. 힘있는 사람은 자신이 가지고 있는 것이 얼마나 귀한지를 모른다. 사실 대한민국에 태어난 것만으로도 많은 힘을 가지고 태어난다. 부모가 있다는 것만으로도 그러하다. 그것으로 자신만을 위해 살지 말고 다른 사람을 위해 힘을 사용하는 법을 배워야 한다. 그래야 힘이 복이 된다. 그렇지 않으면 힘은 재앙이 된다.

> **10** 누가 현숙한 여인을 찾아 얻겠느냐 그의 값은 진주보다 더 하니라
>
> **10** How hard it is to find a capable wife! She is worth far more than jewels!

31:10 누가 현숙한 여인을 찾아 얻겠느냐. 히브리어 본문은 '여인'이라는 단어가 제일 앞에 나온다. 이 여인이 지혜를 의인화한 것인지, 아니면 실제 아내를 말하는 것인지에 대해 여러 의견이 있다. 이 여인이 실제 아내를 말하는 것이라면 지혜가 삶에 그대로 배여 있는 여인일 것이다. 이름은 나와 있지 않지만 실재하는 한 여인을 생각하면서 이것을 가르쳤을 수 있다. 어쩌면 르무엘의 어머니 자신일 수도 있다. 여인을 '현숙한'으로 수식하고 있다. '현숙'은 '지혜로울 현, 맑을 숙'이기 때문에 그렇게 번역하는 것도 가능하다. 이 단어(히, 하일)는 군사와 연결될 때가 많은 단어로 '힘, 용맹, 유능한'의 의미다. 지혜가 적용되어 나타나는 모습이다. 보통 여성에게 잘 어울리지 않는다. 오늘날에도 여성의 이미지와 잘 안 어울리는데 당대의 여성에 대한 기본 관념과는 더욱더 안 어울렸을 것이다. 이 단어는 믿음에 대한 풍성한 표현이다. 하나님을 경외함에서 시작되고 그것을 근본으로 하는 지혜는 한 자리에 머물러 있지 않는다. 하나님께서 주신 삶의 현장에서 다양하게 힘을 발휘한다. 그 현장이 어떤 곳이라도 상관없다. 세상이 눈 여겨 보는 높은 자리이거나 세상이 낮게 보는 자리여도 상관없다. 사실 모든 자리가 이 세상에 필요한 자리이고 그곳에 믿음이 필요하다. 그곳에서 하나님의 뜻을 따라 살아가는 믿음의 모습이다. **그의 값은 진주보다 더 하니라.** 여인의 값을 이야기하니 보통 신붓값을 연상할 수 있다. 그런데 신붓값은 노예 출신, 과부, 처녀 등으로 구분하여 조금 다르기는 하였지만 같은 카테고리에서는 다르지 않았다. 그래서 이것은 신붓값을 말하는 것이 아니라 인생의 값을 말하는 것이다. 지혜가 온몸에 체득되어 삶의 현장에 그대로 배여 있으면 참으로 값진 인생이 된다. 지혜는 '풍성한 믿음'으로 생각해도 좋다. 하나님을 경외함에서 나오는 생각과 판단으로 살아갈 때 그 인생은 참으로 존귀하게 된다. 주인공이 여인이다. 여인이라면 보통 할 수 있는 것이 많이 제약되어 있었다. 약자다. 그러나 그런 환경에서도 지혜로운 여인은 힘 있게 살아간다. 유능하게 살아간다.

---

11 그런 자의 남편의 마음은 그를 믿나니 산업이 핍절하지 아니하겠으며

12 그런 자는 살아 있는 동안에 그의 남편에게 선을 행하고 악을 행하지 아니하느니라

13 그는 양털과 삼을 구하여 부지런히 손으로 일하며

11 Her husband puts his confidence in her, and he will never be poor.

12 As long as she lives, she does him good and never harm.

13 She keeps herself busy making wool and linen cloth.

31:13 그는 양털과 삼을 구하여. 양털과 삼(마 소재)을 구할 때 좋은 것을 구하기 위해 그것을 구분할 줄 아는 지혜가 필요하고 수고하였을 것이다. **손으로 일하며.** 그는 또한 열심히 일하였다. 이러한 것은 모두 현숙한 여인의 모습이다. 이것은 믿음의 모습이다. 믿음은 삶과 무관하지 않다. 삶의 모든 것과 관련되어 있다. 있어야 한다. 자신이 하고 있는 일에 하나님의 뜻을 찾으며, 하나님이 주시는 마음으로 하며, 하나님이 주시는 힘으로 하면 믿음으로 하는 일이다.

14 상인의 배와 같아서 먼 데서 양식을 가져 오며

15 밤이 새기 전에 일어나서 자기 집안 사람들에게 음식을 나누어 주며 여종들에게 일을 정하여 맡기며

16 밭을 살펴 보고 사며 자기의 손으로 번 것을 가지고 포도원을 일구며

17 힘 있게 허리를 묶으며 자기의 팔을 강하게 하며

18 자기의 장사가 잘 되는 줄을 깨닫고 밤에 등불을 끄지 아니하며

19 손으로 솜뭉치를 들고 손가락으로 가락을 잡으며

20 그는 곤고한 자에게 손을 펴며 궁핍한 자를 위하여 손을 내밀며

14 She brings home food from out-of-the-way places, as merchant ships do.

15 She gets up before daylight to prepare food for her family and to tell her servant women what to do.

16 She looks at land and buys it, and with money she has earned she plants a vineyard.

17 She is a hard worker, strong and industrious.

18 She knows the value of everything she makes, and works late into the night.

19 She spins her own thread and weaves her own cloth.

20 She is generous to the poor and needy.

31:20 궁핍한 자를 위하여 손을 내밀며. 이 여인은 '가난한 자에게 손을 내미는 일'에 성공하였다. 세상 사람들은 가난한 자에게 관심을 가지지 않지만 이 여인은 가난한 자에게 관심을 가지는 일에 성공하였고 그들을 돕는 일에 성공하였다. 의인의 성공은 주변 사람들을 더욱 사랑할 수 있게 한다.

> 21 자기 집 사람들은 다 홍색 옷을 입었으므로 눈이 와도 그는 자기 집 사람들을 위하여 염려하지 아니하며
>
> 21 She doesn't worry when it snows, because her family has warm clothing.

31:21 자기 집 사람들은 다 홍색 옷을 입었으므로. 이 여인은 집 안 사람들(가족과 일꾼까지)을 편안하게 하는 일에 관심을 가졌고 성공하였다. '눈이 온다'는 것은 팔레스틴 지역에서는 매우 이례적인 일이다. 갑작스러운 혹한이다. 그러나 믿음의 여인은 그러한 것까지 대비하였다. 그래서 집 안 사람들이 걱정하지 않게 하는 일에 성공하였다.

> 22 그는 자기를 위하여 아름다운 이불을 지으며 세마포와 자색 옷을 입으며
>
> 22 She makes bedspreads and wears clothes of fine purple linen.

31:22 그는 자기를 위하여...세마포와 자색 옷을 입으며. 이 여인은 자신을 기쁘게 하는 것에도 성공하였다. '세마포'는 아주 비싼 옷이다. 여인은 중요한 곳에서 멋과 우아함을 낼 수 있는 옷을 준비하였다. 여인이 수고한 자기 자신에게 주는 상이다. 땀과 수고에 대한 대가다. 자신을 행복하게 해 주는 일에도 성공해야 한다.

> 23 그의 남편은 그 땅의 장로들과 함께 성문에 앉으며 사람들의 인정을 받으며
>
> 24 그는 베로 옷을 지어 팔며 띠를 만들어 상인들에게 맡기며
>
> 25 능력과 존귀로 옷을 삼고 후일을 웃으며
>
> 23 Her husband is well known, one of the leading citizens.
>
> 24 She makes clothes and belts, and sells them to merchants.
>
> 25 She is strong and respected and not afraid of the future.

31:25 능력과 존귀로 옷을 삼고. 이 여인을 보면 마치 '능력과 존귀'라는 옷을 입은 것처럼 보였다. 어떤 돈을 주고도 살 수 없는 옷이다. 오직 믿음의 삶으로 갖출 수 있는 옷이다. 우아함이 있었다. 그의 삶에서 그런 것이 보이는 것이다. 삶에서 이런 것이 보여야 성공이라고 말할 수 있다. **후일을 웃으며.** 이 여인은 미래를 생각해도 오늘 웃을 수 있었다. 그의 미래는 어떤 일이 벌어질지 모른다. 그러나 그는 오늘 당당하기 때문에

미래에 대해서도 어떤 일이 일어나도 걱정하지 않고 웃을 수 있다. 혹시 재산을 다 잃어도 웃을 수 있다. 오늘 믿음으로 살았기 때문이다. 오늘 믿음의 확신을 가진 사람은 미래에 대해 걱정하지 않는다. 천국이라는 가장 크고 분명한 미래가 있기 때문이다.

> **26** 입을 열어 지혜를 베풀며 그의 혀로 인애의 법을 말하며
>
> 26 She speaks with a gentle wisdom.

31:26 입을 열어 지혜를 베풀며. 이 여인은 말에서도 성공하였다. 어떤 여인은 그의 말을 듣는 것이 두렵다. 무슨 말로 아프게 할지 염려되기 때문이다. 이 여인은 말에 성공하였다. **지혜를 베풀며.** 지혜롭게 말했다는 것을 말한다. 같은 말도 밉게 하는 사람이 있고 지혜롭게 하는 사람이 있다. **인애의 법을 말하며.** 말의 내용을 말하는 것으로 보인다. '인애의 법'은 '헤세드 토라'이다. 나는 그녀가 말씀을 알고 있었고 신실한 하나님의 말씀을 말한 것으로 생각한다. 오늘날 믿음의 사람은 말씀을 함께 나누는 사람인 것은 분명하다. 말씀을 나누라. 이 땅에서 살 시간도 많지 않고 말씀을 나눌 기회도 많지 않다.

> **27** 자기의 집안 일을 보살피고 게을리 얻은 양식을 먹지 아니하나니
>
> **28** 그의 자식들은 일어나 감사하며 그의 남편은 칭찬하기를
>
> **29** 덕행 있는 여자가 많으나 그대는 모든 여자보다 뛰어나다 하느니라
>
> **30** 고운 것도 거짓되고 아름다운 것도 헛되나 오직 여호와를 경외하는 여자는 칭찬을 받을 것이라
>
> 27 She is always busy and looks after her family's needs.
>
> 28 Her children show their appreciation, and her husband praises her.
>
> 29 He says, "Many women are good wives, but you are the best of them all."
>
> 30 Charm is deceptive and beauty disappears, but a woman who honours the Lord should be praised.

31:30 고운 것도 거짓되고 아름다운 것도 헛되나. 세상 사람들은 여인을 생각할 때 그러한 아름다운 것을 먼저 생각한다. 그러나 그것은 일시적이고 거짓되기까지 하다. 이

여인을 보라. **오직 여호와를 경외하는 여자는 칭찬을 받을 것이라.** 여호와를 경외하는 것이 지혜의 시작이며 믿음의 근본이다. 이 여인은 철저히 하나님을 경외하는 일에 성공하였다. 그래서 그의 모든 것이 지혜가 되고 믿음이 되었다. 칭찬 듣는 아름다운 삶이 되었다.

> **31** 그 손의 열매가 그에게로 돌아갈 것이요 그 행한 일로 말미암아 성문에서 칭찬을 받으리라
>
> **31** Give her credit for all she does. She deserves the respect of everyone.

31:31 잠언의 마지막 동사는 '칭찬하다'이다. 마지막 단어는 '그 행한 일'이다. 사람들이 그 여인의 행한 일로 칭찬하는 것이다. 여인의 행한 일 즉 믿음의 삶을 칭찬하는 것이다. 그녀의 믿음은 행함으로 드러났고 그래서 사람들은 칭찬하였다. 믿음의 여인 룻이 암흑의 시대에 이방 여인이라는 열악한 환경을 이기고 믿음으로 칭찬을 받은 것과 같다. 오늘 어느 누구라도 믿음으로 '행한 일'로 말미암아 칭찬받을 수 있어야 한다. 혹 사람들은 몰라도 하나님께는 분명히 칭찬받고 있어야 한다. 그것이 진정 가장 중요한 성공이다. 믿음의 성공이다. 잠언으로 세워가는 풍성한 삶이다.

잠언 (성경, 이해하며 읽기)

발행	2024년 6월 24일
저자	장석환
펴낸이	장석환
펴낸곳	도서출판 돌계단
출판사등록	2022.07.27(제393-2022-000025호)
주소	안산시 상록구 삼태기2길 4-16
전화	031-416-9301
총판	비전북 031-907-3927
이메일	dolgaedan@naver.com

ISBN   979-11-986875-5-5